Bilder erzählen nicht nur Geschichten – sie können auch, wenn es gelingt, ihre Sprache zu entziffern und sie zum »Sprechen« zu bringen, auf anschauliche Weise *Geschichte* erzählen. Die Mosaiken, Gemälde, Skulpturen und Bauwerke Venedigs, die für den heutigen Besucher das unverwechselbare Gesicht der Stadt prägen, sollten schon zur Zeit ihrer Entstehung genau dieses leisten: dem Betrachter die ruhmreiche Geschichte der Lagunenstadt vor Augen zu führen. Und Geschichte zu »schreiben«, denn die venezianische Regierung setzte ihre Kunstaufträge gezielt dazu ein, um das Selbstverständnis der Republik und ihren Herrschaftsanspruch zu untermauern. So webten die vielfältigen Darstellungen der Markuslegende und des Markuslöwen an dem Mythos mit, Venedig sei von Anbeginn an eine freie Stadt gewesen, der Markuslöwe wurde schließlich zum allgegenwärtigen Emblem venezianischer Herrschaft über Land und Meer. Die Schilderungen der Markuslegende boten aber auch einen willkommenen Anlaß, den eigenen Lebensraum darzustellen, und so spiegeln die Kunstwerke, die der Betrachter im vorliegenden Band versammelt findet, auf mehr als eine Weise die Geschichte der Seerepublik während ihrer politischen Blütezeit wider.

Eva Sibylle und Gerhard Rösch

Venedig
im Spätmittelalter

1200 – 1500

Verlag Ploetz Freiburg · Würzburg

Die Deutsche Bibliothek – CIP-Einheitsaufnahme

Rösch, Eva Sibylle:
Venedig im Spätmittelalter : 1200 – 1500 / Eva Sibylle und Gerhard Rösch. –
Freiburg (Breisgau) ; Würzburg : Ploetz, 1991
(Ploetz Bildgeschichte ; Bd. 2)
ISBN 3-87640-361-8
NE: Rösch, Gerhardt:; GT

Alle Rechte vorbehalten – Printed in Germany
© Verlag Ploetz Freiburg · Würzburg 1991
Schutzumschlag und graphische Gestaltung: Neuffer Design, Freiburg
Satz: Barbara Herrmann, Freiburg
Belichtung: Johannes Schimann, Pfaffenhofen
Repro: rete repro GmbH, Freiburg
Druck und Einband: Freiburger Graphische Betriebe 1991
ISBN 3-87640-361-8

Inhalt

PAX TIBI MARCE EVANGELISTA MEUS –
Mythos und Realität   7

Die Seemacht   40

Venedig und das Festland   79

Die Verfassung   106

Der Handel   145

Das Leben im alten Venedig   179

Abgesang   228

Zeittafel   235

Bibliographische Hinweise   240

Verzeichnis der Abbildungen   247

Namenregister   249

Pax Tibi Marce Evangelista Meus –
Mythos und Realität

Wenn im Spätmittelalter ein Mitglied der venezianischen Aristokratie sich und seine Heimatstadt betrachtete oder über sie nachdachte, sah er sich selbst als Endpunkt einer einzigartigen und glorreichen Entwicklung. Soweit er vom neuen Geist der Renaissance beeinflußt war, legte er auf seine trojanische Abkunft Wert. Die alten Veneter, so glaubte er nämlich, waren nach der Zerstörung Trojas als Gefährten des Aeneas gekommen, den östlichen Zipfel der oberitalienischen Ebene zu besiedeln. Er war auch stolz darauf, daß seine Heimat als *Regio Decima* zum Kerngebiet des römischen Imperiums gehört hatte. Als diesem der Untergang drohte, als die Hunnen Attilas brandschatzend und mordend das Flachland des Po durchzogen, gehörten seine Vorfahren zu den edlen Helden, die das einfache Volk auf die rettenden und schützenden Inseln in den Lagunen führten. Dies erlaubte ihm, in Zeiten der humanistischen Rückbesinnung auf das antike Erbe, sich selbst zum Nachfahren römischen Adels zu stilisieren. Patrizier, ja Kaiser zählte manche Familie zu ihren Stammvätern. Es bedurfte keiner großen Anstrengung, den von solchen Edlen regierten Staat zu einem zweiten Rom zu erklären. Freilich hatten diese Träumereien auch eine ernste politische Dimension: Das Alter seines Geschlechts und die Lenkung der Geschicke der Heimat durch die Zeitalter verankerten seinen Anspruch, zur Herrschaft geboren zu sein.

Gleich ihm glaubten freilich auch Söhne anderer stolzer italienischer Kommunen an die Unvergleichlichkeit ihrer Vaterstadt. Immerhin stellte das »Städtelob« ein viel und leidenschaftlich betriebenes Genre der damaligen Literatur dar. Kaum einer jener Städte wurde jedoch so ungeteiltes Lob zuteil wie Venedig. Der Vater des italienischen Humanismus, Francesco Petrarca, weit gereist und in der internationalen Politik bewandert, zollt dem Venedig des 14. Jahrhunderts höchstes Lob. In kunstvoller Rhetorik setzt er Schönheit, Tugend und Macht in Beziehung: »Die höchst erhabene Stadt der Veneter ist das eine Haus der Freiheit, des Friedens und der Gerechtigkeit, ein Hort der Guten, ein Hafen, dem alle zustreben, die gut leben wollen, während sie von Stürmen der Tyrannei und des Krieges durchgerüttelt werden, eine Stadt reich an Gold, doch reicher noch an Ruhm, mächtig durch Reichtum, mächtiger aber noch durch Tugend,

Abb. 1
»Die Reise ins Heilige Land« von Bernhard
von Breydenbach erschien 1486 in Mainz
und war eines der ersten Bücher, das natur-
getreue Bilder von fremden Städten,
Menschen und Tieren enthielt. Der Utrechter
Maler Erhard Reuwich entfaltet vor uns auf
seinem 28 mal 164 Zentimeter großen Holz-
schnitt ein Panorama der geschäftigen
Stadt: Schiffe werden gebaut oder repariert,
Waren verladen, an der großen Anlegestelle
versammeln sich Männer und Frauen, eine
von ihnen wird höflich an Bord einer Gondel
geleitet, unweit davon holen die Matrosen
einer Kogge die Segel ein, auf der großen
Brücke neben dem Dogenpalast stehen
Schaulustige.

auf marmornen Fundamenten gegründet, aber durch den solide-
ren Sockel der Einheit der Bürger befestigt, von Salzfluten umgeben, aber sicherer noch durch weise Ratschlüsse«.

Eine Stadt ohne Mauern, eine der volkreichsten dazu, eine
Welthandelsstadt, allseits von Wassern umgeben, mußte den
Zeitgenossen wie ein Wunder erscheinen. »Wenn man fragt, wie
die Stadt Venedig gebaut ist, kann man antworten, ihr Fußboden sei das Meer, ihr Dach der Himmel, ihre Mauern die Wasser-
läufe. So entsteht dem Lobpreis eine einzigartige Gelegenheit, da
sich auf Erden ein ähnliches Reich nicht finden läßt«, staunte
ein Bürger aus Padua, einer Stadt, die nicht gerade für ihre
Zuneigung zur großen Nachbarin bekannt war. So verbreitete
sich der Ruhm Venedigs, soweit der lange Arm seiner Handelsbeziehungen reichte, ohne daß freilich die Vorstellungskraft dessen, der sie nie gesehen hatte, an sie heranreichen konnte. Han-
delsleute und Pilger brachten Kunde von der Stadt im Meer auch
in entlegene Gebiete, so daß allmählich das Bedürfnis nach einer
wahrhaftigen Abbildung dieses Weltwunders entstand. Zu Ende
des 15. Jahrhunderts begab sich der Mainzer Domherr Bernhard
von Breydenbach auf eine Pilgerfahrt ins Heilige Land, wobei
auch sein Weg, wie der der meisten Wallfahrer von nördlich der
Alpen, über Venedig führte. Am 25. April 1483 bricht er mit
einer Reihe adliger Weggefährten auf, zu seinem Gefolge gehört
auch der Maler Erhard Reuwich aus Utrecht. Dessen Aufgabe ist
es, zu den geplanten Aufzeichnungen des Mainzer Klerikers Illu-
8   strationen zu liefern. Während der Auftraggeber sich weniger für

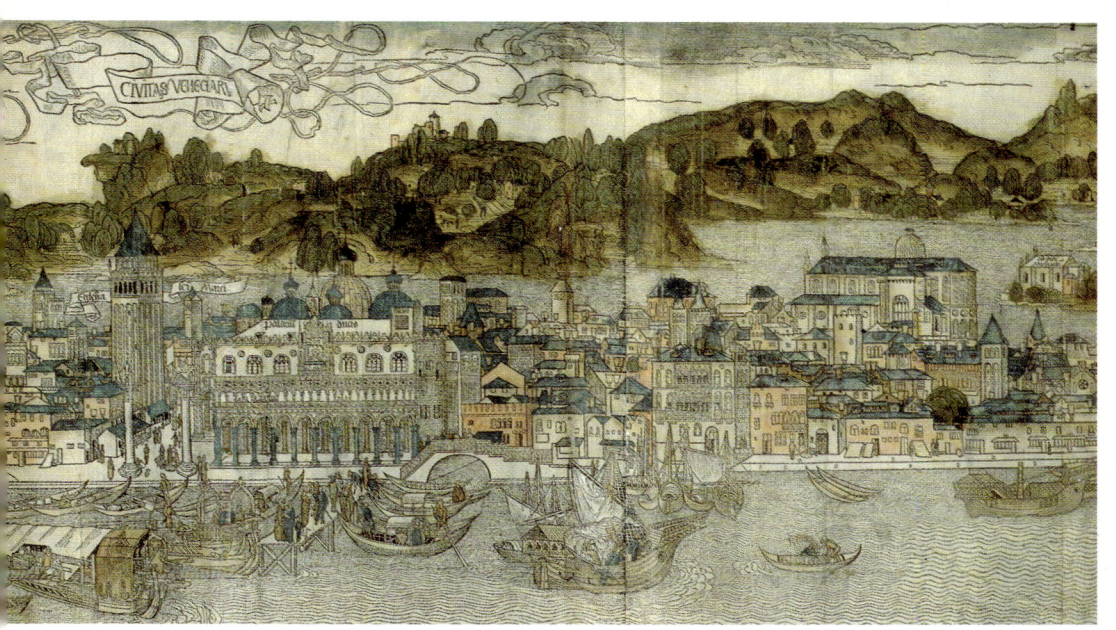

die Sehenswürdigkeiten als für Reliquien und heilige Stätten interessiert, überliefert uns der Maler ein realitätsnahes Bild der Stadt (Abb. 1). Es ist dies der älteste großformatige Holzschnitt einer Stadtansicht, wie sie im 16. Jahrhundert Mode werden sollten, und die erste gedruckte Stadtansicht von Venedig. Insgesamt nicht weniger als 28 Darstellungen wollten Stationen der Reise und die Exotik der Ferne dem Leser nahebringen. Man empfand die Holzschnitte als derart vertrauenswürdig, daß Vittore Carpaccio nach ihnen Gebäude in Candia und Rhodos in seinem Zyklus über das Leben der heiligen Ursula wiedergegeben hat. Die starke Verkürzung der Stadtansicht zwischen der Dogana an der Mündung des Canal Grande in das Bacino di San Marco und der Kirche Santa Marta am linken Rand verrät, daß der Standpunkt des Zeichners San Giorgio Maggiore gewesen ist. Die Ansicht der Riva degli Schiavoni ist weit weniger gerafft, wenn auch drei der zehn kleineren Kanäle weggelassen sind. Zahlreich sind die Gebäude, die auch heute noch zu identifizieren sind: die Abtei San Gregorio, die Dogana da Mar, der Dogenpalast mit dem Campanile und San Marco, die Getreidespeicher, Santi Giovanni e Paolo und verschiedene Palazzi. Phantasie des Künstlers sind die Berge im Hintergrund. Was damals ein Fremder empfand, wenn er diese Stadt zum ersten Male erblickte, schildert Philippe de Commynes im Jahre 1495: »Ich war sehr erstaunt, als ich diese Stadt liegen sah und so viele Glockentürme, Klöster und so große Gebäude erblickte, die alle im Wasser waren; und das Volk hat keine andere Möglichkeit des Verwärtskommens als in diesen Gondeln; ich glaube, es gibt dort dreißigtausend; aber sie sind sehr klein. In der Umgebung der Stadt erheben sich in der Runde etwa siebzig Klöster auf weniger als einer halben französischen Meile (sie liegen alle auf Inseln, sowohl Männer- wie Frauenklöster, sehr schön und reich in Bauart und Ausstattung, und sie haben sehr schöne Gärten); ohne diejenigen hinzuzurechnen, die in der Stadt sind, wo es die vier Bettelorden, wohl zweiundsiebzig Pfarreien und viele Brüderschaften gibt. Es ist ein sehr merkwürdiger Anblick, so schöne und große Kirchen aus dem Meer ragen zu sehen«.

War bereits dem Mittelalter Venedig ein Wunder, so setzte sich sein Ruhm im neuzeitlichen Europa fort. Dem galt die Verfassung als vorbildlich, da man in ihr die Ideale der Staatslehre Platons verwirklicht glaubte. Die erhabenste Republik, die Serenissima, wie sie ehrfürchtig genannt wurde, hat in allen Jahrhunderten Geschichtsschreiber, Publizisten und Dichter gefunden, die ihr Lob gesungen haben. Nicht zuletzt waren es die Venezianer selbst, die eifrig am Netz aus Geschichte, Geschichtchen und Legenden gewoben haben, das sich wie ein Schleier über das Andenken der Stadt legt. Bereits Johannes Diaconus, der kurz nach der Jahrtausendwende das »goldene Venedig« besang, hat den Ruhm seines Vaterlandes und des Dogenhauses der Orseolo zu seiner Aufgabe gemacht. Andrea Dandolo, selbst Doge und Freund des Humanisten Petrarca, hat in seiner Chronik das Lob seiner Heimat singen wollen, weshalb er sorgsam alles tilgte, was das Bild hätte trüben können. Genauso verfuhren die zahlreichen Chronisten des späten Mittelalters, deren Werke die Biblioteca Marciana hütet. Man darf von ihnen nicht zuviel an kritischer Betrachtung verlangen, lebten sie doch in einer Gesellschaft, deren Glaubenssatz lautete, daß der Dienst am Vaterland Venedig, der *terra sancta nostra*, der wahre Gottesdienst sei.

Kritik wird man vollends nicht erwarten dürfen, wo der Staat selbst seine Geschichte geschrieben hat. Vom 15. Jahrhundert an hat der Rat der Zehn, der Staatsgerichtshof, sich seine Historiker bestellt und besoldet. In steter Folge schrieben sie immer wieder dieselbe Geschichte Venedigs um, deren Inhalt vor dem Druck von Amts wegen kontrolliert wurde. Bis ins 18. Jahrhundert hinein sah es die Serenissima als Vorrecht ihrer Bürger an, sich mit der eigenen Vergangenheit zu befassen, Auswärtigen, die sich damit beschäftigten, begegnete man mit Mißtrauen. So entstand der Mythos von Venedig, von dem man freilich präziser im Plural sprechen sollte. Es sind viele verschiedene Aspekte, teilweise miteinander unvereinbar, die zur Geschichte zusammengesetzt werden. Außerdem ist der Ruhm Venedigs im übrigen Abendland von der innenpolitischen Propaganda zu trennen. Was man in der Stadt verkündete, diente dem Zusammenhalt des Staates, die Meinung der Fremden aber sollte die eigene Glorie in ganz Europa verherrlichen.

Der Evangelist und seine Stadt

»Venedig erkannte sich selbst als eine wunderbare, geheimnisvolle Schöpfung, in der noch etwas anderes als Menschenwitz von jeher wirksam gewesen«, leitet Jacob Burckhardt seine Betrachtungen zu unserer Stadt ein. So etwas wie ein venezianisches Selbstbewußtsein tritt uns zum ersten Male um die Jahrtausendwende entgegen, als das älteste venezianische Geschichtsbuch die Vergangenheit und besonders die ruhmvolle Gegenwart des Dogen Pietro II. Orseolo feiert. Bereits hier ist Venedig die *aurea Venetia*. Zum ersten Male hatte im Jahre 1000/1001 Venedig mit einer Flottenoperation gegen Piraten an der Narenta seine unabhängige Macht in der Adria gezeigt, der siegreiche Doge nahm den Titel eines Herzogs von Kroatien und Dalmatien an. Hier in den Anfängen des 11. Jahrhunderts hat auch der venezianische Staatskult seine Wurzeln, der sich auf die innige Verbindung zwischen dem Dogat in den Lagunen und seinem Staatsheiligen Markus gründet. Freilich liegen Wurzeln des Kults in weiter Vergangenheit, doch erst jetzt, als sich Venedig anschickt, langsam in die Rolle einer Mittelmeermacht hineinzuwachsen, wird es eins mit seinem Patron. Keine irdische Macht, sondern der Evangelist selbst ist die Verkörperung des Staates. Wenn man der Tradition trauen darf, scharte sich die Flotte erstmals unter dem Dogen Pietro II. Orseolo um ein Markusbanner. Freilich ist dieses Kriegsbanner noch keinesfalls eine Fahne mit der Darstellung des Löwen gewesen, von der wir erstmals im 14. Jahrhundert eine Abbildung und damit sichere Kunde haben (vgl. Abb. 13).

Hervorgegangen ist die Verehrung des Evangelisten aus einem kirchenpolitischen Gegensatz, den Venedig bei seiner Entstehung ungewollt als Bürde auferlegt bekam und der die politischen Beziehungen zum Festland auf Jahrhunderte vergiften sollte. Kirchliches Zentrum für Venetien und Istrien war in der Spätantike die Großstadt Aquileia, wobei der Ehrgeiz der dortigen Kirche und ihres Erzbischofs dahin ging, den großen alten Patriarchaten der Christenheit – Jerusalem, Antiochia, Alexandria, Konstantinopel und Rom – gleichgestellt zu werden. Man fühlte sich bereits dem Ziel nahe, als dann die Wirren der Völkerwanderung der blühenden Stadt ein Ende bereiteten. Aquileia lag zu nahe an jenen Übergängen über den Karst zwischen Oberitalien und der pannonischen Tiefebene, die stets von neuem als Einfallstor der Völkerwanderung dienten. Als schließlich König Alboin mit seinen Langobarden im Jahre 568 von Pannonien her über den Karst nach Oberitalien einfiel, floh ein gut Teil der Bevölkerung auf die Laguneninseln, die für das zusammengewürfelte germanische Heer uneinnehmbar waren. Hier liegen nach heutigen Annahmen die Anfänge Venedigs. Erst später, als die Langobarden längst keine Gefahr mehr bildeten, mußte es in heimischer Tradition die Geißel Gottes, Attila, sein, vor der man geflohen war. Glaubt man den Erzählungen, waren es vor allem die Oberschicht und auch die Spitzen der kirchlichen Hierarchie, die sich aus dem Staube machten. Auf der Insel Grado ließ sich der Patriarch mit seinen Mitarbeitern nieder. Er regierte die Inseln, derer das Landheer der Langobarden nicht habhaft werden konnte. Sein Anspruch freilich ging weit über diese hinaus. Er sah sich als kirchlicher Leiter seiner ursprünglichen Kirchenprovinz, die Teile Oberitaliens und des Balkan umfaßte. Sobald sich jedoch die langobardische Herrschaft konsolidierte, entstand auch die Kirchenprovinz Aquileia unter Leitung der neuen Herrscher des Festlands wieder. So lagen sich fast auf Sichtweite zwei Patriarchensitze gegenüber, die einander gegenseitig die Legitimität absprachen. Dies war kirchenrechtlich ein Ding der Unmöglichkeit, wurde jedoch schließlich durch den Gegensatz zwischen langobardischem Festland und römisch-byzantinischem Inselgürtel zur Dauerlösung.

Vom 6. bis zum Beginn des 15. Jahrhunderts, als das Patriarchat von Aquileia in die Hände Venedigs fiel, zog sich die Auseinandersetzung hin. Noch im 11. Jahrhundert brannte Poppo, ein streitbarer Patriarch, das gegnerische Grado nieder, doch mit dem Aufstieg Venedigs geriet das Hinterland Friaul zunehmend ins politische Abseits. Freilich hatte der Kampf Haß hinterlassen. Haß, den Venedig – auf dem Felde längst siegreich – jährlich in einem brutalen Spektakel am Gründonnerstag feierte. Im Jahre 1164 hatte man nämlich den Patriarchen Ulrich und zwölf seiner Gefolgsleute gefangengenommen und erst wieder freigelassen, nachdem sich der geistliche Würdenträger verpflichtet hatte, Tribut zu liefern. Er bestand aus einem Stier und zwölf Schweinen jährlich, die unter anderem zur Verköstigung der Gefängnisinsassen in den Kerkern des Dogenpalastes Verwendung fanden. Es entstand ein Fest unter Teilnahme der gesamten Bevölkerung. Am Gründonnerstag nahmen Doge und Signoria nach einer feierlichen Prozession auf dem Markusplatz Aufstellung. In ihrer Anwesenheit wurde den bedauernswerten Tieren vor einem Kriminalrichter Venedigs *(giudice del proprio)* der Prozeß gemacht. Nach dem rituellen Todesspruch wurden sie auf die Piazzetta geführt und vor aller Augen auf der Richtstätte getötet. Bis zur venezianischen Besetzung im Jahre 1420 wurde der Tribut, der zur eigenen Verhöhnung diente, von Aquileia geliefert, danach bezahlte die venezianische Staatskasse das Spektakel, das jedermann zeigte, wie Venedig mit seinen Gegnern umspringen konnte.

Die Auseinandersetzungen wegen der Vorrechte eines Patriarchen, die auch um Fragen der kirchlichen Jurisdiktion in Istrien und Dalmatien tobten, brachten zu Ende des 8. Jahrhunderts zum ersten Male den heiligen Markus ins Spiel. In einer Zeit, in der alle Rechte als gut galten, wenn sie nur alt waren, betonten alle Patriarchate der Christenheit, die letztlich auf die spätantike Provinzeinteilung zurückgingen, ihre Gründung durch einen der Apostel oder doch wenigstens einen mit den Jüngern Jesu gleichgestellten Evangelisten. In diese Reihe mußten sich die beiden oberitalienischen Kontrahenten wohl oder übel einfügen, wollten sie das von ihnen behauptete Patriarchat nicht von Beginn an mit dem Makel später und ungleicher Geburt behaften. So wurde in Aquileia die Tradition begründet, der Evangelist Markus habe sich auf Geheiß des heiligen Petrus nach Aquileia begeben und dort Hermagoras als ersten Patriarchen eingesetzt. Für einen Venezianer hatte diese alte Tradition den unübersehbaren Nachteil, das Patriarchat Aquileia zu legitimieren, während Venedig keine Erwähnung fand. Hier konnte eine Ergänzung der Erzählung nicht schaden: Markus und Hermagoras sind nach der Gründung der Kirchenprovinz Aquileia auf dem Weg nach Rom, als sie von einem Seesturm überrascht werden. Sie können sich in die Lagune retten, wo sie auf einer kleinen unbewohnten Insel, dem späteren Rialto, übernachten. Dem vor Angst zitternden Evangelisten erscheint im Traum ein Engel, der ihm die Worte zuruft: »Friede dir Markus, hier wird dein Körper ruhen *(Pax tibi Marce, hic requiescit corpus tuum)*«. Er erklärt ihm, daß er vorher freilich noch viele Aufgaben für Gott zu erfüllen habe. Allerdings schildert er ihm bereits die Gründung Venedigs durch die Flüchtlinge Oberitaliens, ihre Verehrung für seine Reliquien und die großartigen Dinge, welche sie von Gott durch seine Fürbitte erhalten würden. Gerade diesen Teil der Legende hat man immer weiter ausgeschmückt. Die zukünftigen Bewohner dieser verlassenen Inseln würden allen Menschen überlegen sein, eine Selbsteinschätzung, die Jacopo Sansovino im 16. Jahrhundert in einen Satz zusammenfaßte: »Unter seinem Schutz muß das Reich dieses Volkes wachsen und auf immer bestehen zum Wohle der Menschheit«. Erst danach sei der Evangelist aufgebrochen, um »sein« Patriarchat Alexandrien zu gründen (vgl. Abb. 32), mit dessen Entstehung er schon seit alters her in Verbindung gebracht wurde. Diese Theorie war geschickt vorgetragen: Der Parvenu war angeblich älter als das ehrwürdige

Patriarchat von Alexandrien, von dessen Gründer als erstes und dazu noch auf Geheiß des Stellvertreters Christi geschaffen. Dies verband das Schicksal von Aquileia mit dem Prestige des römischen Stuhles, dessen Vorrang im Abendland unbestritten war. In der Tat hat sich später Venedig diese Theorie zu eigen gemacht, um seinen Anspruch als zweiter Sitz der römischen Christenheit zu begründen. Zuerst freilich wandte man diese Theorie als Waffe gegen Grado und Venetien: Auf der Synode von Mantua 827 ließ der Patriarch Maxentius von Aquileia verkünden, Grado sei nur eine Pfarrei seiner Erzdiözese ohne irgendwelche Herrschaftsrechte. Ein Eroberungsversuch, den man als Vollstreckung dieses Urteils ausgab, mißriet freilich gründlich. Dennoch war Venedig in einer mißlichen Lage, war es doch mit der politischen Unabhängigkeit nicht weit her, sollte ein Prälat aus dem inzwischen fränkischen Herrschaftsbereich das Kirchenregiment im byzantinischen Dogat übernehmen.

In dieser historischen Konstellation erfolgte die Überführung *(translatio)* der Reliquie des heiligen Markus von Alexandrien nach Venedig, ein Vorgang, der zu sehr der augenblicklichen Zwangslage Venedigs entsprach, um nicht politischem Kalkül entsprungen zu sein. Man strafte gleichzeitig den Anspruch des Patriarchats von Aquileia Lügen, der wahre Nachfolger des Evangelisten zu sein. Nach den Vorstellungen der Zeit nahm der Heilige in wirklicher Gestalt und ausgestattet mit der Fülle seiner helfenden und segnenden Macht seinen Platz in der Kirche ein. So wurde Venedig vor aller Welt rechtmäßig durch den neuen Patron geschützt. Um nun nicht in Grado einem Überfall vom nahen Festland ausgesetzt zu sein, wurde die Reliquie an den Regierungssitz Rialto gebracht und an einem geheimen Ort in der Palastkapelle des Dogen versteckt. Dies machte aller Welt die politische Dimension des Vorgangs klar: Nicht der Patriarch von Grado als geistliches Oberhaupt des Dogats von Venedig verfügte über den Heiligen, der Doge als politischer Führer nahm sich seiner an. Das hat später die Mönche der Reichenau nicht daran gehindert, nun ihrerseits zu behaupten, sie besäßen die wahre Reliquie des Evangelisten. Diese hätten die frommen Benediktiner nämlich selbst den unachtsamen Venezianern gestohlen.

Was nun die eigentlichen Vorgänge betrifft, so sind wir durch den Translationsbericht aus dem 11. Jahrhundert informiert, der in seiner Lebendigkeit und Fülle von Detailerzählungen immer wieder dazu verlockt hat, ihn für eine ernstzunehmende Tatsachenschilderung zu halten. Allerdings ist auch diese Darstellung nur eine fromme Fiktion, die zudem deutlich auf die politische Lage ihrer Entstehungszeit zugeschnitten ist. In seinen Einzelheiten immer wieder variiert, hat der Bericht in der Chronik des

Dogen Andrea Dandolo seine klassische, immer wieder gelesene Ausformung gefunden:

»Im zweiten Jahr des Dogen Justinian (Particiaco) wurde die Leiche des heiligen Evangelisten Markus aus Alexandria in Ägypten nach Venedig gebracht. Das hat sich so zugetragen: Vom Kalifen der Sarazenen war die Erbauung eines prächtigen Palastes in Alexandria angeordnet worden, und da es an brauchbarem Baumaterial mangelte, erging der Befehl, marmorne Säulen aus den christlichen Kirchen Ägyptens zu entfernen und zur Verfügung zu stellen. Dieses Gebot erregte unter der ägyptischen Geistlichkeit Schrecken und Verzweiflung. Eben zu dieser Zeit hielten sich in Alexandria zwei vornehme venezianische Kaufherren auf, die Tribunen Bonus aus Malamocco und Rusticus aus Torcello, die trotz des vor einiger Zeit ergangenen Verbots mit zehn reichbeladenen Schiffen in Alexandria eingelaufen waren, weil sie ein starker Sturm in den dortigen Hafen getrieben hatte. Die sich in Ägypten aufhaltenden Seeleute verrichteten ihre Andacht gewöhnlich in der Kirche des heiligen Markus, in der dessen Leiche aufbewahrt wurde. Als nun auch Bonus und Rusticus in diese Kirche kamen und die anwesenden beiden Geistlichen, den Mönch Stauracius und den Priester Theodor, zwei Griechen, in tiefer Sorge fanden, fragten sie nach der Ursache und erfuhren von dem Befehl des Kalifen. Jetzt sagten die Venezianer: ›Der kostbare Schatz, den ihr in eurer Kirche besitzt, ist in großer Gefahr, von den Sarazenen entweiht und mißhandelt zu werden. Übergebt ihn uns, und wir werden ihn so, wie es sich gebührt, zu ehren wissen. Auch soll es Euch nicht an den großen Früchten der Erkenntlichkeit unseres Dogen mangeln‹. Überzeugt durch die Argumente der Venezianer, willigten am Ende die beiden Geistlichen ein, doch mußte zunächst die Wachsamkeit sowohl der Christen Alexandrias als auch der sarazenischen Zollbeamten überwunden werden. Die Christen wurden durch die List der Venezianer und ihrer beiden griechischen Verbündeten hinters Licht geführt, indem man in das Grab des Evangelisten einen anderen heiligen Leib legte, während man die Zöllner dadurch täuschte, daß Bonus und Rusticus im oberen Teil der Kiste, die die Reliquie aufgenommen hatte, Schinken und Schweinefleisch aufschichteten, was bekanntlich für die Sarazenen wie für die Juden ein Gegenstand des Abscheus ist. Als nun die Kiste an der Zollstation geöffnet wurde, riefen die Zöllner ›Kanzir, Kanzir!‹ (Schwein), was wohl ein Ausdruck des Abscheus ist, und fertigten die Ladung ohne weiteres ab. Glücklich brachten Bonus und Rusticus ihren Schatz nach Venedig.«

Während wir nun über die ersten beiden Jahrhunderte nach dem Eintreffen der Reliquien keinerlei Nachrichten haben, verschränken sich politische und kultische Bedeutung seit dem 11. Jahrhundert. Von der Markusfahne als der militärischen Triumphfahne des Dogen wurde bereits gesprochen. Nun wurde es auch üblich, auf den venezianischen Münzen, die allgemein noch auf den Namen der abendländischen Kaiser geschlagen wurden, neben der Münzstätte Venedig auch den Evangelisten zu nennen und seine Büste abzubilden. Endlich aber hat man auch damals mit dem prunkvollen Neuaufbau der Markuskirche begonnen, wie sie auch heute noch in ihren Grundbeständen erhalten ist. Bei einem Volksaufstand, der zum Tod des regierenden Dogen Pietro IV. Candiano führte, hatte eine aufgebrachte Menge im Jahre 976 sowohl den Palast als auch die Kirche eingeäschert. Nun erstand sie von Grund auf neu, Symbol engster Verbindung von Evangelisten und Doge.

Es genügt ein Blick, um festzustellen, daß das Formengut dieser Kirche des 11. Jahrhunderts seinen Ursprung nicht im Abendland hat. Es entspricht den politischen Gegebenheiten der Zeit, daß sich Venedig an der Apostelkirche in Konstantinopel orientierte, um die Palastkapelle für den Staatsheiligen zu bauen. Die Kirche von San Marco wurde der Reliquienschrein des Staates, für dessen Ausstattung und Ausgestaltung nichts zu teuer war. Hier deponierten Kriegshelden nach ihren Erfolgen den Anteil des Löwen an der Beute, seien es Kultgegenstände oder Reliquien. An hohen Feiertagen baute man dann die gehüteten Schätze stolz auf dem Altar zum Ruhme des Evangelisten auf und stellte sie dem Volk zur Schau. Vom 12. Jahrhundert an hat man es dann unternommen, die Kirche innen und außen mit Mosaiken zu schmücken, was den Eindruck eines überdimensionalen Reliquienschreins noch verstärkte. Jahrhunderte haben hier gearbeitet und bei den Neuerungen manches Prunkstück älterer Zeit zerstört. Gerade die Legenden um den Evangelisten freilich haben sich in einigen Arbeiten der Frühzeit erhalten. Wie die Architektur und der Stil der Mosaiken, ist auch deren Platz in der Kirche von byzantinischen Vorbildern angeregt: Der Markuszyklus im Innern ist überall dort angebracht, wo der Doge bei Liturgie und Zeremoniell auftritt. Die heutige Cappella Zen (vgl. Abb. 32) diente dem feierlichen Einzug, und in der Cappella San Clemente am südöstlichen Chor nahm das Staatsoberhaupt Platz, um am Gottesdienst teilzunehmen. Hier thronte er dann, umgeben von den Szenen aus der *translatio* des heiligen Markus, dessen Staat auf Erden er verkörperte. So wurde bereits im Zeremoniell aller Welt dargetan, welch innige Verbindung zwischen Venedig und seinem Heiligen herrschte. Darüber hinaus hat man sowohl außen an der Kirche wie auch im Innenraum immer wieder von neuem die Geschichte des Evangelisten ange-

16

TELLVS ADEST NAVTE DIGVELVM PONITE CAVTE

S MARVS

ESTVARIE

Abb. 2
Die Cappella di San Clemente war dem Dogen vorbehalten und bot durch eine Tür und ein Fenster die direkte Verbindung zum Dogenpalast. Geschmückt war sie mit einem Zyklus der Markuslegende, der die Geschicke der Reliquie darstellte. Das Mosaik vom Ende des 12. Jahrhunderts zeigt uns ein Schiff, das bei hohem Wellengang auf die drohenden, karg bewachsenen Klippen aufzulaufen droht. Der Sturm hat es erfaßt, auch die Bemühungen der drei Matrosen, das Segel einzuholen, fruchten nichts. Doch die wunderwirkende Kraft des heiligen Markus kann Schiff und Besatzung vor dem Zerschellen und dem sicheren Tod bewahren.

bracht. Der älteste Markuszyklus befand sich in den Gewölben links und rechts des Presbyteriums, in der Cappella San Pietro stellten elf Szenen das Leben des Heiligen dar, die Cappella San Clemente schildert in sieben Szenen die *translatio*. Später ging man daran, auch an gut sichtbarer Stelle die Geschichte dem Volk zu zeigen. Die heute zugemauerte Capella Zen und schließlich die Fassadenmosaiken des 13. Jahrhunderts propagierten die enge Verbindung zwischen Stadt und Evangelisten.

Freilich gab die Geschichte der Gründung der beiden Patriarchate diesseits und jenseits des Mittelmeers und die Heimholung des Heiligen aus Alexandrien Venedig auch Gelegenheit, liebevoll das zu dokumentieren, was allen vertraut war: die Seefahrt. Die Errettung des Schiffes aus dem Seesturm (Abb. 2), ein Sujet, das Anklänge an die Rettung auf dem See Genezareth aufweist, mußte jedem Kaufmann geläufig sein. Dazu zeigt das Schiff auf dem Mosaik des 13. Jahrhunderts die Formen eines veneziani-

17

schen Frachters der Zeit. Das geschmückte und bewaffnete Heck, die Seitenruder, das Lateinsegel und der charakteristische, nach vorne geneigte Mast eines Rundschiffes waren jedem Venezianer vertraut. Die drohenden Felsküsten und Klippen, an denen das Schiff zu zerschellen droht, kannte jeder Seemann vom östlichen Gestade der Adria und aus der Ägäis. Die Markuslegende wird auf diese Weise in die Welt des 12. und 13. Jahrhunderts gestellt, die Präsenz des Evangelisten inmitten der Stadt wird dadurch in Erinnerung gerufen.

Neben diesen Aufgaben im Staatszeremoniell, die nur an Feiertagen und in Anwesenheit des Dogen deutlich wurden, hatten die Mosaiken eine weitere Funktion. Wie eine *Biblia pauperum* demjenigen, der nicht lesen kann, die Heilige Schrift nahebringt, so sollten die Mosaiken auch noch dem tumbesten Toren die Geschichte – wir würden heute sagen: den Mythos – des venezianischen Staates vor Augen führen. Die Zyklen der Markuskirche sind die ältesten Beispiele einer einheimischen Tradition, die ganz bewußt eine Abfolge von Bildern zum Erzählen von Geschichte nutzt. Noch in den großen Bilderzyklen, die seit dem Ende des Mittelalters die Scuole in Venedig schmücken, wird dies deutlich. »Man kann nicht alles erzählen, was sich einst zugetragen hat, wenn man es nicht durch Schrift und Malerei weitergibt. Schrift und Malerei sieht man mit den Augen, denn wenn man eine Geschichte gemalt sieht oder von einer Schlacht zu Lande oder zu Wasser erzählen hört oder von den Taten der Vorfahren liest, scheint man bei der Schlacht dabeigewesen zu sein«, schreibt der Chronist Martin da Canal bereits im 13. Jahrhundert. Es gibt genug Zeugnisse dafür, daß diese Sicht der Dinge im mittelalterlichen Venedig Gemeingut war. Dabei kam dem Bild geradezu der Wert eines Beweises für die Markuslegende zu: »Und wenn einige von euch nachprüfen wollen, ob sich diese Dinge genau so zugetragen haben, wie ich euch erzählt habe, sollen sie kommen, um die schöne Kirche von San Marco in Venedig zu sehen, und direkt auf die Fassade blicken, denn dort ist die Geschichte genau so verzeichnet, wie ich sie euch erzählt habe« (vgl. Abb. 39: Die Porta di Sant'Alipio ist das einzige erhaltene Mosaik dieses frühen Markuszyklus).

Ein ältester Bericht über die Dogenwahl aus eben jener Zeit zeigt sehr deutlich, wie eng sich Markuskult und Politik verbanden. Der Kleriker Domenico Tino berichtet von der Wahl des Dogen Domenico Silvo im Jahre 1071, bei der er als Augenzeuge zugegen gewesen ist. Nach der Wahl durch das Volk auf dem Lido wurde der neue Doge nach San Marco gerudert. Dort empfing ihn die Geistlichkeit und führte den Erwählten in die Kirche, wo er einen auf dem Hauptaltar, der dem Evangelisten geweiht war, liegenden Stab als Zeichen seiner Würde erhielt. Danach leistete ihm das Volk im Dogenpalast den Treueid. Er erhielt also seine Würde direkt vom Heiligen selbst, dem eigentlichen Regenten Venedigs. Schon bald wurde aus dem Stab eine Markusfahne, die ersten Siegel des Dogen zeigen ihn, wie er aus den Händen des Heiligen diese Fahne überreicht bekommt – eine Szene, die den Zeitgenossen vertraut war, wurden doch Fürstenlehen durch Kaiser und Könige auf diese Weise übergeben. Als schließlich am Ende des 12. Jahrhunderts Venedig mit einer neuen Silbermünze, dem *grosso*, die Mittelmeerwelt überschwemmte, fand sich auch darauf dasselbe Bild. Wo immer man damit bezahlte, die enge Verbindung des Evangelisten mit »seinem« Staat wurde im gesamten Mittelmeerraum propagiert.

Eng mit dem Neubau der Markuskirche ist ein »politisches« Wunder des 11. Jahrhunderts zu sehen, das den Zeitgenossen vor Augen führen sollte, wie sich der Heilige um seine Stadt kümmerte. Als man im Jahre 1094 unter dem Dogen Vitale Falier die Kirche so weit fertiggestellt hatte, daß nun in feierlicher Form die Überführung der Reliquie stattfinden konnte, fand man die Gebeine nicht mehr. Man hatte seit dem 9. Jahrhundert in dieser Sache strengste Geheimhaltung angeordnet, da man einen Reliquienraub befürchtete. Die Geschichten von der Reichenau, das eigene Vorgehen und die skrupellosen Bräuche der Zeit mahnten die Hüter dieses Schatzes zur Vorsicht. Vielleicht war aber auch beim Brand des Jahres 976 ein Unglück geschehen. Nach einem dreitägigen Fasten versammelten sich nun Klerus und Volk in der Kirche, um durch ein gemeinsames Gebet einen Fingerzeig zu erbitten. Es öffnete sich darauf eine Säule und zeigte den Schrein mit dem Körper des Heiligen, der nun feierlich übertragen werden konnte. Die wundersame Erscheinung *(apparitio)* des Evangelisten bildete die Vollendung des Zyklus der Markuslegenden. Der Heilige selbst hatte eingegriffen, um in seiner Stadt und in seiner Kirche seine Verehrung zu ermöglichen. Wie das Fest des Heiligen am 25. April selbst so wurde auch das Fest der *apparitio* am 25. Juni Staatsfeiertag. Aller Welt verkündet wurde dieses Wunder außer in Legenden und Mosaiken seit der Mitte des 14. Jahrhunderts auch auf jener Seite der Pala d'Oro, des Hochaltars der Markuskirche, die dem Volk an Werktagen gezeigt wurde (Abb. 3). Das Tafelgemälde ist das Werk des Paolo Veneziano und seiner beiden Söhne Luca und Giovanni und gilt als ein Hauptwerk venezianischer Malerei des 14. Jahrhunderts. Es zeigt uns das Innere von San Marco und die kniende Schar der Gläubigen. Laien und Klerus, angeführt von Doge und Patriarch sind streng geschieden. Die rote und grüne Farbe des Steins entspricht damaliger Mode. Verde

Abb. 3
Paolo Veneziano ist die erste individuell greifbare Persönlichkeit der venezianischen Malerei, er ist zugleich ihre überragende Figur und gilt als Hauptvertreter der byzantinischen Tradition in der Trecento-Malerei. Aus dem Jahr 1345 stammt diese Tafel mit der wunderbaren Auffindung der Reliquien des heiligen Markus. Goldbordüren, Hermelinverbrämungen und pelzgefütterte Mäntel zeigen die geistliche und weltliche Führungsspitze in einem prächtigen, mit Gold und edlen Steinen ausgelegten Kirchenraum.

antico und Porphyr kann man heute noch an der Fassade der Kirche, etwa am Tesoro (vgl. Abb. 10), bewundern. Auffällig ist an dem Bild das fast völlige Fehlen der Mosaiken, während Spolien als Kirchenschmuck hervortreten. Die Datierung kann durch den historischen Kontext verhältnismäßig genau erfolgen. Am 15. Februar 1341 befürchtete man in einem fürchterlichen Unwetter den Untergang Venedigs und schrieb die wunderbare Rettung der Stadt dem Evangelisten zu. Das führte zu einem neuen Aufschwung der Markusverehrung, die ihren literarischen Niederschlag in der Bearbeitung des Themas der *apparitio* durch den Kleriker Pietro Calò fand. Gleichzeitig begann man mit Umbauten am Dogenpalast und der Markuskirche. Hier zeigte sich die neue Verbundenheit mit dem Heiligen in einer Ausstattungskampagne, die unter anderem zur Ausschmückung der Cappella San Isidoro und des Baptisteriums mit Mosaiken führte. Daneben wurde eine Restaurierung der Pala d'Oro, des Hauptaltars, fällig. Bereits mehrmals hatte man die Email- und Goldschmiedearbeiten des 11. Jahrhunderts überarbeitet, nun gab 1343 der Doge Andrea Dandolo erneut den Auftrag dazu. Zwei Jahre später erweiterte der Staatsmaler Paolo, seit 1342 im Amt, mit seinen Söhnen das Werk, indem er die Verkleidung der Altartafel, die *Pala feriale*, bemalte. Das Polyptichon ist in zwei Reihen angeordnet, deren obere Christus, Maria und Heilige zeigt. Die untere Reihe behandelt vorzüglich chrakteristische Szenen aus dem Leben des heiligen Markus, das vornehmste Thema, das ein venezianischer Künstler überhaupt behandeln konnte. Das Werk ist Ausdruck der reinen Staatskunst: An Höfen, die sich am byzantinischen Beispiel orientierten, gab es Staatsarchitekten, -maler, -goldschmiede und andere offizielle Künstler, während private Auftraggeber in den Hintergrund traten. Diese Tradition setzte sich im 15. und 16. Jahrhundert fort mit den Bellini, mit Carpaccio, Tizian, Sansovino und anderen. Besonders der Hof des humanistisch interessierten Andrea Dandolo bot den besten Künstlern die Möglichkeit zu arbeiten.

Venedig und der Heilige wurden seit dem 11. Jahrhundert eins. Man schloß im Namen des Patrons die Verträge, ihm unterwarfen sich fremde Städte, er war es, der eigentlich herrschte. Unter seiner Herrschaft konnten sich Doge und kommunale Bewegung im 12. Jahrhundert einigen. Dienst am Staat war Dienst für den Stadtheiligen, Gottesdienst. Während so der Evangelist immer mehr zur Symbolfigur des sich entwickelnden venezianischer Staates wurde, trat der ursprüngliche Patron der Stadt in den Hintergrund. Der heilige Theodor, wie Sankt Georg Krieger und Drachentöter, galt als Patron des byzantinischen Heeres und damit als Zeichen der oströmischen Oberhoheit. Dennoch feierte man jedes Jahr am 9. November sein Fest mit einer feierlichen Prozession. Deren Geschichte ist freilich eine Geschichte der Irrtümer: 1096 hatte man den heiligen Theodor von Amasea nach Venedig transferiert, und 1267 folgte der heilige Theodor von Heraklea, dessen Reliquien in die Kirche San Salvatore nahe dem Rialto überführt wurden. Am Fest des heiligen Theodor von Amasea zog der Doge nun jedes Jahr mit seiner Signoria zur Ruhestätte des heiligen Theodor von Heraklea. Im 13. und 14. Jahrhundert war die Verehrung des Schutzheiligen des byzantinischen Heeres politisch unerwünscht. Zu frisch haftete die Erinnerung an die einstige griechische Oberhoheit, die man mit der Eroberung Konstantinopels auf drastische Weise beendet hatte, noch in den Köpfen. Erst seit der Zeit des Chioggia-Krieges konnte man den heiligen Theodor wieder verehren, ohne damit politisch unerwünschte Assoziationen zu wecken. Der heilige Markus hingegen, dessen Anwesenheit in der Stadt aller Welt den Anspruch auf Gleichbehandlung mit den großen geistlichen Zentren der damaligen Welt vor Augen führte, war der Garant venezianischer Unabhängigkeit. Auf der Piazzetta bezeugen die beiden Säulen mit dem Ritter und dem Löwen die Verehrung des alten und neuen Patrons. Wer sich von der See her näherte, den begrüßten diese beiden Hoheitszeichen. Von alters her befand sich zwischen den Säulen, ebenfalls Spolien aus dem Orient, die Richtstätte. Kaufleute und Pilger machten diese Wahrzeichen im gesamten Abendland bekannt. So bildete Meister Johannes, der zusammen mit seiner Schule die Reisebeschreibung Marco Polos illustrierte, die Stadt mit ihrer Schauseite vom Wasser her ab (Abb. 4). Er kennt sichtlich nur Schilderungen, da er zwar Einzelheiten wie die zwei Säulen, den Portikus des Dogenpalastes, die vier Pferde, das Bacino und den Kanal hinter dem Palast mit der ältesten Steinbrücke, dem Ponte della Paglia, darstellt, ansonsten aber eine gewöhnliche Stadt zeigt.

Symbol des Evanglisten Markus ist der Löwe, in der Stadt scheinbar allgegenwärtig, für uns die Verkörperung von Patron und Gemeinde. Deshalb muß es verwundern, daß nach dem Raub der Reliquie noch Jahrhunderte vergehen sollten, bis der König der Tiere das Wappen der Stadt zierte. Erst vom 13. Jahrhundert an verdrängte er zunehmend Kreuz und Heiligenfigur. Dann allerdings wurde der geflügelte Löwe zum allseits bekannten Emblem venezianischer Herrschaft. Wo immer Venedig sein Reich ausdehnte, errichtete man eine Markuskirche und schmückte Festungen und Amtsstuben mit dem Kater. Die älteste Löwendarstellung Venedigs befindet sich in der Kuppel der Markuskirche und wird etwa auf das Jahr 1200 datiert. Es ist dies eine der Evangelistendarstellungen, wie sie aus den vier

Tieren, die in der Apokalypse den Thron Gottes flankieren, abgeleitet wurden. Zunächst wurde der Löwe dem Johannes, bald aber Markus zugeordnet. Die Symboltiere der Evangelisten werden in der christlichen Ikonographie meist so dargestellt, daß sie sich aus den Wassern erheben, welche die Ströme des Paradieses bedeuten. Der sich aus den Fluten erhebende Löwe war nun ein hervorragendes Symbol des venezianischen Staates und seiner Seeherrschaft geworden. Eine der ältesten Darstellungen dieser Art ist ein Relief aus dem 13. Jahrhundert, das an der Kirche von Sant'Aponal angebracht war (Abb. 5). Es zeigt den Löwen mit geöffneten Flügeln aus den Wellen aufsteigend. Dies ist mit die älteste Form der Löwendarstellung, die *leone in maestà* oder *leone in moleca* genannt wird, da der pietätlose Volksmund die Ähnlichkeit mit einem Lagunenkrebs festgestellt haben wollte. Ausgehend von dieser Form des 13. Jahrhunderts konnte die Gestalt des Löwen variiert werden. Manchmal wird er auf zwei oder vier Beinen sitzend dargestellt, manchmal fehlen ihm einzelne Attribute. Obwohl gerade das Wasser der Löwendarstellung sinnfällig scheint – beanspruchte Venedig doch die Herrschaft zur See –, hat sich dieses Detail bald verloren. Aus den Wellen machte man einen überdimensionalen Löwenschwanz. Manchmal fehlen das Buch, manchmal die Flügel und manchmal der Heiligenschein. Meist zeigt er dem Betrachter das offene Buch mit dem Grußwort des Engels: »*pax tibi Marce evangelista meus*«, zuweilen klappt er sein Buch zu, als ob er dem Betrachter trotzig den Friedensgruß verweigern wollte. Der Legende nach soll das geschlossene Buch den kampfbereiten Kriegslöwen zeigen, doch wird diese Typologie keineswegs konsequent durchgehalten. Während die ältere Zeit eher das geschlossene Buch kennt, finden sich hier neben dem Gruß später Devisen und Sinnsprüche. Und auch in den folgenden Jahrhunderten tritt er noch lange in mannigfaltigen Formen auf: Der berühmte Löwe auf der Säule der Piazzetta ist ein Beutestück, dessen Ursprung umstritten ist, eine Chimäre, die durch das Anfügen von Flügeln zum Markuslöwen wurde. Im Jahre 1293 haben wir sichere Nachricht von seiner Anwesenheit mitten im Regierungszentrum. Dem heutigen Betrachter geläufig ist jener Löwentypus, der seit dem 15. Jahrhundert der vorherrschende werden sollte. Das Bild des Vittore Carpaccio (Abb. 6) zeigt uns das Wappentier in jener Form, die in späterer Zeit für die staatliche Repräsentation und das Selbstverständnis der Seerepublik stand: Die Vordertatzen auf das Festland und das Evangelium gestützt, die Hinterbeine gleichsam über den Wassern schwebend, verkündet er den Anspruch Venedigs auf die Herrschaft über Land und Meer. Flügel und Heiligenschein zeigen an, daß dieser Beschüt-

Abb. 4

*Der Miniaturenmaler Johannes stattete um 1400 mit seinen Schülern »Li Livres du Graunt
Caam« aus, den Bericht des Marco Polo von seinen Abenteuern im fernen Asien. Die Miniatur
zeigt uns ein belebtes Venedig, der Lebensmittelmarkt vor San Marco versorgt seine Kundinnen,
ein Fäßchen wird vorbeigetragen. Daß zwischen den Säulen, also an der Richtstätte, sich je ein
Lebensmittelstand befunden hat, darf bezweifelt werden. Wir erleben den Abschied der drei Welt-
reisenden Niccolò, Matteo und Marco Polo mit, sehen sie in einen Nachen steigen, der sie zu
ihrem Kauffahrteischiff bringt, und dann tragen gute Winde sie zu fremden Gestaden.*

zer der Stadt nicht von dieser Welt ist. Der Friedensgruß, den
nach der Legende ein Engel dem Evangelisten entboten hatte,
gilt auch dem Beschauer. Im Hintergrund sind die Quellen venezianischer Sicherheit und seines Reichtums dargestellt: Der Dogenpalast als Symbol von Regierung und Recht, Handelsschiffe
und Zollstation als Verkörperung von Wirtschaft und kaufmän-
nischer Fortune. Dies ist ein Hinweis auf jene Fiskalbehörde am
Rialto, für deren Diensträume das Gemälde bestimmt war. Während sich dieser Bildinhalt ohne weiteres erschließt, geht darüber
leicht verloren, daß das Motiv auch deutliche Hinweise auf das

Selbstverständnis der venezianischen Oberschicht gibt. Die Stifter des Bildes sind jene fünf Beamte, die auf eigene Kosten das Staatssymbol in ihrer Behörde anbringen ließen. Die Wappen (Balbi oder Zorzi, Dandolo oder Gritti, Manolesso, Bragadin und Foscarini) geben die Namen der *case*, der Familien an, die Individualität der Auftraggeber ist nicht auf den ersten Blick ersichtlich. Nur die offiziellen Beamtenlisten könnten hier Auskunft geben. Das Zurücktreten des einzelnen, die Einbindung in seine Familie und die Hingabe an den Staat sind zentrale Kategorien, die man im Adel von seinen Söhnen zu fordern gewohnt war. Dem mittelalterlichen Venedig fehlten weitgehend die individuellen Auftraggeber der Kunst, die in der Lombardei und der Toskana ihre Individualität herausstrichen. Der Staat, die Kirche oder die Scuole sind die Hauptförderer einer Kunst, deren Hauptaufgabe die Verherrlichung der Gemeinschaft war.

Der erfundene Triumph des Dogen

Neben der Markuslegende und ihren Ausformungen gehörte im Spätmittelalter die Geschichte des Friedenskongresses von Venedig im Jahre 1177 zu den wichtigsten Pfeilern venezianischen Selbstverständnisses. Das Ereignis selbst ist nicht zu leugnen: Kaiser Friedrich Barbarossa und Papst Alexander III. suchten für den Friedensvertrag, der ihre jahrelangen Kämpfe beenden sollte, einen neutralen Ort und fanden ihn im formell byzantinischen, de facto unabhängigen Venedig. Das glanzvolle Fest sah unzählige Prälaten und Fürsten, die bei der Versöhnung von

Abb. 5
Eine der ältesten erhaltenen Darstellungen des Markuslöwen befand sich an der Kirche Sant'Aponal (San Apollinare), einer Gründung des 11. Jahrhunderts. Sie ist heute profaniert. Als in napoleonischer Ära eine Reihe von Kirchen, Klöstern und Scuole aufgehoben wurden, gingen damals auch viele Darstellungen des Markuslöwen zugrunde, da man das Symbol des alten Staates zu vernichten suchte.

geistlicher und weltlicher Gewalt anwesend sein wollten. Niemals zuvor hatte man eine derartige Ansammlung von hohen und höchsten Würdenträgern in der Stadt versammelt gesehen. Ehren und Privilegien wurden gerne und reichlich verteilt, so daß auch der Ort des Friedensschlusses seinen Vorteil bei dem Ereignis gewinnen konnte. Die Legendenschreiber haben freilich mehr daraus gemacht: Venedig als Mittlerin zwischen Regnum und Sacerdotium, der Doge als gleichberechtigter Friedensstifter zwischen Kaiser und Papst, das war eine Position, die der eigenen Heimat würdig war. So wurde denn im Rückblick der Anteil des Dogen Sebastiano Ziani immer größer, die Dankbarkeit des Papstes steigerte sich ins Unermeßliche, und aus Friedrich Barbarossa wurde ein Tyrann, eine Gestalt, die einem Attila nicht unähnlich war. Zuletzt leitete man dann im Spätmittelalter sämtliche Insignien des Dogen von päpstlichen Verleihungen ab. Venedig als Vorkämpferin der Christenheit, ergebenste Tochter der Mutter Kirche, Schutzwall gegen die Barbarei, so sah man sich nur allzugerne selbst in Venedig. Daß man dabei rüde mit der eigenen Geistlichkeit umsprang, daß man sich mehrmals das Interdikt zuzog und die Päpste keineswegs immer von Venedig begeistert waren, tat der Selbsteinschätzung keinen Abbruch. Was Papst Pius II. von den Venezianern hielt, steht in schreiendem Kontrast zur Aussage der heimischen Chronisten: »Sie wollen als Christen vor der Welt erscheinen, aber in Wirklichkeit denken sie niemals an Gott, und außer dem Staat, den sie als eine Gottheit ansehen, gilt ihnen nichts als geweiht oder heilig. So heißt einem Venezianer nur heilig, was für den Staat gut ist. Das ist heilig, was das Reich vergrößert. Was der Senat beschließt ist heilig, auch wenn es im Gegensatz zur Heiligen Schrift steht«. Diese Beschreibung kennzeichnet treffend den Regierungsalltag in Venedig, doch für den Feiertag brauchte man die Kirche. In seiner *Cronacchetta* verzeichnet Marin Sanudo die »Zeremonialrechte, die unseren Dogen durch Papst Alexander III. im Jahr 1177 verliehen wurden: Das Recht, die Briefe mit Blei zu siegeln wie der Papst und die Kaiser. Die Hochzeit mit dem Meer als dessen Herr zu feiern. Jubelablaß in San Marco zu Himmelfahrt. Das Schwert, das goldene Kissen, ein goldener Thron, eine weiße Kerze, der Sonnenschirm über dem Haupt, die goldenen Posaunen, acht Banner in verschiedenen Farben«. Dies zusammen machte die *trionfi* des Dogen aus, die bei jeder Gelegenheit dem Volk vorgeführt wurden. Mit den historischen Ereignissen des Jahres 1177 hatte dies freilich kaum etwas zu tun. Bereits im 13. Jahrhundert finden sich Teile der Legende in den Geschichtswerken verstreut, die im 14. Jahrhundert systematisiert und an die Wände des Saales des Maggior

Consiglio gemalt wurden (vgl. Abb. 17). Wie hinter einem Vorhang verschwand das kleine und provinzielle Venedig der Vorzeit, zur Schau stellte man ein Venedig, das Kaisern und Päpsten ebenbürtig war.

Dem Geschichtchen, das immer wieder Frömmigkeit und Tugend der Venezianer lobt, ist eine gewisse Raffinesse nicht abzusprechen. In systematischer Form lautet die Legende so. Die Feldzüge Kaiser Friedrichs I. gegen die Städte der Lombardei und der Toskana alarmierten Papst Alexander III., der stets gegen die Eingriffe des Kaisers in Italien gewesen war. Um einer möglichen Gefangennahme zu entgehen, floh er als Mönch verkleidet nach Venedig. Dort verbrachte er eine Nacht vor den Toren von San Salvatore. Am nächsten Tag machte er sich auf den Weg nach Santa Maria della Carità auf der anderen Seite des Kanals, wo er von einem Pilger erkannt wurde. Als man dem Dogen Sebastiano Ziani von der Anwesenheit des Papstes berichtete, versprach dieser sofort, das Haupt der Christenheit zu schützen, und stellte seine Vermittlung im Streit zwischen Papst und Kaiser in Aussicht. Aus Dankbarkeit wurde ihm das Recht verliehen, bei öffentlichen Auftritten eine weiße Kerze zu tragen, das Zeichen des wahren und reinen Glaubens. Der Doge schickte daraufhin eine Gesandtschaft an den Kaiser, deren Begleitschreiben er wie immer mit Wachs siegeln wollte. Als der Papst dies sah, verlieh er ihm das Recht, – wie er selbst – seine Schreiben mit Blei zu siegeln. Barbarossa ging nicht auf die Vorschläge ein und ließ seinen Sohn Otto mit 75 Galeeren gegen Venedig ausfahren. Sebastiano Ziani rüstete eine viel kleinere Flotte aus, um Stadt und Papst zu schützen. Vor dem Auslaufen verlieh ihm Alexander ein Schwert als Zeichen der gerechten Sache und versprach allen Erlösung, die dieses berührten. Natürlich siegten die Venezianer trotz ihrer zahlenmäßigen Unterlegenheit, nahmen Otto und eine Reihe hoher Herren gefangen, die sie dem Papst überstellten. Als Zeichen des Dankes verlieh der Papst dem Dogen einen goldenen Ring und das Recht auf die »Vermählung mit dem Meer« als Zeichen der »Herrschaft über die See«. Der Kaisersohn Otto sah nun die Verwerflichkeit seines Tuns ein und beschwor den Papst, ihn zu seinem Vater zurückzusenden, damit er diesen zu einem Friedensschluß überrede. Als Gefolgsmann des Papstes kehrte er an den Hof seines Vaters zurück, und es gelang ihm tatsächlich, diesen zum Frieden zu überreden. Am Tage Christi Himmelfahrt 1177 schlossen Papst und Kaiser in San Marco Frieden. Zum ewigen Angedenken daran verlieh der Papst jedem, der in Zukunft San Marco an diesem Festtag besuchen wolle, einen umfassenden Ablaß. Nachdem nun so der Friede wieder hergestellt war, geleiteten Kaiser

Abb. 6
1516 malte Vittore Carpaccio diesen Markus-
löwen für eine Amtsstube. In imposanter
Haltung vor dem Dogenpalast stehend, soll
er die Herrschaft zu Lande und zu Wasser
manifestieren. Hinter dem Staatsschiff er-
kennt man den Campanile und die Kirche
von San Marco, dazwischen den um 1516
noch recht neuen Uhrturm. Auf der rechten
Seite des Löwen laufen Frachter ein, sie
passieren die Festung Sant'Andrea, die die
Zufahrt zur Stadt zu schützen hatte. Will-
kürlich in die Ferne, scheinbar weit in die
Lagune hinaus, hat der Maler die Seezoll-
stelle und die gegenüberliegende Insel San
Giorgio Maggiore gesetzt.

und Doge Papst Alexander zu Schiff nach Ancona. Die Bewohner dieser Stadt zogen dem hohen Besuch mit zwei Sonnenschirmen als Zeichen der Fürstenwürde entgegen. Alexander weigerte sich, dieses Geschenk anzunehmen, bevor man nicht auch einen Sonnenschirm für Sebastiano Ziani gebracht hätte. Später vor Rom zogen die Römer mit acht Fahnen und acht silbernen Posaunen dem Papst entgegen, worauf dieser – man ahnt es bereits – auch diese Herrschaftszeichen seinem geliebten Dogen verlieh. Zuletzt versammelten sich alle im Lateran, wo der Papst feierlich alle Privilegien für San Marco, die Stadt Venedig und seinen hochgeachteten Dogen erneuerte.

Soweit die Geschichte, von der kein Wort wahr ist. Man hat sie gerne geglaubt und liebevoll weitergegeben, lehrte sie doch eine päpstliche Grundlage für Venedigs Ansprüche. Vom Kaiser des Westens waren keine Herrschaftsansprüche zu fürchten, hatte man doch die eigene Unabhängigkeit im Dienst der Kirche bewiesen. Der Kaiser des Ostens, dem man einmal gedient hatte, kam in dieser Legende nicht vor. Ihn konnte man bereits im Venedig des 12. Jahrhunderts nicht brauchen, und ab 1204 war er in der eigenen Staatsgeschichte vollends entbehrlich. Die Geschichte von den treuen Söhnen der Mutter Kirche konnte man

auch hervorholen, wann immer man dies aus Propagandagründen für opportun hielt. Aber auch anderen Orts hat man sich der Legende bedient: Alexander III. war ein Bürger von Siena, und so hat man zu seinem Ruhm im dortigen Palazzo comunale die berühmte Seeschlacht in einem riesigen Wandbild verewigt, obwohl sie niemals stattgefunden hat. Es ist eine ziemliche Unverfrorenheit, wenn Marin Sanudo alle, die an der venezianischen Alexanderlegende zweifeln, mit dem Hinweis zu besänftigen sucht, die Sienesen glaubten die Geschichte so sehr, daß sie sogar auf Bildern im Rathaus gefeiert werde.

Das Fest jedoch, das sich in der Tradition mit den Ereignissen von 1177 verbunden hat, die Sensa, sollte der Höhepunkt venezianischer Staatsfestlichkeiten werden. Wie kein anderes Ereignis ist es dazu ausersehen, das eigene Verständnis zum Ausdruck zu bringen. Frühjahrskulte, Festlichkeiten zu Beginn der Schiffahrtssaison, Fruchtbarkeitsideen und nicht zuletzt sexuelle Symbolik verschmolzen zu einer Demonstration venezianischer Herrschaftsansprüche. Wie alt die Bräuche wirklich sind, kann kaum mehr festgestellt werden. Salimbene von Parma beschuldigt im 13. Jahrhundert die Venezianer, sie würden mit dieser Vermählung des Dogen mit dem Meer heidnische Bräuche aufleben lassen, denn dies alles sei ein Opfer für Neptun – Zeichen dafür, daß die Venezianer alles andere als gute Christen gewesen seien. Sichere Kunde haben wir aus dem Jahr 1000, als Pietro Orseolo am Himmelfahrtstage in See stach, um die dalmatinischen Seeräuber zu bekämpfen. Seit diesem Sieg versammeln sich Patriarch und Doge an diesem hohen Feiertag, wobei der höchste Geistliche des Dogats das Meer segnet. Zeitlich fällt das Auftreten des neuen Staatsfestes zusammen mit der Übernahme byzantinischen Herrscherzeremoniells durch den Dogen, so daß das Fest der Sensa in die Anfänge venezianischer Eigenständigkeit zu datieren ist. Das Jahr 1177 hat für die historische Entwicklung keine Bedeutung. Bald danach findet die Zeremonie im neu gegründeten Kloster San Nicolò di Lido statt, und die Gebete werden um die Anrufung dieses Patrons aller Seefahrer erweitert. Im 13. Jahrhundert kam zu dieser Segnung des Meeres die Heirat des Dogen mit dem Meer hinzu. Sicher zu Recht hat man nach dem vierten Kreuzzug diese Neuerung mit den Ansprüchen Venedigs auf sein Seereich in Verbindung gebracht, denn der Doge als Gatte war in den Augen der Zeitgenossen der Herr des ihm angetrauten Meeres. Venedig übertrug hier einfach die Vorstellungen seines vom römischen Recht abgeleiteten Eherechts auf die politische Ebene. Bereits früh war die Sensa ein Volksfest, das auch Fremde in Massen anzog. Der Ablaß in San Marco, den ja angeblich Alexander III. gestiftet hatte, lockte zahlreiche Pilger. Das Fest selbst war ein prächtiges Schauspiel. Nach einem feierlichen Hochamt in San Marco bestieg der Doge mit der Signoria, hohen Beamten und Ehrengästen den Bucintoro, das reich geschmückte Staatsschiff. Unter Glockengeläut wurde das Staatssymbol auf die Lagune gerudert, wobei der Bucintoro in der Regel von Tausenden von Gondeln, Barken der Scuole und Tausenden von Schaulustigen begleitet wurde. Galeeren, die – geschützt durch den kirchlichen Segen – im Anschluß an die Vermählung mit dem Meer gefahrvolle, weite Fahrten antreten würden, schlossen sich an. Auf der Höhe von Sant'Elena stieß der Patriarch zu dem Zug, dessen Boot ebenfalls feierlich geschmückt war. Zuerst wurde von den Neuankömmlingen die Weihe des Meeres vorgenommen, wobei der Patriarch betete: »Wir bitten Dich inständig, daß Du geben mögest, daß diese See still und ruhig sei für unsere Menschen und alle anderen, die es befahren«. Danach umrundete das Patriarchenboot das Staatsschiff und besprengte es mit Weihwasser. Sobald der Zug an der Öffnung des Lido angekommen war, begann die Hochzeitszeremonie: Auf ein Zeichen des Dogen schüttete der Patriarch eine Ampulle Weihwasser aus, während der Doge seinen Ring über

Bord warf und dabei feierlich verkündete: »Wir heiraten dich, oh

Meer, als ein Zeichen wahrer und ewiger Herrschaft«. Danach ruderte man zum Lido, um in San Nicolò zu beten und ein Bankett abzuhalten. Die begleitenden Galeeren aber machten sich auf ihre Reise.

Seit dem 14. Jahrhundert besaß Venedig auf diese Weise in der Alexanderlegende eine kohärente Theorie über die Herkunft der eigenen Herrschaftszeichen. Diese war vor allem geeignet, die frühmittelalterliche Herrschaft von Byzanz zu verdecken, an die sich keiner mehr gerne erinnern ließ. Daß manches an dieser Theorie erkennbar unrichtig war oder sich gar widersprach, störte niemanden. Beispielhaft zeigen kann man dies an dem Gebrauch des Ringes in der Staatssymbolik. Welche Bedeutung der »Ehering« des Dogen spielte, haben wir gesehen. Daneben freilich gab es auch noch den Bischofsring des Evangelisten, auch er war in der Legende natürlich mit dem Dogen verbunden. Ihn zeigte die Scuola Grande di San Marco am Festtag des Staatsheiligen in der feierlichen Prozession. Über die Geschichte des Ringes gab es dabei zwei sich völlig widersprechende Geschichten. Die ältere und von offizieller Seite geförderte war folgende: Am 25. Februar des Jahres 1341 befand sich ein alter Fischer auf der Lagune und versuchte, sich und sein Boot vor einem nahenden Unwetter in Sicherheit zu bringen. Plötzlich erschien ein Fremder, der dem angstvollen und protestierenden Mann befahl, ihn nach San Giorgio Maggiore zu rudern. Dort stieg ein weiterer unbekannter Mann in das Boot, das jetzt nach San Nicolò di Lido fahren sollte. Hier erschien ein Dritter, der dem Fischer zur Lagunenausfahrt zu rudern befahl. Dort hatte sich ein Dämonenschiff festgesetzt, das den wütenden Sturm verursachte. Nun zeigt sich, daß die drei Fremden in Wirklichkeit drei große Heilige und Beschützer Venedigs sind: Der heilige Markus, der heilige Nikolaus als Patron der Seefahrer und der Ritterheilige Sankt Georg. Sie verjagen die Dämonen und retten so Venedig. Nachdem der Fischer die Heiligen zu ihren Klöstern zurückgebracht hat, gibt ihm der heilige Markus seinen Ring mit dem Auftrag, diesen dem Dogen zu überbringen. Natürlich gehorchte der Fischer diesem Befehl und erhielt als Dank eine Staatsrente auf Lebenszeit. Beliebt war diese Erzählung wohl nicht zuletzt deshalb, weil der Heilige den Ring als Zeichen der Herrschaft von einem einfachen Mann dem Dogen überbringen läßt. Die Zustimmung des Volkes war auch noch im Spätmittelalter wichtiger Bestandteil der Dogenerhebung. Damit verdeutlicht diese Erzählung die Tatsache, daß neben dem Dogen als Vertreter des heiligen Markus auch Venedig als Gesamtheit dem Evangelisten anvertraut war. Herrscher und Beherrschte, Staat und Volk wurden in dieser Legende eins.

Die Scuola Grande di San Marco, im Jahre 1485 durch Feuer zerstört, plante den Neubau mit einem Markuszyklus zu schmükken, um den Titelheiligen zu ehren. Gentile und Giovanni Bellini, Vittore Belliniano, Giovanni Mansueti, Jacopo Palma Vecchio und Paris Bordone arbeiteten seit 1492 an den Bildern. Erst im Jahre 1533 stellte Paris Bordone aber schließlich den von Palma Vecchio begonnenen Seesturm fertig und malte die Übergabe des Ringes an den Dogen (Abb. 7). Auch hier, wie die Verfassung es vorsieht, darf der Doge den Fischer nur inmitten seiner Räte empfangen. Das Bild wird so zum Anlaß, eine Dogenaudienz darzustellen. Umgeben von der Signoria empfängt der Doge den von einem Beamten geleiteten Fischer. Die lombardische Architektur, eine phantasievolle Abwandlung des Säulenhofes des Palastes, die versammelten Würdenträger und der prachtvolle Hintergrund werden durch weichfließendes goldenes Licht zusammengehalten. Die zweite und spätere Legende führt den Besitz des Ringes durch die Scuola Grande di San Marco auf die wunderbare Erscheinung der Reliquie in San Marco von 1094 zurück. Als der Evangelist seine Hand aus der Säule streckte, um seinen Aufenthaltsort erkennen zu lassen, sahen die staunenden Venezianer einen goldenen Ring an der Hand. Der Doge und verschiedene Kleriker versuchten, den Ring abzustreifen, was der Heilige nicht geschehen ließ. Der edle Domenico Dolfin freilich, der Markus ganz besonders verehrte, wünschte den Ring so sehnlich, daß er über seinem Gebet ernsthaft erkrankte. Nun war auch der Heilige von der Demut und aufrichtigen Verehrung des Venezianers überzeugt und ließ ihm seinen Ring. Dieser blieb im Familienbesitz, bis er von Lorenzo Dolfin der Scuola, die im Jahr 1261 gegründet worden war, übergeben wurde. Diese Legende, die eine einzelne Adelsfamilie herausstellt, wurde von offizieller Seite weit weniger geschätzt als die Geschichte vom Fischer und der Rettung der Stadt. Aber auch der Ring des heiligen Markus mußte als »Ehering« des Dogen herhalten. Als im Jahre 1224 Kardinal Ugolino von Ostia, der spätere Papst Gregor IX., zu politischen Verhandlungen wegen der Auseinandersetzungen mit Kaiser Friedrich II. in der Stadt weilte, überredete er den Dogen Pietro Ziani, eine Marienkapelle zu gründen, um an die von den Arabern zerstörte Kirche der Mutter Gottes in Jerusalem zu erinnern. Die Gründung Santa Maria Nuova in Gerusalemme wurde Augustinerinnen übergeben, über die der Doge die Patronatsrechte hatte. Und um diese Rechte deutlich zu machen, hatte jeder Doge das Vorrecht, die neugewählte Äbtissin in einer feierlichen Zeremonie mit dem Ring des Evangelisten zu »heiraten«. Als man dann im Laufe der Jahrhunderte Friedrich II. mit seinem Großvater Barbarossa verwechselte, wurde

Abb. 7
Vor den Dogen, der im Kreis der höchsten Würdenträger Audienz hält, tritt der Fischer, um im
Auftrag des Stadtpatrons einen Ring zu überreichen. Auf diesen prächtigen Schauplatz, der das
Regierungszentrum Venedigs erahnen läßt, verlegt Paris Bordone um 1533 die Legende. Daß eine
Gondel direkt vor den Stufen zum thronartigen Sitz des Fürsten anlegen kann, ist sogar für die
Stadt im Wasser etwas ungewöhnlich. Der Maler war selbst seit 1535 Mitglied der Scuola Gran-
de di San Marco, verließ aber aus Mangel an Aufträgen aus öffentlicher Hand die Stadt.

aus Gregor IX. wie von selbst Alexander III. Nun hatte auch diese Hochzeit ihren Ursprung im Jahr 1177, und die Alexanderlegende hatte endlich ihre Verbindung mit dem Staatsheiligen gefunden.

Unter den *trionfi* des Dogen, die auf die Verleihung Papst Alexanders III. zurückgeführt wurden, war das Schwert als Zeichen der Dogenmacht bereits seit Jahrhunderten in Gebrauch. Im Zusammenhang mit der Sage wurde es als Zeichen dafür gewertet, daß die Venezianer als folgsame Söhne der Mutter Kirche den Nachfolger Petri vor dem Wüten des Kaisers geschützt hatten. Damit hatten sie ihren Gerechtigkeitssinn unter Beweis gestellt, und ihr Doge trug dieses Herrschaftszeichen als ständige Erinnerung und Mahnung. In Wirklichkeit freilich nannte sich der Doge als Vertreter des byzantinischen Kaisers seit dem 9. Jahrhundert *Spatharios* (Schwertträger) und später *Protospatharios* (Erster Schwertträger). Äußeres Zeichen für diesen byzantinischen Hoftitel aber war das Schwert. Gerade hier verdeckt die Legende die ungeliebten Anfänge als byzantinische Provinz wirkungsvoll. Im Spätmittelalter freilich gewann man dem Schwert neuen Sinn ab. Es wurde zum Zeichen der Gerechtigkeit, der richterlichen Gewalt schlechthin. Für gewöhnlich trug in den Dogenprozessionen ein Adliger, der künftig als Podestà oder Kapitän im Seereich dienen sollte, das Dogenschwert. Damit wollte man der Welt kundtun, daß er in seinem Amt den Untertanen Recht und Gerechtigkeit bringen werde. Waren die Neugewählten bereits zu ihren Regierungsposten abgereist, trug ein *giudice del proprio*, einer der drei städtischen Kriminalrichter, das Schwert, und das Protokoll zeigte deutlich, daß man nun das Schwert ausschließlich als Zeichen der Gerichtsgewalt begriff. Wurden dem Dogen, wie es das Protokoll vorschrieb, zu manchen Feiertagen die *trionfi* nicht vorangetragen, fehlte auch der *giudice del proprio* im Gefolge. Konnte kein Richter dieser Kurie an einer Prozession teilnehmen, wurde das Dogenschwert dem Volk auch nicht gezeigt. Marin Sanudo stellt ausdrücklich fest, »daß man de iure das Schwert nicht ohne den *giudice del proprio* tragen kann, denn er ist der Podestà von Venedig in Kriminalsachen«.

Die Gerechtigkeit und ihre Zeichen spielten in der venezianischen Staatssymbolik eine erhebliche Rolle. Die Insignien der Gerechtigkeit trug auch die weibliche Gestalt der Venetia, die neben dem Löwen zum Sinnbild der Republik werden sollte. Absichtsvoll verwischte man die Unterschiede zwischen Venetia und Iustitia, was für einen guten Venezianer eins war. Man war stolz auf seine Rechtsprechung, die ohne jedes Ansehen der Person urteilte. Doch blieb man bei diesem Vergleich nicht stehen.

Daß einzig Venedig niemals von Feinden erobert worden sei und sich deshalb von allen anderen Städten unterscheide, gehört zu den Grundüberzeugungen eines Venezianers. Diese »Jungfräulichkeit« der Stadt übertrug man auf das Bildnis der Venetia, und von dort war es nicht mehr weit, die Gestalt der Venetia mit der Jungfrau Maria gleichzusetzen. Man hat sich nicht gescheut, diesen Vergleich anzustellen, ja man ging weiter! Nach der Ursprungslegende war Venedig am 25. März 421 gegründet worden, an einem Tag also, an dem die Christenheit das Fest der Verkündigung der Geburt des Herrn an Maria feiert. Deshalb setzte man die Verkündigung in Beziehung zur Gründung Venedigs, und diesen Meistern der Staatsvergottung war jener Umstand Zeichen der weltgeschichtlichen Sendung ihrer Stadt. Seit den Zeiten Ovids galten außerdem das Frühlingserwachen und vor allem die Sonnenwende als Termin der Staatswerdung Roms, so daß man unter der Hand wiederum den Vergleich zwischen Venedig und dem antiken Weltreich anstellte. Der Staatschronist Marc Antonio Sabellico faßt im 15. Jahrhundert zusammen: »Es sagen einige, daß dort, wo heute die Kirche von San Marco steht, der Anfang einer derartigen Schöpfung (Venedigs) war. Und fast alle stimmen darin überein, daß dieser Anfang am 25. März stattgehabt hätte. Wenn wir dafür einige herausragende Dinge bedenken wollen, die an diesem Tage sich ereignet haben, so kann man nicht zweifeln, daß an diesem Tage nur große und wunderbare Dinge angefangen haben. Und wie die Heilige Schrift bezeugt, ist es der ewige Ruhm der menschlichen Angelegenheiten, daß an diesem Tag der allmächtige Gott unseren ersten Vorfahren geschaffen hat. Gleichfalls auch, daß der Sohn Gottes im Leib der Jungfrau empfangen ward«. Diese absichtsvolle Beziehung der Verkündigung und der Gründung Venedigs machte aus einem bevorzugten Thema christlicher Ikonographie eine politische Demonstration. Das Verkündigungsrelief an der Fassade von San Marco, dasselbe Thema noch an der Rialtobrücke des 16. Jahrhunderts neben den Reliefs der Heiligen Theodor und Markus, all dies hat seinen Platz im politischen Denken der Zeit, nicht in individueller Frömmigkeit.

Eine der frühesten Darstellungen der Venetia findet sich am Dogenpalast (Abb. 8). Sie blickt in ihrer Doppelfunktion als Venetia und Iustitia auf die Hinrichtungsstätte zwischen den Säulen der Piazzetta herab, doch hat die Steinplatte auch in der Architektur eine Funktion. Sie verdeckt nämlich am Palast eine alte Baunaht. Dieses wichtige Werk der venezianischen Bildhauerkunst des Trecento wird Filippo Calendario zugeschrieben und auf die Mitte des 14. Jahrhunderts datiert. Der nichtadlige Steinmetz scheint im öffentlichen Leben der Zeit eine gewisse Rolle gespielt zu haben. Zwar wird ihm der Neubau des Dogenpalastes

Abb. 8

Die älteste erhaltene »Venetia in forma di Iustitia« finden wir an der Piazzetta-
fassade des Dogenpalastes. Der Tondo steht in Zusammenhang mit dem Neubau
der Sala del Maggior Consiglio und entstand wohl bald nach 1341. Als Schöp-
fer des Reliefs in istrischem Stein wird Filippo Calendario angenommen, der als
Bauunternehmer und Steinmetz eine Persönlichkeit von einigem Gewicht im
damaligen Venedig gewesen war. Das Schicksal wollte es, daß er als Partei-
gänger des Falier und Verschwörer am 16. April 1355 unter eben diesen Säulen-
arkaden, über denen seine Venetia die Furie des Aufruhrs in Schach hält,
gehängt wurde.

wohl zu Unrecht zugeschrieben, doch scheint er an größeren
Bauunternehmungen beteiligt gewesen zu sein. Er war nicht nur
Steinmetz, sondern auch Lieferant für Baumaterialien mit mehreren Lastschiffen, die zwischen Venedig und den Steinbrüchen
Istriens pendelten und den weißen istrischen Stein in die Stadt
brachten, der wegen seiner Schönheit und Dauerhaftigkeit geschätzt wurde. Politisch war Calendario der Umgebung des Dogen Marin Falier zuzurechnen, da er nach der Aufdeckung der

Verschwörung hingerichtet wurde. So hat sich die Gerechtigkeit Venedigs, die er mit seinem Werk preisen wollte, zuletzt gegen ihn selbst gewendet.

Während das Spätmittelalter noch eindeutig dem geflügelten Löwen als Symbol des Staats den Vorzug gibt, werden ab dem 16. Jahrhundert die Allegorien der Venetia Legion. Die Venetia des 14. Jahrhunderts ist eine ernste Frauengestalt, deren Attribute, Schwert und Pergamentrolle, auf Gericht und Regierung hindeuten. Nach der Inschrift hält sie tapfer und gerecht das Meer und die Furien unter ihren Füßen in Schach. In der Tat thront sie über den Wellen, auch dies der klare Anspruch auf die Herrschaft über die See. Die beiden Menschengestalten, die sich unter ihr zusammenducken und über denen zwei Löwen als siegreiches Staatssymbol stehen, sind demnach als die in der Inschrift angesprochenen Ungeheuer zu deuten. Sie haben die unterschiedlichsten Interpretationen erfahren, man sah in ihnen zwei Sklaven in Ketten. Aufstand im Innern und Furie des Krieges, Uneinigkeit und Erhebung. Mitten im Regierungszentrum tritt hier die Allegorie Venedigs neben das allgegenwärtige geflügelte Wappentier.

Venedig hat sich auf diese Weise einen ganzen Strauß von Erzählungen über die eigene Geschichte zugelegt, die dazu geeignet waren, den Blick auf die Frühzeit zu verstellen. Noch die moderne Geschichtswissenschaft tut sich schwer mit dem Wust an Sagen und liebgewonnenen Traditionen. Doch haben die Venezianer denen, die sich als Zerstörer des Mythos sehen, die Sache nicht einfach gemacht. Tritt man den Übertreibungen über die glorreiche Vergangenheit entgegen und betont, daß der Lagunengürtel bescheidene Anfänge gehabt habe, so stößt man auf einen Brief des Senators Cassiodor aus den dreißiger Jahren des 6. Jahrhunderts. Auch er war den Venezianern ein liebgewordenes Dokument ihrer Frühzeit, obwohl das dortige Bild offizieller Lesart widersprach. Der kulturmüde vornehme Römer zeichnet darin das Bild des unverfälschten einfachen Lebens. Fischfang, Salzgewinnung und Küstenschiffahrt seien die heimischen Gewerbe, Arm und Reich wohnten in den gleichen Hütten, maßvolles Leben verhindere Neid. Es ist der Traum vom Leben vor dem zivilisatorischen Sündenfall – auch diesen Urtraum europäischer Kultur hatte Venedig zu bieten.

Bescheidene Anfänge

Betrachtet man die Frühzeit der Stadt ohne diesen Bombast, so sind die Grundzüge klar genug erkennbar. Nach einem Gründungsdatum zu fragen scheint sinnlos, haben doch schon seit langem die Lagunen mit ihrem Reichtum an Fischen und Vögeln die Fischer, Jäger und Salinenbauern angezogen. Mögen die Wirren der Völkerwanderung manchen auf die Inseln haben fliehen lassen, so sind es doch erst die Langobarden gewesen, deren Eroberung Norditaliens den Gegensatz zwischen Land und Lagune hervorgebracht hat. Die überlegene Landmacht der Langobarden verdrängte die Reste römischer Verwaltung, während die oströmische Seemacht die Inseln hielt. So entstand eine seltsame Provinz des Oströmischen Reiches, die aus Inseln, Häfen und Lagunen bestand und nach ihrem Befehlshaber und der Hauptstadt Exarchat von Ravenna hieß. Und eine Provinz dieser fernen Provinz von Ostrom/Byzanz war Venedig. Hier kommandierte ein byzantinischer Beamter, der als Untergebener eines Exarchen den Offizierstitel *dux* trug, der Doge von Venedig. Von einer Stadt Venedig konnte keine Rede sein. Das geistliche Oberhaupt des Lagunengürtels, der Patriarch, saß in Grado, der Doge wechselte mehrmals seinen Regierungssitz, bis er sich Mitte des 8. Jahrhunderts in Malamocco auf dem Lido niederließ. Haupthafen war Torcello, das freilich in der Folgezeit versandete. Im 8. Jahrhundert war Bewegung in dieses Szenario gekommen. Zunächst begann in Konstantinopel ein erbitterter Streit über die Frage, ob es Christen erlaubt sei, Bilder zu verehren. Hierüber kam es schließlich sogar zu einem Aufstand der Provinzen in Italien gegen die Zentralregierung. Dann fiel Ravenna in die Hände der Langobarden, deren Reich wenig später unter fränkische Herrschaft geriet. Das byzantinische Venedig schien schließlich Karl dem Großen eine leichte Beute, zumal die Oberschicht uneinig war. Nach der Kaiserkrönung im Jahre 800 freilich verlangte Byzanz als Preis für die Anerkennung der Kaiserwürde Karls die Provinz Venedig zurück. Im Frieden von Aachen 812 kam sie an Konstantinopel und wurde so zu einem fernen Außenposten Ostroms. In diesen Wirren freilich vollzog sich der Aufstieg der Stadt Venedig. Um vor einem Angriff sicher zu sein, denn das fränkische Heer hatte versucht, von Chioggia aus den Lido zu erobern, verlegte man den Regierungssitz kurzerhand mitten in die Lagune nach Rialto. In den folgenden drei Jahrhunderten zog die neue Hauptstadt immer mehr Funktionen und auch den Provinznamen an sich, eine neue Großstadt entstand.

Doch Byzanz hatte wenig Freude an seinen fernen Untertanen. Man war mit der Außenpolitik in Asien und auf dem Balkan ebenso beschäftigt wie mit inneren Zwistigkeiten, so daß man die Lagunen Norditaliens mehr und mehr vergaß. Der Doge wurde inzwischen längst von der Provinzbevölkerung gewählt und nicht mehr in Konstantinopel bestimmt, und er begann selbständig Außenpolitik zu betreiben. Dazu versuchte ein Dogengeschlecht nach dem anderen, aus Venedig eine Erbmonarchie zu machen. Freilich fehlte hierzu jegliche Legitimität, so daß es ebenso regelmäßig zu Mord und Totschlag kam. Seit dem 11. Jahrhundert ist diese Phase beendet und das Prinzip einer Wahlmonarchie gesichert. In dieser Zeit der Wirren begann sich freilich auch die Wirtschaft Venedigs zu verändern. Mehr und mehr spielte der Seehandel eine Rolle, wobei sich die Venezianer als Sklavenhändler hervortaten. Man traf sie in Konstantinopel und Griechenland ebenso wie in Alexandrien. Ihre Flotte wurde immer wieder gebraucht, um Araber und Piraten abzuhalten. Mit einer großen Seeaktion gegen dalmatinische Piraten im Jahre 1000 regte sich Venedig erstmals als Ordungsmacht in der Adria. Das waren neue Ansprüche, die über die provinzielle Rolle weit hinausgingen. Der Doge führte nun auch den Titel eines Herrn von Kroatien und Dalmatien, ohne daß dies freilich wirkliche Herrschaft bedeutet hätte. Allerdings geriet Venedig mit seiner Flotte, eines der wichtigeren Geschwader des Mittelmeers, mehr und mehr in das politische Ränkespiel. 1082 ließ man sich die Hilfe für Byzanz mit einem umfassenden Handelsprivileg bezahlen. Wenig später setzte man sich an der Ostküste der Adria fest, ohne hier eine dauerhafte Herrschaft errichten zu können. Die Kreuzzüge unterstützte Venedig nur lau, ließ sich allerdings die Hilfe bei der Eroberung von Tyrus mit einem Drittel der Stadt bezahlen. Damit besaß man einen Stützpunkt im Heiligen Land und beließ es dabei. Die Politik geriet nun immer mehr in das Schlepptau des Handels. Freiheit für den Einkauf und den Absatz der Waren, das war das Leitmotiv aller Überlegungen. Mit Byzanz geriet man deswegen in einen Konflikt, der 1171 darin eskalierte, daß Kaiser Manuel I. alle Venezianer in seinem Reich ins Gefängnis werfen und ihre Güter konfiszieren ließ. Im Westen legte man sich mit dem Staufer Friedrich Barbarossa an, weil dessen Politik gegenüber den italienischen Städten darauf hinauslief, eine einheitliche und starke politische Kraft im Hinterland und damit auf den Absatzmärkten zu etablieren. Diese neue, völlig von den Handelsinteressen diktierte Politik kann nur verstehen, wer die Neuerungen der Innenpolitik Venedigs in dieser Zeit betrachtet. Die Führungsschicht der Stadt Venedig, und sie bestand nun einmal zu einem guten Teil aus Kaufleuten, nahm dem Dogen Stück um Stück seine Macht. Zuerst hatte er nur einen Rat an seiner Seite, danach mischten immer mehr Personen in der Politik mit. Aus der Provinz Venedig wurde die Republik.

Die Seemacht

Der Fall eines Weltreichs

Venedig war am Ende des 12. Jahrhunderts eine der bedeutenden Seemächte, deren Aufstieg in eine Führungsrolle in Handel und Politik freilich kaum vorhersehbar gewesen war. Das Normannenreich in Süditalien, Byzanz, das Kaiserreich des Westens und Ägypten besetzten am Mittelmeer die ersten Plätze der internationalen Bühne. Daß der Doge mit seinen etwa 100 000 Venezianern, Frauen und Kinder mitgerechnet, Großmachtpolitik zu treiben imstande sei, war nicht anzunehmen. Daß es anders kam, ist nicht zuletzt das Verdienst des Dogen Enrico Dandolo. Als man ihn 1192 wählte, dachten vermutlich die allermeisten Venezianer daran, daß nun ein Zeitalter des Friedens anbrechen würde. Er war der letzte große alte Politiker, der noch aus der Generation seiner Vorgänger Sebastiano Ziani und Orio Mastropetro stammte, mit denen zusammen er seit Jahrzehnten die Politik leitend bestimmt hatte. Er stand bei seiner Wahl in den Siebzigern und während des Kreuzzugs in den Achtzigern, mithin in einem Lebensabschnitt, der nicht mehr zu Abenteuern reizen sollte. Außerdem sagt man, er sei fast völlig blind gewesen, was seine Gestalt noch unwirklicher erscheinen läßt. Daß dieser Greis das Byzantinische Reich von der Landkarte tilgen würde, damit rechnete keiner.

An den Kreuzzügen hatte sich Venedig bisher nur sehr zurückhaltend beteiligt. Man nahm gerne die Möglichkeiten zu Handelsfahrten wahr oder brachte Pilger ins Heilige Land, ansonsten aber pflegte man alteingeführte Handelskontakte nach Byzanz und Ägypten. Und diese sollte ein zu auffälliges Engagement bei den Kreuzzügen nicht stören. Da ging 1187 ein Aufschrei durch Europa: Saladin hatte von Ägypten aus nach einer vernichtenden Niederlage des christlichen Heeres Jerusalem erobert und die Herren des Heiligen Landes vor sich hergetrieben. Kaiser Friedrich Barbarossa, Richard Löwenherz, Philipp II. August von Frankreich und viele andere machten sich auf den Weg, die Heilige Stadt wieder zu gewinnen. Das Unternehmen endete in einem Fiasko: der Kaiser tot, die Führer des Unternehmens verfeindet, so mußte man schon zufrieden sein, wenigstens den wichtigen Hafen von Akkon wieder erobert zu haben. Daß Venedig diese dritte große Heerfahrt tatkräftig unterstützt hätte, kann niemand behaupten. Seine Flotte sicherte Tyrus, dort gehörte einem ja schließlich ein Drittel der Stadt, und ansonsten unternahm man

Wachtfahrten vor dem eingeschlossenen Akkon. Dafür ließ Venedig sich jedoch noch einmal alle Privilegien ausdrücklich bestätigen, damit auch ja niemand auf die Idee käme, man werde aus Glaubenseifer tätig. Kaum war diese Episode Geschichte, da liefen venezianische Schiffe schon wieder eifrig Alexandrien an. So paßt es denn auch nahtlos in diese Tradition, daß der Kreuzzug auf venezianisch, den man als den vierten zählt, das Heilige Land noch nicht einmal von der Ferne gesehen hat.

Die Anfänge allerdings waren wie immer: Nach dem großen Mißerfolg des dritten Kreuzzugs wurde beständig für einen neuen Versuch geworben. Vor allem Innozenz III., einer der größten Päpste des Mittelalters, machte diesen zu seiner Herzensangelegenheit. Zunächst blieb der Erfolg völlig aus. Zu einem ersten, vom Papst festgelegten Sammeltermin für ein Kreuzheer war kaum jemand erschienen. Erst im November 1199 nahmen bei einem Turnier in der Champagne die Grafen Theobald von der Champagne und Ludwig von Blois das Kreuz, der Graf Balduin von Flandern folgte bald. Um sie scharte sich eine große Zahl von nordfranzösischen Rittern, deren Transport ins Heilige Land organisiert sein wollte. Und hier hatte man nun aus Fehlern der Vergangenheit gelernt. Der Landweg über den Balkan nach Konstantinopel und dann quer durch Kleinasien hatte sich nicht bewährt. Die Heere gelangten, wenn überhaupt, nur nach großen Strapazen und durch Kämpfe unterwegs dezimiert, ins Land ihrer Wünsche. Deshalb wollte man dieses Mal den schnelleren, sicheren, wenn auch teuren Seeweg wählen. Sechs Gesandte wurden nach Italien geschickt, um einen Transportvertrag abzuschließen. Diese hatten völlig freie Hand bei der Wahl des Transporteurs, im Abschluß des Vertrags und in der Planung. Die Wahl fiel auf Venedig, und in dem Vertrag zwischen Enrico Dandolo und den französischen Rittern trafen zwei Welten aufeinander. Der Doge verpflichtete sich, Schiffsraum und Verpflegung auf ein Jahr für 4500 Ritter, 9000 Knappen und 20000 Fußsoldaten bereitzustellen und darüber hinaus selbst eine Flotte mit fünfzig Schiffen zu rüsten. Dafür sollten in vier Raten 85000 Mark Silber bezahlt werden. Auf der einen Seite steht der kalkulierende Kaufmann, dessen Zahlen realistisch sind. Keine Macht des Abendlandes hatte die Logistik, um die vielen tausend Mann auf Schiffe zu verladen und zu verpflegen. Es war eine organisatorische Meisterleistung, innerhalb eines Jahres eine Spezialflotte zu bauen, wobei vor allem die ausgeklügelten Transporter für die Pferde Aufsehen erregten. Auf der anderen Seite stand die Adelswelt des Mittelalters, deren lässigen Umgang mit Zahlen viele Quellen bezeugen. 85000 Mark, das Budget eines Königreichs, lag außerhalb der Vorstellungswelt eines Ritters, und 33500 Bewaffnete bildeten ebenfalls eine unvorstellbare Truppenstärke. So nahm denn das Unglück seinen Lauf.

Zunächst starb der Führer des Unternehmens, Graf Theobald von der Champagne. An seiner Statt wählte man den Markgrafen Bonifaz von Montferrat als Befehlshaber. Dieses italienische Adelsgeschlecht hatte bereits seit langem ausgezeichnete Beziehungen zum Heiligen Land unterhalten, so daß der Markgraf zur Führung des Kreuzheers geeigneter erscheinen mußte als ein nordfranzösischer Graf. Dann fanden die Burgunder und Provençalen, daß ihnen zur Abfahrt Marseille günstiger läge als die Adriamacht Venedig. So kamen 1202 nur die Nordfranzosen und ein kleines deutsches Kontingent unter dem Abt Martin von Pairis aus dem Elsaß, insgesamt etwa 10 000 Mann, um eine Flotte für mehr als die dreifache Mannschaftsstärke zu besteigen. Venedig hatte seine Leistungen erbracht und bestand auf der vollen Bezahlung. Um nun die Kreuzfahrer nicht auf die naheliegende Idee zu bringen, sich die Summe bei ihrem Gläubiger mit Gewalt zu beschaffen, transportierte man sie allesamt auf den Lido. Hier konnten sie einerseits die Stadt nicht bedrohen und andererseits auch nicht das Weite suchen. So mußten alle zusammenlegen und blieben trotzdem noch 35 000 Mark Silber schuldig. War dies alles zunächst nur eine gigantische Fehlkalkulation, so sollte der Sündenfall sogleich folgen. Enrico Dandolo machte den Vorschlag, die Schulden zu stunden, wenn man ihm und den Seinen behilflich wäre, in Dalmatien Zara zu erobern. Diese Stadt war seit langem zwischen der ungarischen Krone und Venedig umstritten und seit 1186 wieder einmal in der Hand König Belas III. Dieser Vorschlag war eine Zumutung, war doch der König selbst Kreuzfahrer, dessen Länder vom Papst unter Androhung des Kirchenbanns geschützt waren. Gegen heftigen Widerstand wurde die Heerfahrt beschlossen und durchgeführt. Unterwegs nahm man die Gelegenheit wahr, Triest und Muggia von neuem auf ihr Wohlwollen gegenüber Venedig zu verpflichten. Zara gehörte wieder Venedig, aber Innozenz III. konnte nicht umhin, das Kreuzfahrerheer, das seine Prediger zusammengetrommelt hatten, mit der Exkommunikation zu belegen. Nun war die Lage völlig verfahren: Die Kurie verhandelte mit den Kreuzfahrern und löste sie schließlich vom Bann, um ja die Heerfahrt nach Jerusalem nicht zu gefährden. Der Doge ließ den Kirchenbann auf sich beruhen, da er darauf vertrauen konnte, daß keiner ohne seine Flotte über das Mittelmeer gelangen würde. Und in dieser Lage erschienen nun vor Zara Abgesandte des griechischen Prinzen Alexios. In der regierenden Familie der Angeloi herrschte Mord und Totschlag, und Alexios selbst war nur mit Mühe in den Westen entkommen. Zunächst versuchte er den Staufer Philipp von Schwaben, mit dem er verschwägert war, für sich zu gewinnen. Danach klopfte er beim Papst an, doch auch der war mit dem Thronstreit zwischen Staufern und Welfen in Deutschland vollauf beschäftigt. So besann er sich nun auf das Kreuzfahrerheer vor Zara, das gerade bewiesen hatte, daß es auch für Nebengeschäfte zu haben war. Alexios versprach alles, was man hören wollte: Selbstverständlich würde er die Kirchenunion zwischen Ost und West nach dem Schisma von 1054 wieder herstellen, selbstverständlich würde er den Zug nach Jerusalem mit 10 000 byzantinischen Soldaten unterstützen, selbstverständlich sollten alle hohe Geldzahlungen als Lohn ihrer Mühe erhalten. Eine Reihe von Kreuzfahrern reiste nun empört ab, der Rest aber fand, das Unternehmen gegen Byzanz könnte nicht schaden, wenn man danach auch nach Jerusalem zöge. Die Kreuzzugspropaganda, die bereits seit einem Jahrhundert daran gewöhnt war, die Byzantiner als Feinde des Papstes und des Abendlandes hinzustellen, hatte sich in den Köpfen festgesetzt. Die Venezianer brauchte man nicht lange zu bitten, konnte man doch erwarten, daß die Kreuzfahrer aus den griechischen Hilfsgeldern endlich ihre Schulden bezahlten. Außerdem hatten sie noch seit dem Schlag Kaiser Manuels gegen ihre Kaufleute im Jahre 1171 eine Rechnung offen. So war das Unternehmen endgültig aus dem Ruder gelaufen.

Wer war schuld an dieser Entwicklung? Nachdem noch das 13. Jahrhundert das Unternehmen als glorreiche Heldentat gesehen hatte, setzte sich bald der Eindruck fest, daß es sich um ein Bubenstück ohnegleichen gehandelt habe. Im 19. Jahrhundert geriet diese Frage in den Streit der nationalen Geschichtsschreibung, die ihre Zensuren je nach Präferenz verteilte. Soweit man die Ereignisse nicht einer Folge von Zufällen zuschrieb, brauchte man einen Intriganten im Hintergrund. Enrico Dandolo wurde immer wieder als der Hauptschuldige herausgestellt. In der Tat paßt das kluge Ausnützen der eigenen Chancen unter dem Hintanhalten der religiösen Begeisterung gut ins venezianische Konzept. Für die französische Geschichtsschreibung war Philipp von Schwaben der Übeltäter, und deutsche Protestanten, wen wundert es, machten den Bösewicht im Papst aus. Innozenz III. protestierte zwar ohne Unterlaß, kam aber ständig zu spät und reagierte, ganz im Gegensatz zu seiner sonstigen Politik, immer nur halbherzig. All diese Erklärungen können nicht restlos überzeugen, was freilich neue Verschwörungstheoretiker nicht aufhalten wird. Am wahrscheinlichsten ist die sogenannte »Zufallstheorie«, die in den Vorgängen eine Verkettung von ungewollten Chancen und Möglichkeiten sieht, an deren Ende eine Ergebnis stand, das so keiner gewollt hatte.

43

Im April 1203 machte sich die Flotte auf den Weg nach Konstantinopel. Schon kurz nach der Ankunft unternahm man einen ersten Sturm auf die Stadt. Die Venezianer sprengten die Sperrkette und fuhren ins Goldene Horn ein, doch der Sturm scheiterte. Daß es die englischen und dänischen Söldner in der byzantinischen Warägergarde waren, die den Angriff abwehrten, zeigt besser als viele Worte den Charakter dieses »Kreuzzugs«. Immerhin gelang es dem Prinzen Alexios, sich des Throns zu bemächtigen und seinen Vater aus dem Gefängnis zu befreien. Damit wäre die Aufgabe erledigt und der Weg nach Jerusalem frei gewesen. Doch nun machte zum zweiten Mal Zahlungsunfähigkeit Geschichte. Die byzantinischen Staatskassen waren leer, Venezianer und Kreuzfahrer sahen kein Geld. Als dann auch noch die Bevölkerung, deren Feindseligkeit gegen alle »Lateiner« vor allem den Venezianern wohlbekannt war, Alexios ermordete, beschloß man im Lager vor der Stadt das Ende des Oströmischen Reiches. Dabei waren die Interessen vielschichtig. Die Venezianer hatten die Gefangennahme aller ihrer Landsleute durch Kaiser Manuel I. im Jahre 1171 und das großen Lateinerpogrom 1182 keineswegs vergessen. Die übrigen waren beeinflußt von jener griechenfeindlichen Stimmung, die sich im Westen breitgemacht hatte. Konstantinopel hatte die größte Reliquiensammlung der Welt, die seit dem Schisma 1054 in den Augen der Abendländer in den Händen Abtrünniger lag. Hoffnung auf Beute und Abenteuerlust ergaben ein Gemisch, das für Ostrom tödlich wurde. Am 12. April 1204 besetzte man gegen erbitterten Widerstand die Mauern, am Tag darauf fiel die Stadt.

Es gehört zu den schwer zu erklärenden Tatsachen venezianischer Kunstgeschichte, daß dieser größte Triumph der Stadt bis ins 16. Jahrhundert hinein nirgends gemalt und gefeiert wurde. Zwar war die anfängliche Begeisterung im Abendland bald abgeklungen, denn ein Kreuzzug gegen Byzanz und die Ostkirche schien nur wenigen eine Heldentat, doch die venezianische Chronistik hatte stets daran festgehalten, daß der vierte Kreuzzug zu den ganz großen Ereignissen der heimischen Geschichte zählte. Erst nach dem Brand des Dogenpalastes 1577 entschloß man sich, diesen Ereignissen einen Bilderzyklus in der Sala del Maggior Consiglio zu widmen. So wie die sagenumrankten Ereignisse des Jahres 1177 für die Herrschaft Venedigs zu Lande stehen, so jene von 1202 bis 1204 für die Seeherrschaft. Es war »die größte Unternehmung, die von dieser hohen Regierung je unternommen wurde«. Freilich sollte der Zyklus an dieser hervorgehobenen Stelle im Palast die Stärke der venezianischen Waffen verherrlichen und das Unternehmen rechtfertigen. Ein Bild mit dem jungen Alexios im Lager vor Zara sollte die Legitimität des Vorge-

hens verdeutlichen, während im Gemälde von Palma Il Giovane
bei der Erstürmung der Stadt die Tapferkeit der Vorfahren gepriesen wird (Abb. 9). Das Schiff des Dogen ist deutlich durch
sein Wappen mit dem *cornu ducale* am Heck gekennzeichnet,
und der greise Doge steht selbst rechts neben dem Mast, um die
Seinen anzufeuern. Als wollte man sich, wenige Jahre nach der
siegreichen Schlacht von Lepanto gegen die Osmanen, selbst
Mut machen, sollten diese Historienbilder den Kampf der Alt-
vorderen vor Konstantinopel feiern.

Abb. 9
Um 1587/90 führte der venezianische Maler Jacopo Palma, genannt Palma il Giovane, die Szene
der Eroberung Konstantinopels durch das Kreuzheer aus. Sie gehörte in einen Zyklus, der auf
acht großen Leinwänden die Geschichte dieser Unternehmung darstellte, von der Versammlung
der Kreuzfahrer vor ihrer Abfahrt bis zur Krönung Balduins von Flandern zum Kaiser des Latei-
nischen Reichs. Der Künstler zeigt uns den heißumkämpften, mit stattlichen Türmen befestigten
Mauerring von Byzanz, das Getümmel von Verteidigern und Belagerern, die Schiffe mit den An-
greifern. Die Stadt mit ihrem mehrfachen Mauerring hatte als uneinnehmbar gegolten.

Was nun begann, war ein dreitägiges Plündern und Morden, das Unzähligen das Leben kostete. Konstantinopel war nicht nur die bei weitem größte, sie war auch die reichste Stadt der Christenheit. Unendlich viele Todesopfer forderte der »Kreuzzug«, unendlich viele Kulturgüter gingen zugrunde. Wie wenig Skrupel man sich machte, zeigt die Schilderung des Gunther von Pairis, der den Bericht wohl aus Erzählungen seines Abtes, des Führers des deutschen Aufgebots und des Helden seiner Geschichte, kannte: »Als nun die Sieger die besiegte Stadt, die sie nach Kriegsrecht zu der ihren gemacht hatten, munter plünderten, da begann der Abt Martin auch an seine eigene Beute zu denken, und um nicht allein leer auszugehen, wo alle anderen reich wurden, nahm er sich vor, auch seinerseits seine geweihten Hände zum Raube auszustrecken. Aber da er es für unwürdig hielt, mit diesen Händen Beute an weltlichem Gut anzutasten, so begann er darauf auszugehen, sich an Heiligenreliquien, deren es dort, wie er wußte, eine große Menge gab, ein gut Teil zusammenzuscharren. So nahm er denn den einen von seinen zwei Kaplanen mit, und in der Vorahnung von etwas Bedeutsamem suchte er eine Kirche auf, die deshalb eine hohe Achtung genoß, weil die Mutter des hochberühmten Kaisers Emanuel hier ein berühmtes Grabmal hatte, was die Unseren für nichts Besonderes hielten, obwohl es den Griechen als etwas Großes erschien. Dort wurde aus der ganzen Gegend ringsum sehr viel Geld in Verwahrung gehalten und auch kostbare Reliquien, die eine freilich eitle Hoffnung auf Sicherheit aus den Nachbarkirchen und -klöstern hierher hatte zusammentragen lassen, was Unseren vor der Eroberung der Stadt von denen, die die Griechen ausgewiesen hatten, auch angezeigt worden war. Während viele von den Pilgern zugleich in diese Kirche einbrachen und die einen hier, die anderen dort voller Gier beschäftigt waren, Gold, Silber und alle möglichen Kostbarkeiten zu plündern, suchte Martin in der Meinung, es sei unwürdig, Kirchenraub zu begehen außer an heiligem Gute, eine mehr verborgene Stelle auf, an der eben die Heiligkeit des Ortes ihm zu versprechen schien, das finden zu können, wonach ihm am meisten der Sinn stand. Dort fand er einen Greis, schön von Angesicht, mit langem, grauem Bart, einen Priester natürlich, der sich aber gerade in seinem Äußeren sehr von unseren Geistlichen unterschied. Deshalb hielt ihn der Abt auch für einen Laien; freundlichen Sinnes zwar, aber mit schrecklicher Stimme fuhr er ihn heftig an und rief: ›Los, treuloser Alter, zeige mir, was du an wertvollen Relquien verwahrst, oder du sollst wissen, daß du sofort des Todes bist!‹ Der aber erschrak mehr über den Lärm als über seine Worte, denn den

Lärm hörte er, die Worte konnte er ja nicht verstehen; und da er merkte, daß jener sich nicht in der griechischen Sprache auszudrücken verstand, begann er den Mann in romanischer (französischer) Sprache, die er teilweise beherrschte, zu beschwichtigen und seinen Zorn, der doch keiner war, mit Freundlichkeit zu begütigen. Darauf konnte der Abt nur mit Mühe in wenigen Worten dieser Sprache radebrechen, um dem Alten klarzumachen, was er von ihm wolle. Der schätzte sein Gesicht und sein Äußeres ab und fand es wohl erträglicher, wenn ein Mönch heilige Reliquien aus frommer Ehrfurcht sammelte, als wenn weltliche Männer sie womöglich mit blutbefleckten Händen vernichteten, und so öffnete er ihm denn eine eisenbeschlagene Truhe und zeigte ihm den ersehnten Schatz, der dem Abt willkommener war als alle Schätze Griechenlands. Sowie der Abt ihn zu Gesicht bekam, tauchte er beide Hände eilig und begehrlich hinein, und kräftig geschürzt wie er war, füllte er den Bausch der Kutte mit heiligem Kirchenraub, und ebenso der Kaplan; was ihm am wertvollsten schien, das versteckte er findig und ging dann hinaus«. Die Beute des Plünderers konnte sich sehen lassen: eine Spur vom Blute Christi, ein Kreuzsplitter, einen nicht unbeträchtlichen Teil des heiligen Johannes, ein Arm des Jakobus, ein Fuß des Cosmas und ein Zahn des Laurentius gingen neben einigen anderen Dutzend Reliquien in das heimatliche Kloster. Die Beute war unermeßlich, nach einem Augenzeugen die größte Beute der Weltgeschichte. Mehr als 300 000 Mark Silber soll ihr Gesamtwert betragen haben. Unzählige Schätze abendländischer Kirchen gehen noch heute auf diese Gewalttat zurück. Den Löwenanteil aber erhielten die Venezianer: Drei Viertel der Beute fiel an sie, um die ausstehenden Forderungen auszugleichen. Venedig und die Venezianer wurden reich und sehr reich. Außerdem verfügten sie seither über einen Reliquienschatz, der nur noch von dem der Stadt Rom übertroffen wurde. Für den Pilger, der im Spätmittelalter zu den heiligen Stätten wallfahrtete, die dieser Kreuzzug nun gründlich verfehlt hatte, begann der Besuch der heiligen Stätten bereits am Rialto. So viele Objekte seiner frommen Erbauung fand er zuhause nirgends. Als Marin Sanudo seine *Cronachetta* zu Ende des 15. Jahrhunderts in der ausdrücklichen Absicht, Fremden und Zugezogenen seine Heimatstadt zu erklären, verfaßt, führt er die Prunkstücke in langer Reihe auf.

Wie die Reliquienschätze die venezianischen Kirchen, so verschönerten Kunstwerke, Kapitelle, Reliefs und Säulen die Stadt Venedig. Was man für brauchbar ansah, wurde in Konstantinopel auseinandergenommen, um die Stadt am Rialto zu schmükken. Venedig ist so wie kaum eine andere Stadt des Mittelalters eine Stadt der Beutestücke, Spolien, geworden. Am deutlichsten

Abb. 10
Der massive Baukörper der Schatzkammer diente seit Beginn des 13. Jahrhunderts als Verwah-
rungsort des Kirchenschatzes der Dogenkapelle San Marco. Man versuchte, die Mauern mit bun-
ten Marmorplatten, dekorativen Fragmenten und geometrischen Basreliefs aufzulockern und zu
verschönern. An prominenter Stelle brachte man die sogenannten Tetrarchen, vier männliche, aus
Konstantinopel stammende Figuren aus Porphyr an.

wird dies an den drei Marmorfassaden von San Marco, die zwischen dem 13. und 15. Jahrhundert ausgestattet wurden. Ein Namensvetter des großen Eroberers schreibt in einer Chronik des 14. Jahrhunderts ausdrücklich: »Zu dieser Zeit (nach dem vierten Kreuzzug) wurde der größte Teil der Kirche von San Marco errichtet aus Steinen, Säulen und Kunstwerken, die mit Galeeren und Schiffen aus Konstantinopel gebracht wurden«. Nicht weniger als 300 Kapitelle der Kirche sind »Fundstücke«, wobei der allergrößte Teil aus spätantiken Bauwerken stammt. Die berühmtesten Beutestücke sind die vier Pferde auf der Westfassade, Meisterwerke des sechsten vorchristlichen Jahrhunderts, die bis dahin das Hippodrom Konstantinopels geziert hatten. »Dies ist die Stelle, wo die berühmten vier vergoldeten, ehernen Pferde stehen – ein Werk des Altertums, das von einem herrlichen Künstler, wer es auch gewesen sein mag, stammt – und die von der Höhe herab, fast wie wenn sie lebendig wären, schnauben und mit den Füßen stampfen«, schwärmt Francesco Petrarca. Auch wer sonst von Venedig nichts wußte, kannte im Mittelalter diese berühmten Rösser, Wahrzeichen der Stadt (vgl. die idealisierte Ansicht in Abb. 4 und Abb. 21. Selbst auf einem Fassadenmosaik von San Marco, das den Bauzustand des 13. Jahrhunderts wiedergibt, stellte man die Pferde dar, um dem Betrachter ein Bauwerk als Markuskirche zu kennzeichnen, vgl. Abb. 39). Es ist bezeichnend, daß auch die Mauern der Schatzkammer von San Marco über und über mit Spolien besetzt sind (Abb. 10). Die gewaltigen Tresormauern stammen teilweise noch aus der Zeit vor der Jahrtausendwende und gehörten wohl zu den Befestigungen des ursprünglichen Dogenpalastes. Nach einem Brand 1231 und dann wieder im 15. Jahrhundert hat man hier gebaut und befestigt. Durch das Anbringen von Reliefs und durch farbigen Marmor hat man versucht, die Wucht der fensterlosen Wände zu mildern. Auch die Gruppe der vier Männer aus Porphyr, einem Stein, der wegen seiner purpurnen Farbe dem oströmischen Kaiser vorbehalten war, stammt aus Konstantinopel, wo ein Stück des Sockels zurückgeblieben ist. Die Interpretation dieser Arbeit des 4. Jahrhunderts ist umstritten, meist wird sie freilich als Darstellung der Kaiser Diokletian, Maximian, Valerius und Constantius (Tetrarchen) gedeutet. Venedig ließ gar keinen Zweifel daran, daß es sich selbst als Nachfolgerin Roms betrachtete.

Hinter diesen Wänden lag jener sagenhafte Schatz von San Marco, den zu mehren jeder Beutezug dienen mußte. Man hat es niemals versäumt, auch dem Staatsheiligen seinen Anteil zu geben. Marin Sanudo beschreibt den Tesoro folgendermaßen: »Dort ist ein Ort, wo Schätze sind, die man nicht anders bezeichnen kann als die Schätze der Signoria von Venedig. Darüber werde ich mich nicht weiter auslassen, da sie ziemlich bekannt sind und von unermeßlichem Preis. Diese haben die Prokuratoren von San Marco in Verwahrung, und sie werden Staatsgästen oder Botschaftern gezeigt. Und am Vorabend der Sensa und am Fest selbst und ebenso am Vorabend und Fest des Heiligen Markus werden Teile auf dem Altar als Schmuck ausgestellt. Dieser Schatz wurde 1449 von einem Griechen namens Stamati ausgeraubt, aber mit Gottes Hilfe ohne einen Schaden zurückgeholt«. Wie eine solche Führung eines hohen Staatsgastes damals aussah, schildert uns Philippe de Commynes: »Man zeigte mir noch drei oder vier Zimmer mit reichvergoldeten Decken, Betten und Wandschirmen; es ist ein schöner und prächtiger Palast in allem, was er enthält, die ganze Front von wohlgeschnittenem Marmor, und der Rand der Steine zollbreit vergoldet. In diesem Palast gibt es vier reichvergoldete Säle und einen sehr großen Raum; aber der Hof ist klein. Vom Zimmer des Dogen aus kann man die Messe am großen Altar der Kapelle San Marco hören, der schönsten und reichsten Kapelle der Welt, die nur dem Namen nach eine Kapelle ist; sie ist an allen Seiten von Mosaiken überzogen. Auch rühmen die Venezianer sich, diese Kunst wiederentdeckt zu haben, und lassen sie als Handwerk ausüben; ich habe es gesehen. In dieser Kapelle liegt ihr Schatz, von dem man spricht, Dinge, die zum Schmuck der Kirche bestimmt sind. Da sind zwölf oder vierzehn große Edelsteine: Ich habe niemals so große gesehen. Zwei sind dabei, von denen einer siebenhundert, der andere achthundert Karat wiegt, aber sie sind nicht fleckenlos. Da sind zwölf goldene Rüstungen, Vorderwand und Borten mit sehr schönen Edelsteinen reich besetzt, und zwölf goldene Kronen, mit denen sich ehemals zwölf Frauen, die sie Königinnen nannten, zu gewissen Festen im Jahr schmückten; diese gingen dann durch die Inseln und Kirchen. Einmal wurden sie und die Mehrzahl der Frauen der Stadt von Räubern entführt, die aus Istrien oder Friaul kamen, was nicht weit von ihnen entfernt ist, und diese hatten sich hinter diesen Inseln verborgen. Ihre Gatten aber verfolgten sie, holten sie wieder, brachten diese Dinge nach San Marco und gründeten diese Kapelle, wohin die Signorie jedes Jahr am Tag dieses Sieges geht. Es ist das ein sehr großer Reichtum, um eine Kirche zu schmücken, neben vielen anderen goldenen Sachen in Gefäßen von Hyazinth, Amethyst, Achat und einem kleinen Topf aus schönem Smaragd. Aber das ist nicht als großer Schatz anzusehen, wie man es wohl tut. Bares Gold und Silber haben sie nicht im Schatz«. Herren des Goldes der Christenheit hat man die Venezianer genannt und danach war auch ihr Schatz geraten. Ein einzigartiges Kunstwerk dieses

Abb. 11
*Vom Ende des 12. Jahrhunderts
stammt dieses hübsche Gefäß,
das eine Ampulle mit dem Blut
Christi bewahrt, die kostbarste
Reliquie des Kirchenschatzes
von San Marco: ein Reliquiar
etwas ungewöhnlichen Typs,
ein kuppelbekröntes Gebäude,
das an eine byzantinische
Kirche denken läßt. Vielleicht
hat die oströmische Apostelkirche als Vorbild gedient.*

Schatzes ist ein Räuchergefäß oder eine Lampe aus dem Ende
des 12. Jahrhunderts, das nach dem Jahre 1231 in einen Reliquienschrein verwandelt worden ist (Abb. 11). Sicherlich aus
Konstantinopel stammt sein Inhalt: Eine Bleikristallampulle mit
Tropfen des Allerheiligsten Blutes, die wertvollste Reliquie des
Schatzes im Spätmittelalter. Sie war auf wundersame Weise verschont geblieben, als 1231 ein Großbrand Teile des Schatzes
zerstörte. Ein Inventar aus dem Jahre 1283 erwähnt dann, daß
diese Ampulle in unserer Goldschmiedearbeit Platz gefunden
habe. Woher dieser wertvolle, silbergetriebene, zum Teil vergol-
dete Schrein stammt, ist umstritten. Er verbindet harmonisch
arabischen, byzantinischen und süditalienisch-normannischen
Einfluß, so daß man an eine byzantinische, süditalienische oder
auch venezianische Herkunft gedacht hat. Es trägt eine griechische Inschrift und könnte in seinen Grundformen, so vermutete
man, die Apostelkirche in Konstantinopel nachahmen. Da freilich San Marco nach ebendiesem Vorbild erbaut wurde, liegen
mögliche Beziehungen zum Aufbewahrungsort auf der Hand.

51

Dieses »Reliquiar« ungewöhnlichen Typs hat die Form eines kleinen Gebäudes mit quadratischem Grundriß und vier angefügten Apsiden. Der Bau wird von vier Kuppeln gekrönt, das Zentrum bildet eine weitere, höhere Kuppel, die bewegt werden kann. Das Gebäude steht auf einer kleinen Basis und weist zwei Henkel auf, die den Transport erleichtern sollten. Das Gefäß ist mit Löwen, Greifen, Sirenen und anderen phantastischen Tieren geschmückt, eine zweiflügelige Tür erlaubt das Öffnen. Jeder Flügel trägt eine allegorische Figur, wobei der Krieger mit dem Helm den Mannesmut und die Frauengestalt, die sich an die Stirn deutet, die Intelligenz verkörpern. Die Mittlerfunktion Venedigs zwischen Orient und Okzident findet seine Entsprechung im Zusammenfließen der Stilformen.

Herr von drei Achteln des Römischen Reiches

Mochten die Schätze, die man aus Konstantinopel nach Hause schleppte, noch so gewaltig sein, wichtiger war die Verteilung des Kaiserreiches selbst. Und hier zeigte sich bald, daß die Venezianer als alte Kaufleute den besseren Überblick hatten. Spätere Sage hat behauptet, Enrico Dandolo hätte zum Kaiser gewählt werden sollen und die Hauptstadt des venezianischen Reiches hätte man nach Konstantinopel verlegen wollen. Doch dies wäre sicherlich ein schlechtes Geschäft gewesen, und schlechte Geschäfte schloß ein Venezianer ohne Not niemals ab. Zunächst einigte sich ein paritätisch besetzter Ausschuß auf einen Thronkandidaten. Bonifaz von Montferrat hatte gute Verbindungen nach Genua, mithin war er für Venedig untragbar. Balduin von Flandern war machtlos genug, um als Kandidat durchzugehen, und wurde gewählt. Er erhielt ein Viertel des Reiches, der Rest wurde zwischen Venezianern und Kreuzfahrern geteilt. Seither nannte sich der Doge »Herr von drei Achteln des Römischen Reiches«. Außerdem stand den Venezianern das Patriarchat von Konstantinopel zu. Die Versuche, aus der alten Ostkirche durch Postenschieberei eine venezianische Pfründe zu machen, sollten das Papsttum zu allen Zeiten des lateinischen Kaiserreichs beschäftigen. Denn Bischofssitze als Kriegsbeute und kirchliche Wahl und Weihe nach vorheriger Prüfung der Kandidaten auf venezianisches Bürgerrecht sprachen dem kanonischen Recht Hohn.

Weit vorsichtiger ging Venedig an die Organisation seiner drei Achtel heran. Man hatte weder die Menschen noch die Machtmittel, um ernsthaft daran zu denken, ganze Provinzen des Kaiserreichs in Besitz zu nehmen. Überhaupt ging die Teilung des

Reiches wenig durchdacht vor sich. Im wesentlichen nahm sich jeder, was ihm gerade gefiel, und so entstanden zahlreiche kleinere und größere Herrschaften, deren Beziehungen zueinander und deren Rechtstitel unklar waren. Wer unternehmungslustig genug war, konnte sich seine Herrschaft zusammenrauben. Marco Sanudo, ein Neffe des Dogen Enrico Dandolo, zimmerte sich aus Inselherrschaften in der Ägäis sein Herzogtum Naxos. Dieses unterstand nun keineswegs dem Dogen, sondern dem Kaiser in der Hauptstadt. So gab es einige venezianische und viele fränkische Herrschaften, die eigenständig Politik betrieben. Venedig war eine Handelsmacht, und deshalb ließ sich der Doge als erstes sämtliche Privilegien, die man jemals von den griechischen Kaisern erhalten hatte, bestätigen. Außerdem, und das war viel Geld wert, durfte kein Feind Venedigs Zutritt zum Gebiet des Reiches erhalten. Ansonsten hat sich Venedig darauf beschränkt, wichtige Knotenpunkte des Seeverkehrs zu besetzen, in der zutreffenden Erkenntnis, daß alles andere die Kräfte des Staates bei weitem übersteigen würde. Der wichtigste aller Stützpunkte war Konstantinopel selbst, von dem ebenfalls drei Achtel an die Venezianer gefallen waren, und zwar ein Quartier am Hafen mit den Landungsbrücken und den Docks, das eine Stadt in der Stadt bildete. Hier regierte der venezianische Podestà über eine Bevölkerung, die Zehntausende zählte. Zahlreiche Griechen und Ausländer hatten sich hier niedergelassen, die Regierung im Namen des Dogen verfügte über eine eigene Flotte, einen Rat, Richter, Kämmerer und Verwaltungsbeamte. Man war sogar in der Lage, von hier aus eine eigenständige Politik zu betreiben, um die Interessen in der Ägäis und am Schwarzen Meer wahrzunehmen. Der Podestà wurde von Venedig entsandt, um die Auslandsvenezianer fest am Zügel der Zentrale zu führen, hatte es doch Versuche gegeben, sich von der Heimat loszulösen. In der Ägäis war es Negroponte (Euböa), das als Zwischenstation der Schiffe auf dem Weg nach Konstantinopel diente. Hier kontrollierte man die Hauptstadt und den Hafen direkt, der Rest stand in lockerer Abhängigkeit. Außerdem konnte man von hier aus die fränkischen Herrschaften auf dem Festland und das nahe Athen im Auge behalten. Weitaus wichtiger war freilich Kreta, dessen strategische Lage es für Venedig unersetzlich machte. Sowohl die Route entlang der griechischen wie auch die entlang der kleinasiatischen Küste nach Konstantinopel waren von hier aus zu kontrollieren, und auch der Weg aus der Adria ins Heilige Land und nach Ägypten führte hier vorbei. Kreta war so wichtig, daß Venedig eine beträchtliche Summe ausgab, um einen Rechtstitel auf die Insel zu erwerben. Freilich wollte sie erst erobert sein, und es war bezeichnend genug, daß der genuesische

53

Graf Heinrich von Malta erbittert um diesen Besitz kämpfte. Schließlich errichtete Venedig ein Herzogtum, das mit Kolonisten aus der Heimat planmäßig ausgebaut wurde. Hunderte von Venezianern wurden so zu Grundbesitzern und Kriegern, und die widerstreitenden Familieninteressen sollten einen bedeutenden, wenn auch nicht immer klar erkennbaren Einfluß auf die Politik der Heimatstadt ausüben. Trotz aller Bemühungen blieb Kreta in der Folgezeit ein Unruheherd, dessen Loyalität nicht sicher war. Mitte des 14. Jahrhunderts kam es zu großen Revolten, die Venedig am Ende dann immer wieder niedergeschlagen hat. Man betrieb eine Politik der brutalen Ausbeutung des Landes, das ebenso wie Zypern unter der Herrschaft der Lusignan teilweise durch Sklaven bewirtschaftet wurde. Wenn irgendwo, dann ist für Kreta und Zypern der Begriff Kolonie angebracht. Um sie zu sichern, hatte Venedig die Festungen Koron und Modon auf Morea (dem heutigen Peloponnes) mit Beschlag belegt. Sie waren die »beiden Augen der Adria«, starke Festungen mit einer mächtigen Besatzung und Wachflotte. Hier mußte jedes Schiff, so schrieb es Venedig vor, anlegen, wenn es passierte. Hier liefen die Berichte über Neuigkeiten, Kriegsunternehmen, Piratengefahr zusammen, von hier aus reagierte Venedig durch seine Kastellane schnell und wirkungsvoll. Das reiche Hinterland dagegen interessierte weniger. Produkte der Landwirtschaft nahm man gerne entgegen, doch schützen mußten sich die kleinen Herrschaften selbst.

Aus der Stadt Venedig mit dem Küstensaum des Dogats war infolge der Ereignisse von 1204 ein Mittelmeerreich geworden, das völlig neue Probleme mit sich brachte. Venezianische Politik hatte seither neben den Handelsinteressen auch Rücksicht auf ihre Flottenstützpunkte zu nehmen, und dies zog die Räte nun in jeden mediterranen Problemfall mit hinein. Aus den Protokollen quillt ein nicht enden wollender Strom von Verhandlungen über kleine und große Probleme der Besitzungen, und die Tendenz der Beschlüsse ist klar: Es galt das Erworbene zu bewahren, nicht Neues zu erobern. Das ging nicht ohne Rückschläge ab. Kreta war immer wieder gefährdet, und die Konkurrenz im Handel führte stets zu neuen Konflikten. Den schwersten Rückschlag brachte der Untergang des Lateinischen Kaiserreichs in Konstantinopel. Diesen hatten sich die Venezianer freilich selbst zuzuschreiben. Das Kaisertum war ohne die Unterstützung der Seemacht gar nicht lebensfähig und der Staatshaushalt eine einzige Katastrophe. Die venezianischen Podestaten von Konstantinopel ließen es sich nun angelegen sein, dieses fränkische Kaisertum gerade so am Leben zu erhalten, ließen sich aber alles und jedes gut bezahlen. Was die Plünderer übriggelassen hatten, wanderte nun als Kreditsicherheit nach Venedig: Die Dornenkrone Christi verkaufte eine venezianische Adelssippe als verfallenes Pfand an Ludwig den Heiligen von Frankreich, der für dieses einzigartige Heiligtum die Sainte Chapelle bauen ließ. Schließlich nahm man auch noch den Thronfolger als Pfand dem Vater weg, um ihn in Venedig sicher zu verwahren. Trotzdem hielt sich das Kaiserreich, und es war schließlich ein Zufall, daß es in die Hände der Griechen fiel. Der Titularkaiser von Nikäa, Michael Palaiologos, verbündete sich mit Genua gegen Konstantinopel und Venedig. Der Vertrag von Nikopolis sollte eigentlich den Genuesen im Krieg gegen Venedig Rückendeckung geben, eine Offensive gegen das schwache Kaisertum war nicht geplant. Als Michael 1261 überraschend einen Handstreich gegen die Hauptstadt wagte, befand sich die venezianische Wachflotte gerade im Schwarzen Meer, so daß es gelang, die Stadt einzunehmen. Noch einmal entstand neben den fränkischen Staaten in Griechenland ein byzantinisches Rumpfreich, und mit der venezianischen Herrlichkeit in Konstantinopel war es vorbei. Einige Jahre nahm nun Genua den Platz Venedigs ein, dann sorgten die diplomatischen Wechselspiele dafür, daß auch Venedig seinen gewohnten Handelsplatz im Byzantinischen Reich wiedererlangte. Der Podestà wurde zum Bailo degradiert und verfügte über keine Herrschaftsrechte am Bosporus mehr, doch auch das Reich der Palaiologen brauchte Venedig als Schutz und Fürsprecher, als mit den Osmanen eine neue und letztlich tödliche Gefahr in Kleinasien auftauchte.

Wirklich geherrscht hat Venedig in seinem Hausmeer, der Adria. Hier summierten sich militärische Präsenz, Monopolverträge und eine geschickte Politik zu einer Vorherrschaft, deren Bestand in Venedig den Rang eines Glaubensartikels hatte. Martin da Canal erklärte rundheraus, daß die Adria zum Dogat von Venedig gehöre. Und in der Tat wird es seit dem 12. Jahrhundert allgemein üblich, vom »Golf von Venedig« zu reden, ja Roger Bacon spricht geradezu von einem Venezianermeer. Wer mit Venedig Händel anfangen wollte, mußte nur eine Kriegsgaleere durch die Straße von Otranto schicken. Er bekam es dann mit dem venezianischen Generalkapitän des Golfes zu tun, dessen Aufgabe die Polizeiaufsicht im *mare nostrum* war. »Wir haben keine Weinberge und keine Felder, unser Feld ist das Meer. Wer es uns streitig macht, der will uns an das Leben«. Wer von den Anrainern Frieden wollte, tat gut daran, diesen Anspruch zu unterschreiben, und so haben dies, vom Königreich Neapel angefangen, nach und nach alle getan. Aber Venedig wäre nicht Venedig gewesen, wenn es sich mit der einfachen Tatsache seiner Herrschaft zufrieden gegeben hätte. Bereits einem Andrea Dandolo ist die Herrschaft über den Golf ein heiliges Recht, das anzuzweifeln einer Sünde wider Gott gleichkomme. Und schließlich hat man sogar das Naturrecht bemüht: Die Stadt im Meer habe auch das Recht auf die Herrschaft über das Meer. Wiederum mußte Alexander III. herhalten, um die Herrschaft über die See zu rechtfertigen. Um die Adriavormacht zu legitimieren, war jeder Zynismus recht. Als Papst Julius II. die venezianischen Gesandten nach den schriftlichen Beweisen für ihren Anspruch auf den Golf fragte, antworteten diese ihm, diese wären auf der Rückseite jener Urkunde zu finden, mit der einst Kaiser Konstantin dem Papst den Kirchenstaat geschenkt habe, eines Schriftstücks also, das – wie beide Seiten wohl wußten – der Humanist Lorenzo Valla bereits 1440 als Fälschung entlarvt hatte.

Grundlage der Adriaherrschaft war die Niederhaltung jedes denkbaren Konkurrenten. Hier ging Venedig schon früh skrupellos gegen Comacchio vor, das durch seine Lage am Delta des Po gefährlich hätte werden können. Ohne auf päpstliche Bannflüche zu achten, wurde die Stadt mehrmals geplündert und eingeäschert. An der Westküste der Adria hätte daneben einzig Ancona als Seemacht eine Rolle spielen können, da es sonst zwischen Venedig und dem Gargano an natürlichen Häfen mangelt. Diese Konkurrentin niederzuhalten, war deshalb eine Konstante venezianischer Politik im Golf. Die Ostküste hingegen, an der alle Verkehrslinien entlang liefen, bot zahlreiche Probleme. Das begann in Istrien, wo sich Venedig früh festgesetzt hatte. Im 13. Jahrhundert schaltete man hier die Konkurrenten aus und unterwarf sämtliche Hafenstädte; Inneristrien hingegen interessierte in Venedig keinen. In Kroatien hatte Venedig seit dem 12. Jahrhundert eigene Grafschaften eingerichtet und auch Teile von Dalmatien besetzt. Froh wurde man dieses Besitzes nicht, denn hier drängte der König von Ungarn darauf, sich einen Zugang zum Meer zu verschaffen. Immer wieder hat man sich Urkunden unterschreiben lassen, in denen die ungarische Krone auf Teile der Küste verzichtete, und immer wieder begann der Kampf aufs neue. Ewiger Zankapfel war die Hafenstadt Zara, die bereits im vierten Kreuzzug mit Krieg überzogen worden war. Die venezianischen Chronisten sind schließlich dazu übergegangen, die Rebellionen von Zara gegen die Serenissima einfach durchzunumerieren, sonst hätte jeder den Überblick verloren. Im 14. Jahrhundert hat Venedig schließlich Dalmatien für längere Zeit völlig aufgeben müssen, ohne freilich den Anspruch auf die Seeherrschaft je zurückzunehmen. Man hielt sich danach schadlos, indem man Korfu als Stützpunkt eroberte, und an der Übermacht der Flotte war ohnehin nicht zu zweifeln. Zu dieser gekonnten politischen Knebelung der Konkurrenz kam die wirtschaftliche hinzu. Mit einem ausgeklügelten System sorgte man durch Handelsbarrieren, Zölle, Monopole und Subventionen dafür, daß Venedig den wenig spektakulären Handel in der Adria kontrollierte. Der Salzhandel endete mit einem venezianischen Staatsmonopol, der Getreidehandel wurde durch geschickte Marktsteuerung von der Handelsmetropole abhängig. Die stark schwankenden Ernten und damit die hohen Ausschläge bei den Preisen konnte nur nutzen, wer sowohl in Oberitalien als auch an den Küsten der Adria, in Sizilien und Griechenland mit Lebensmitteln handelte. Aber ob es Fleisch, Öl, Wein, andere Lebensmittel, Bauholz, Kohle oder sonstige Massengüter waren, in der Adria kontrollierte Venedig die Warenströme. Dies alles war weniger spektakulär als der große Levantehandel und die Gewürztransporte, bildete aber eine verläßliche Basis des Geschäfts. Außerdem war ja der Lebensmittelhandel eine politisch heikle Angelegenheit. Jedes Stadtregiment und jede Regierung tat gut daran, eine gleichbleibende Versorgung der Bevölkerung zu gewährleisten, wollte sie nicht die Gefahr von Unruhen heraufbeschwören. Und gerade in Venedig war man sich dessen bewußt, fehlten doch alle Voraussetzungen, um die heimische Bevölkerung aus dem eigenen Staatsgebiet zu ernähren. Noch das 13. Jahrhundert kennt städtische Unruhen als Folge von Versorgungsmängeln in Venedig. Da war die Beherrschung des Marktes an der Adria eine wichtige Voraussetzung des inneren und äußeren Friedens.

Wie dieses Adriamonopol am Ende des 15. Jahrhunderts aussah, als sich Venedig auch noch Plätze an der Küste von Apulien kurzzeitig gesichert hatte, beschreibt Philippe de Commynes: »Die Venezianer hatten in Apulien sechs Plätze von großer Bedeutung als Pfand; das waren: Brindisi, Otranto, Gallipoli, Trani und andere. Monopoli hatten sie auch; sie hatten es uns fortgenommen, aber es war wenig wert. Sie liehen dem König Ferrante eine Summe Geldes und berechneten den Dienst ihrer Reisigen, die sie in diesem Königreich hatten, mit 250 000 Dukaten so hoch, daß sie dafür die Plätze behielten. Dann wollten sie noch die Kosten ihrer Bewachung rechnen. Ich glaube aber, es ist ihre Absicht, sie nicht wiederzugeben, denn das ist nicht ihre Gewohnheit, wenn sie ihnen sehr gelegen kommen; auch liegen sie gerade auf ihrer Seite des Meerbusens, dessen wirkliche Herren sie damit werden, und das ist es ja, was sie wünschten. Mir scheint, von Otranto, das am Ende des Golfes liegt, bis Venedig sind es 900 Meilen. Der Papst hat dort Ancona und andere Plätze dazwischen; aber alles, was durch diesen Golf segeln will, muß an Venedig Zoll zahlen; diese Plätze erworben zu haben, ist für die Venezianer eine größere Sache, als viele Menschen denken; sie beziehen von dort große Getreidemengen und Öl, zwei ihnen sehr gelegene Dinge«.

Das Arsenal

Die großen Erfolge auf See und der Mittelmeerhandel setzten eine wirkungsvolle Technik im Schiffbau voraus, die zur Machtgrundlage des Mittelmeerreichs werden sollte. Ohne eine in Jahrhunderten erworbene und vervollkommnete Technik wäre es für Venedig unmöglich gewesen, eine Aufgabe wie die Ausrüstung des vierten Kreuzzugs auch nur in Angriff zu nehmen. Sinnbild dieser Möglichkeiten war das venezianische Arsenal, das seit 1104 bestand. Freilich war das Areal im Stadtteil Castello noch lange nicht die einzige Schiffswerft in Venedig. Ende des 13. Jahrhunderts zimmerte man seine Galeeren zum Teil noch vor San Marco, im Laufe des 14. Jahrhunderts baute man dann jedoch das *Arsenale vecchio* aus. Im 15. Jahrhundert schließlich sollte der Eingang des Arsenals eines der frühesten Werke der Renaissance in der Stadt werden (Abb. 12). Der Rückgriff auf den römisch-antiken Sergierbogen von Pola in Istrien war keinesfalls Zufall. So wie die Venezianer von den römischen Tugenden die militärische rückhaltlos anerkannten, so wollten sie ihre eigene militärische Stärke mit derjenigen der großen Alten vergleichen. Außerdem verwendete man wieder jene Technik, die schon bei der Gestaltung der Fassade von San Marco angewendet worden war: Indem man Spolien heranzog, hier aus dem verfallenen Torcello, rühmte man sich, der imperialen Vergangenheit ebenbürtig zu sein. Die Sammlung der Löwen aus Griechenland hat dann eine schwächere Generation der Neuzeit als Erinnerung an einstige Größe hinzugefügt. Aber auch ohne diesen auf die Antike anspielenden Schmuck war das Arsenal beeindruckend. Es war der größte mittelalterliche Industriekomplex im Abendland, dessen Arbeiter in die Tausende gingen. Wenn Dante in seinem Inferno immer tiefer steigt, bevölkert sich die Hölle immer mehr. Schließlich macht er die brodelnden Massen anhand von drei Beispielen anschaulich: dem Andrang der Pilger in Rom im Jubeljahr 1300, dem Getümmel in einer Schlacht und dem Gedränge der Arbeiter im venezianischen Arsenal:

>>Als ob wir in Venedigs Zeughaus wären,
wo man das zähe Pech im Winter braut,
Die seeuntüchtigen Schiffe auszuteeren,

Abb. 12
Das Arsenal Venedigs ist das Vorbild aller Anlagen dieser Art in Europa, es bildete eine durch Mauern geschützte Stadt in der Stadt. Nur zwei Zugänge ermöglichten den Zutritt. Die Wasserpforte war durch zwei Türme und ein großes Fallgitter geschützt, daneben errichtete ein anonymer Architekt in den 60er Jahren des 15. Jahrhunderts den triumphalen Ingresso di Terra. Nach 1571, dem Jahr des Sieges der christlichen Flotten gegen die Osmanen, hat man die Pforte erneuert und neue Inschriften und Figuren angebracht.

Sie können jetzt nicht fahren; dafür baut
Der eine neu sein Fahrzeug; der verstopft
Des Schiffes Lecke, das die Welt geschaut:

Am Achter und am Bug da wird geklopft;
Der legt ans Ruder, der ans Seil die Hände;
Am Besan und am Klüver wird gestopft...«

Dennoch war das Arsenal in Castello, das im *Arsenale vecchio*
und im Neubau, dem *Arsenale nuovo* aus dem 14. Jahrhundert,
fast 50 Galeeren auf Reede legen konnte, nicht der einzige Ort für
Schiffsbau in der Stadt. Es war das größte aller Warenlager, hier
stapelte die Signoria Holz, Teer, Leinwand, Einzelteile und Waffen. Als militärische Nachschubbasis unterlag das Areal der Geheimhaltung. Hier war jener Ort, an dem die Galeeren entstanden, doch die großen Rundschiffe und Koggen baute man
sonstwo in Venedig (vgl. Abb. 1).

Der große Kampf

Die Expansion im Mittelmeer hatte Venedig nicht nur neue Chancen eröffnet, es zogen auch neue Gefahren am Horizont herauf.
Es begannen lange Auseinandersetzungen um die Märkte, die mit
aller Brutalität ausgefochten wurden. Während im Küstenverkehr
viele Hafenstädte mitmischten, wurde der große Austausch zwischen Romania und Levante auf der einen und dem Abendland
auf der anderen Seite von einer Handvoll Konkurrenten bestrit-
ten. Venedig selbst hatte in der Adria dafür gesorgt, daß Städte
wie Ancona oder Ragusa nicht zu groß wurden. Genua strebte ein
ähnliches Monopol zwischen der Mündung der Rhone und der
Toskana an. Freilich waren da zwei Konkurrentinnen, Pisa und
Marseille, die gefährlich werden konnten. Dazu kamen noch die
südfranzösischen Häfen, die vor allem die französische Krone im
13. Jahrhundert förderte, ohne ihnen freilich auf Dauer eine be-
deutsame Rolle sichern zu können. Aigues-Mortes steht mit seinem Namen für die vergeblichen Träume. Schließlich gesellte
sich noch seit dem 13. Jahrhundert das aufstrebende Barcelona
hinzu. Dies waren die großen Seemächte des Mittelmeers, deren
Verhältnis zueinander vor allem auch von der Konkurrenz auf
den Absatzmärkten diktiert wurde. Für Venedig lag Barcelona
weit ab, ebenso Südfrankreich. Marseille mit seinen Absatzwegen
über das Rhonetal und Pisa mit seinem Hinterland Toskana waren keine ernsthaften Konkurrenten. Hier hätten allenfalls politische Zerwürfnisse in Übersee zu Konflikten führen können. Ganz

anders Genua. Die reiche Städtelandschaft Oberitaliens mit ihrer Textilindustrie, damals neben Flandern die reichste Region Europas, konnte beide Häfen nutzen und tat dies auch. Ebenso waren beide Städte in der Lage, Zentraleuropa über die Alpen hinweg mit Gewürzen und Luxuswaren zu beliefern. Seit man im 13. Jahrhundert den Weg über den St. Gotthardpaß ausgebaut hatte, lag Genua sogar günstiger, da man nun über Mailand und Basel den Rhein erreichte, der immer mehr zur europäischen Wirtschaftsader wurde. Man belieferte also dieselbe Kundschaft und versuchte deshalb den Gegner zu schädigen, wo immer sich die Gelegenheit bieten mochte. Zweihundert Jahre lang haben sich Venedig und Genua ineinander verbissen, viermal wurde das Mittelmeer zum allgemeinen Kriegsschauplatz der beiden führenden italienischen Seemächte.

Der Aufstieg Genuas begann später als der Venedigs, vollzog sich aber seit 1100 mit einem atemberaubenden Tempo. Obwohl die Stadt niemals mehr als die Hälfte der Einwohnerschaft von Rialto hatte, waren sich die Konkurrentinnen an Macht ebenbürtig. Freilich lag zunächst die Stärke der Rivalinnen auf ganz verschiedenen Einkaufsmärkten. Genua operierte vorzugsweise im westlichen Mittelmeer, in Nordafrika und in Sizilien. Lebhafte Geschäfte betrieb man von Anfang an mit Alexandrien und dem Heiligen Land. Venedig hatte sich zunächst auf die Romania – wie man die Gebiete des Oströmischen Reiches nannte – konzentriert, das Geschäft mit den Kreuzfahrerstaaten nur nebenbei betrieben und in Alexandrien die Gewürze eingekauft. Seit der zweiten Hälfte des 12. Jahrhunderts freilich expandierte die eine nach Westen und die andere nach Osten in den angestammten Handelsbereich der jeweils anderen, und bald war man sich spinnefeind. Bis zur Mitte des 13. Jahrhunderts hatte man als dritte Konkurrentin Pisa zu fürchten, doch mit der Niederlage von Kaiser Friedrich II. waren die großen Tage dieser traditionell stauferfreundlichen Stadt vorbei. Als Pisa 1284 dann auch noch einen Krieg gegen Genua vor Meloria vollständig verlor, war der Abstieg besiegelt. Die Frage reduzierte sich nun darauf, ob Genua oder Venedig die Vorherrschaft erlangen würde. Der Konflikt war unausweichlich.

Der Beginn der Kriege war immer ähnlich, und der erste begann in Akkon, dem wichtigsten Hafen des Königreichs Jerusalem. Jeder großen Handelsstadt war dort ein eigenes Viertel zugewiesen worden, um die Streithähne und Rivalen auseinander zu halten. Da ermordete jedoch ein Venezianer einen Genuesen, worauf dessen Landsleute als Antwort darauf das venezianische Viertel in Brand steckten und plünderten. Jede Seite nahm zudem ein Kloster an der Grenze zum Gebiet der anderen für sich in Anspruch, was zu weiteren Tumulten führte. Schließlich standen sich in Akkon zwei unversöhnliche Parteien gegenüber: hier Venezianer, Pisaner, Kaufleute aus der Provence mit den Tempelrittern, dort Genuesen und die Barone des Heiligen Landes. Der Papst suchte zu vermitteln, hatte doch die Christenheit im Heiligen Land andere Sorgen als die Rivalität zwischen Genua und Venedig. Dennoch wurde daraus ein Krieg, der vierzehn Jahre dauerte. Zunächst warfen die Venezianer die Genuesen aus Akkon hinaus und führten die Säulen des feindlichen Turms im Triumphzug nach Venedig, wo sie neben San Marco auf der Piazza aufgestellt wurden (vgl. Abb. 19). So geht zumindest die Legende. Nach neueren Forschungen stammen auch die sogenannten *Pilastri Acritani* aus Konstantinopel. Genua rächte sich, indem es sich mit dem Griechen Michael Palaiologos zusammentat. Dessen Eroberung von Konstantinopel 1261 war das Ende des Lateinischen Kaiserreichs und ein gewaltiger Sieg Genuas, das nun für einige Jahre die Handelsverbindungen Venedigs in der Romania erbte. Während in den großen Seeschlachten, die teilweise Tausenden das Leben kosteten, Venedig siegreich blieb, war Genua im Kaperkrieg überlegen. Im gesamten Mittelmeergebiet machten die Konkurrentinnen das Meer unsicher, ohne freilich die Gegnerin entscheidend treffen zu können. In den letzten Jahren dieser erbitterten Auseinandersetzung drängten dann viele Mächte Europas auf Frieden. Venedig war dazu bereit, denn der Krieg kostete seit langem mehr als er einbrachte. Genua aber sann weiter auf Rache, da man die großen Niederlagen, die weit mehr als die Erfolge im Kaperkrieg ins öffentliche Bewußtsein gedrungen waren, noch nicht vergessen hatte. Schließlich sprach Ludwig IX. von Frankreich ein Machtwort. Er brauchte eine Flotte für seinen Kreuzzug, die nach Lage der Dinge nur Genua aufbringen konnte. Zunächst freilich mußte er den Genuesen mit Güterkonfiskation und allgemeiner Verhaftung drohen, wenn sie nicht endlich Frieden schließen wollten. Was sich Friedensvertrag nannte, war ein Waffenstillstand zwischen unversöhnlichen Feinden, die bei nächster Gelegenheit wieder übereinander herfallen würden.

Den Frieden von mehr als zwanzig Jahren Dauer – wenn man einen Zustand ständiger Seeräuberei und kleiner Zwischenfälle denn so bezeichnen will – nutzten die Genuesen. In der Seeschlacht von Meloria 1284 vernichteten sie die Seemacht von Pisa gründlich und wurden die unbestrittene Vormacht im tyrrhenischen Meer. Diese neue Stellung nützten sie, um ihre Galeeren bis Brügge und Flandern zu schicken und ihre Position in Kleinasien und vor allem im Schwarzen Meer auszubauen. Die Geschäfte Venedigs liefen nicht schlecht, aber die Entwicklung in Genua war weitaus dynamischer. Freilich konnte Venedig für sich die stabilen politischen Verhältnisse verbuchen, während sich in Genua die Parteien erbittert bekämpften. Die papstfreundlichen Guelfen und die Gegenpartei der Ghibellinen putschten regelmäßig und schickten dann die unterlegene Opposition ins Exil. Eine neue Runde in der Auseinandersetzung wurde mit dem Fall von Akkon eingeleitet. Das Zeitalter der Kreuzzüge war vorbei, doch man rang um Handelsstützpunkte, von denen mit Akkon ein wichtiger weggefallen war. Das christliche Zypern spielte nun eine Rolle als Handelsknoten, und um den Einfluß dort brach alsbald der Krieg aus. Wieder waren es Raufhändel in Übersee, die den Vorwand lieferten. 1294 zog eine venezianische Flotte vor Zypern und plünderte genuesischen Besitz. Die Genuesen in Konstantinopel heuerten auf diese Nachricht hin jeden an, der greifbar war, segelten vor Lajazzo und brachten den Plünderern eine furchtbare Niederlage bei. Wieder schlugen beide Seiten einige große Schlachten, und diesmal war Genua im Vorteil. Vor Curzola erlitt Venedig eine der schwersten Schlappen seiner Geschichte. Etwa neunzig venezianische und achtzig genuesische Schiffe lieferten sich das größte Seegefecht der Epoche. Zahlreiche Venezianer, darunter auch Marco Polo, wanderten in Gefangenschaft, wo dieser dann Muße hatte, seine Reiseerinnerungen zu diktieren. Dagegen war im zweiten Krieg Venedig auf Kaperfahrt erfolgreicher, so daß am Ende wieder ein Patt entstand. Als dann jedoch die regierenden Ghibellinen in Genua einen Staatsstreich ihrer guelfischen Gegner zu fürchten hatten, beeilten sie sich 1299, den Krieg zu beenden. Beide Seiten erkannten die Interessengebiete im tyrrhenischen Meer und in der Adria an und schlossen auf Grund des Status quo Frieden. Ein halbes Jahrhundert sollte er halten, obwohl die Frage nach der Vorherrschaft im Mittelmeer nicht beantwortet war.

In der ersten Hälfte des 14. Jahrhunderts wuchsen Handel und Bevölkerungszahl sowohl in Venedig als auch in Genua. Vor allem letztere Stadt erwarb sich mit einer weitsichtigen Politik viele Freunde, während in Venedig zeitweise der Fremdenhaß und die Konkurrenzangst seltsame Blüten trieben. Es war leicht, sich in einer genuesischen Kolonie oder in der Mutterstadt selbst niederzulassen und als gleichberechtigt zu gelten. Umgekehrt machten Genuesen in fremden Diensten Karriere: Ein Großteil der Admiräle des christlichen Abendlandes stammten von dort. Das alles trug der Stadt und ihrer Politik viel Sympathie ein, während Venedig nach und nach seine Nachbarn verärgerte und mit einer hochmütigen Politik sich selbst isolierte. Am Horizont zogen freilich auch dunkle Wolken auf: Die Konjunktur, die seit fast dreihundert Jahren das Gesicht Europas verwandelt hatte, begann zu erlahmen. Seit dem Ende des 13. Jahrhunderts mehrten sich die Krisenzeichen, bevor ab 1347 die große Pest das Massensterben über Europa brachte. Noch gefährlicher waren freilich die Tendenzen, die sich in Übersee zeigten. Das Byzantinische Reich war schwach und konnte den kleinen Herrschaften in Griechenland kaum Schutz gewähren. Auch die Palaiologen selbst brauchten Venedig als Bündnispartner. Hier wurde Venedig mehr und mehr zur Ordnungsmacht, deren Hilfe unentbehrlich war. So sehr Genua überall Sympathie genoß, für derartige Aufgaben fiel es völlig aus. Ghibellinen und Guelfen bekämpften sich auch in der Ägäis und im Schwarzen Meer. Der unselige Zwist von zuhause wurde auch aufs Meer getragen.

Der dritte Krieg zwischen den beiden Rivalinnen brach wiederum wegen lokaler Streitigkeiten aus. Paradoxerweise steht am Anfang die Zusammenarbeit gegen die Mongolen. Als diese wegen einer Provokation 1343 die Venezianer aus Tana vertrieben, durften die venezianischen Warenströme zusammen mit denen Genuas über Kaffa geleitet werden. Als dann nach einigen Jahren wieder der alte Zustand hergestellt wurde, begannen Plünderungen und Seeräuberei. Der Krieg war da. Auch er sollte wie alle vorigen mit einem faulen Frieden und ohne Entscheidung enden, doch machte er langfristige und gefährliche Entwicklungen in beiden Seestädten deutlich. Venedig mußte sich von seinem uralten System der Bürgerarmee trennen. Nach den Verlusten durch die Pest brachte man es nicht einmal mehr fertig, eine komplette Flotte zu bemannen. Dazu versuchten die meisten der ausgehobenen Bürger, einen von ihnen bezahlten Ersatzmann zu stellen, ein Verfahren, das nach dem Gesetz erlaubt war. Es waren zumeist Untertanen aus den griechischen Besitzungen, die nun in der Kriegsflotte Dienst taten. Die Schlagkraft der Flotte litt sofort unter diesen Neuerungen. Vor allem war die Disziplin nicht mehr die gewohnte. Als man in der Ägäis vierzehn genuesische Galeeren gestellt hatte, konnten vier entkommen, weil die Söldner begonnen hatten, Beute zu machen und auf kein Kommando mehr hören wollten. Der Senat wollte eigentlich den Befehlshabern den Prozeß machen, zauderte aber. Man erkannte nun endgültig in Venedig, daß man sein gesamtes Kriegswesen umstellen mußte. Es begann die Zeit, da die Flotte mit Söldnern kämpfte, und es war nicht zu ihrem Vorteil. Man schloß eine Allianz mit den Katalanen und den Griechen, und beide wurden für ihre Dienste gut bezahlt. Venedig ließ seither den Krieg für sich führen. Trotzdem erwiesen sich die Genuesen immer wieder überlegen, und bei Porto Longo in der Nähe von Modon ereilte die venezianische Flotte eine vernichtende Niederlage. Doch nun zeigte sich in Genua eine Entwicklung, die innerhalb einiger Jahrzehnte zum Niedergang der Stadt führen sollte. Der innenpolitische Streit hatte derartig überhand genommen, daß man nicht mehr in der Lage war, seine Siege zu nutzen. Schließlich rief man die Visconti aus Mailand als Schiedsrichter, und diese fanden, daß es nicht in ihrem Interesse lag, Venedig zu bekriegen. Außerdem hatte venezianische Diplomatie in Oberitalien eine allgemeine Front gegen die Visconti zuwege gebracht und diese eingekreist. So blieb es denn in einem Krieg, der auf See für Venedig schon verloren war, bei einem Patt.

Zu eben dieser Kriegszeit wurde in der Markuskirche eine neue Kapelle eingerichtet, deren Ausschmückung wie ein Programm wirkt. Begonnen wurden die Arbeiten unter dem Dogen Andrea Dandolo, und im Jahr des Friedensschlusses 1355 konnte man die Cappella di San Isidoro vollenden. Seit dem Beginn des 12. Jahrhunderts hatten die Reliquien des Heiligen in Venedig geruht, ohne daß irgend jemand ihrem Kult Beachtung geschenkt hätte. Nun aber rückte der heilige Isidor in den Mittelpunkt des Interesses. Die Ausstattung des Raumes mit Mosaiken gab Gelegenheit, ein Unternehmen zu feiern, das Venedig zu seinen ruhmvollsten Taten zur See zählte. Der Doge Domenico Michiel hatte eine Flotte ins Heilige Land geführt und bei der Eroberung von Tyrus geholfen. Bei dieser Gelegenheit war die Flotte auch auf Chios gelandet und hatte von dort den Leichnam des heiligen Isidor mitgebracht. Dieser Soldat und Märtyrer galt bald auch als Patron der Seefahrer. Indem man nun einerseits, wie es kirchlicher Tradition entspricht, das Leben des Heiligen darstellte und andererseits die Überführung seines Körpers nach Venedig, konnte man nebenbei auch ein venezianisches Flottenunternehmen verherrlichen (Abb. 13). Die Kriegsschiffe liegen vor der Insel, während der Doge mit Bewaffneten im Gefolge an Land geht. Der Kleriker Cerbanus übergibt, wie es der Translationsbericht erzählt, die Reliquie an die Venezianer. Die Kriegsflaggen mit dem Markuslöwen und die Darstellung der Krieger konnte jeder, der wollte, als Hinweis auf den Genuakrieg interpretieren. Doch geht die Anspielung weiter: Chios gehörte im 12. Jahrhundert einmal kurz zu Venedig, war aber danach für lange Zeit wieder byzantinisch geworden. Im Jahre 1304 setzte sich erstmals der Genuese Benedetto Zaccaria hier fest. Gerade wenige Jahre vor Vollendung des Mosaiks, im Jahre 1346, hatte ein Reederkonsortium aus Genua, die Maona von Chios, die Insel in Besitz genommen. Sklavenhandel und der Export von Mastix machten Chios zum wichtigsten Stützpunkt Genuas in der Ägäis. Venezianische Bewaffnete auf der genuesischen Insel, diese Anspielung konnte keinem Kaufmann und Kenner des östlichen Mittelmeers verborgen bleiben. Freilich sollte der neue Kult, der

Abb. 13
Die Cappella di San Isidoro war um die Mitte des 14. Jahrhunderts aus einem Raum an der Stirnseite des nördlichen Querhauses von San Marco gewonnen worden. Zu ihrer Ausstattung gehören ein Wandsarkophag mit den Reliquien des Heiligen und im Gewölbe die Mosaiken, die seine Vita und die translatio der Gebeine schildern. Venezianische Galeeren mit wohlgerüsteten Matrosen an den Rudern und ihrem Kapitän auf dem stoffbedeckten Heckaufbau legen an den Gestaden von Chios an. Über ihnen flattern die Wimpel mit dem Markuslöwen. Eine Holzbrücke wird ausgelegt, über die der Doge Domenico Michiel in Begleitung eines Mönchs auf die felsige Insel gelangen kann. Beschützt werden sie von drei Kriegern, die Rüstung und Waffen tragen.

nachdrücklich an die Größe Venedigs und seine Beteiligung an den Kreuzzügen erinnern wollte, nur sehr kurze Zeit Bestand haben. Denn es war am 15. April 1355, dem Tag des heiligen Isidor, daß sich Venedig gezwungen sah, seinen Dogen Marin Falier wegen Hochverrats hinzurichten. Seither zog an diesem Tag eine feierliche Prozession mit dem Dogen, aber ohne die gewohnten *trionfi*, zu der Kapelle, wobei der Zug dem Dogen auf ewig seinen unseligen Vorgänger als Mahnung ins Gedächtnis rufen sollte. »Jene, die für einige Zeit Dogen sind, möchte ich ermahnen, das Abbild prüfend zu betrachten, welches dies ihnen vor Augen stellt, damit sie wie in einem Spiegel sehen, daß sie

Führer und nicht Herren sind, ja nicht einmal Führer, sondern geehrte Diener des Staates«, schrieb Petrarca zu den Ereignissen. Aus einem Tag venezianischen Triumphes war einer der höchsten politischen Gedenktage Venedigs geworden.

Venedig war nach dem dritten Krieg gegen Genua noch einmal billig davongekommen, doch nun zogen dunkle Wolken am Horizont herauf. Im Inneren gärte es wie noch nie. Nicht nur die Verschwörung des Dogen Marin Falier war ein Fanal, auf der einen Seite stand eine hochmütige Aristokratie, auf der anderen ein unzufriedenes Volk. Der wirtschaftliche Niedergang nach der Großen Pest hielt an, ja die Epidemien kamen immer wieder. Und schließlich ging der viel gerühmten venezianischen Diplomatie alles schief, was sie auch anfassen mochte. Mit dem König von Ungarn hatte sie lange und anhaltend um Dalmatien gestritten und zunächst verloren. In Padua saßen die Carrara als verschworene Feinde Venedigs, und auch sonst hatte Venedig das *divide et impera* auf dem Festland vergessen. So fanden dann die Genuesen Verbündete in Massen, als sie zum vierten Male einen Waffengang mit Venedig wagten. Und dieser hätte um ein Haar den Untergang der Serenissima bewirkt.

Auf Seiten Venedigs hatte der Krieg zwei Haupthelden: Carlo Zen und Vettor Pisani, zwei Adlige, denen die wirren Zeitläufte gestatteten, aus der Anonymität der Staatsraison herauszutreten. Was dabei zu Tage tritt, widerspricht dem Bild vom venezianischen Edelmann als diszipliniertem und kaltblütigen, ruhig überlegendem Ratsherrn völlig. Carlo Zen, Nachfahre des Dogen Renier Zen, war eines von zehn Kindern, die in relativer Armut aufwuchsen, als ihr Vater schon früh im Dienst der Republik verstorben war. Er war zwar zum Kleriker ausersehen, nicht aber dafür geschaffen. Auf der Universität Padua tat er sich als Glücksspieler hervor und verjubelte sein geringes Vermögen. Danach tauchte er unter und lernte sein Handwerk als Berufssoldat, im damaligen Italien eine Möglichkeit für schräge Vögel, sich über Wasser zu halten. Nach zwei Jahren tauchte er wieder auf und trat eine Pfründe als Geistlicher in Griechenland an. Der Raufbold war in den ständigen Kämpfen dort eine Stütze Venedigs, doch blieb sein Lebenswandel Stein des Anstoßes. Als er einen Ritter zum Duell forderte, war für seine Karriere als Geistlicher das Maß voll. Seither verdiente er sich seinen Unterhalt als Kaufmann, wobei die Legende seiner Biographie weitere Episoden andichtete. Der zweite Kriegsheld, Vettor Pisani, Kaufmann und Seefahrer, unterschied sich ebenfalls beträchtlich von seinen adligen Zeitgenossen. Bei den Matrosen war er ungeheuer beliebt, da er sich wie einer der ihren gab. Gefürchtet waren die Ausbrüche seines maßlosen Jähzornes, die ihn im Krieg wie im Frieden immer wieder in Schwierigkeiten brachten. Was sollte die Signoria von einem Admiral halten, der nach einem heftigen Wortgefecht vor dem Dogen, das sichtlich nicht nach seinem Geschmack entschieden worden war, seinem Widersacher mit dem Messer hinter einer Hausecke auflauerte? Dennoch sollten es diese beiden bizarren Charaktere sein, die Venedig vor dem Verderben retteten.

Im Jahre 1378 durfte zuerst Vettor Pisani sein Glück versuchen und eine Flotte ins westliche Mittelmeer führen. Dort hatte er vollen Erfolg, doch im folgenden Jahr wendete sich sein Glück. Vor Istrien verlor er ein Seegefecht, was für Venedig weitreichende Konsequenzen haben sollte. Carlo Zen war inzwischen mit einer weiteren Flotte ausgelaufen, um auf Kaperfahrt zu gehen, so daß zwischen Genuas Galeeren und Venedig plötzlich kein Kriegsschiff mehr stand. Genuesen tauchten vor dem Lido auf, und es gab keine Möglichkeit, sie an der Plünderung der Küsten und am Aufbringen venezianischer Schiffe zu hindern. Dann gelang es im August 1379 den Genuesen und ihren Verbündeten auf dem Festland, Chioggia zu nehmen und Venedig einzuschließen. Dazu kam jetzt offener Zwist im Innern. Vettor Pisani wurde verhaftet und ins Gefängnis gesteckt, da man ihm Befehlsverweigerung und Feigheit vor dem Feind vorwarf; das Volk sah in ihm jedoch seinen wahren Helden. Als man sich nicht mehr zu helfen wußte, holte man ihn wieder aus seinem Kerker, vermied es jedoch sogar im Augenblicke höchster Not, den »Anführer und Vater aller Seeleute« zum Admiral und Oberbefehlshaber zu machen. Es kam zu unbeschreiblichen Szenen, als sich die Matrosen weigerten, auf der Flotte des Admirals Taddeo Giustinian anzuheuern. Eine aufgebrachte Menge tobte vor dem Dogenpalast und rief Parolen, die wiederzugeben der Chronist Daniele di Chinazzo für unanständig hielt. Schließlich kam es zu einem Kompromiß: Der Doge Andrea Contarini übernahm selbst das Kommando und ernannte Vettor zu seinem Stabschef. Es muß ein seltsames Bild gewesen sein, wie die Galeeren im Bacino di San Marco unter den Augen des heiligen Theodor und des Löwen das Rudern übten, da zum Dienst nur noch Krämer und Handwerker übrig waren. Es war ein Glück für Venedig, daß sich die Gegner entschlossen hatten, die Stadt auszuhungern und sich mit dem Sturmangriff Zeit ließen. Zunächst versuchte Vettor Pisani, die Belagerer an Land von ihren Streitgefährten in Chioggia zu trennen. Das gelang auch, weil die heimischen Fischer ihre Lagune kannten und nach und nach sämtliche Wasserwege in der seichten, schlammigen Lagune um Chioggia inmitten der Salinen zuschütteten. Die schweren Schiffe der Genuesen konnten nun nur noch in der Adria manövrieren

und die gepanzerten Soldaten des Landheeres es nicht wagen,

sich in den bodenlosen Schlick zu begeben. Dazwischen aber stationierte Pisani seine Fischer. Trotzdem war die Lage alles andere als hoffnungsvoll, da es völlig offen war, wer in dieser Situation länger ausharren konnte. Inzwischen erledigte Carlo Zen im Mittelmeer ein genuesisches Schiff nach dem anderen. Deren Kriegsflotte lag ja vor Venedig, und die Kauffahrer mußten schutzlos bleiben. Schließlich begann der Admiral einen regelrechten Handel mit dem Beutegut, eine Situation, die der Raufbold sehr genossen haben muß. Auch nachdem er die Hilferufe aus Venedig erhalten hatte, konnte er einer sich bietenden Möglichkeit zum Aufbringen eines Genuesen nicht widerstehen. Schließlich fand er es auch noch notwendig, seine Flotte auf Kreta einen Monat auf Reede zu legen, um die Schiffe wieder flott zu machen. Danach erst machte er sich auf den Heimweg. Dort wußte inzwischen keiner, wo sich der Admiral befand, doch hoffte und betete man für seine baldige Rückkehr. Am 1. Januar 1380 kehrte die siegreiche Flotte zurück, und nun wendete sich das Blatt. Die Genuesen wurden in Chioggia eingeschlossen, wo sie sich nach heftigen Kämpfen ein halbes Jahr später ergeben mußten. Auf See war Venedig siegreich geblieben. Vettor Pisani säuberte als Generalkapitän die Adria, nach dem Tod des Haudegens erledigte sein Nachfolger Carlo Zen den Rest. Zum ewigen Andenken an den toten Helden wurde sein Grabmal in Santi Giovanni e Paolo errichtet, wo er unerschrocken von seiner Grabkiste auf den Beschauer herabblickt. Auch neuzeitliche Veränderungen haben der Statue nichts von ihrem Reiz genommen. Zu Lande freilich sah die Lage trostlos aus. Doch auch hier machte sich beim Feind Kriegsmüdigkeit bemerkbar, und es ist das Verdienst des Pietro Cornaro, des Mannes, den Pisani einst erdolchen wollte, mit Geschick den Frieden von Turin 1381 ausgehandelt zu haben. Auf dem Festland mußte Venedig Zugeständnisse machen, zur See bestätigte man den Status quo. Dies hieß aber auch, daß der ungarische König an der dalmatinischen Küste ein unbequemer Nachbar blieb. Nach dem Vertragstext war der vierte Krieg gegen Genua ein Kampf ohne Ergebnis, doch es sollte der letzte sein. Genua zerfleischte sich in inneren und äußeren Wirren, während Venedig seinen Handelsverkehr wieder aufnahm, als sei nichts geschehen. So ging unsere Stadt als Siegerin aus diesem Existenzkampf hervor und sollte nun bis zu den großen Entdeckungen für mehr als ein Jahrhundert die führende christliche Seemacht bleiben.

Gefahr und Behauptung

Nach dem Frieden von Turin brachen neue Zeiten an, deren Probleme ungewohnte Lösungen erforderten. In der Reihe der Widersacher traten an die Stelle einer einzelnen italienischen Hafenstadt Mächte, die man eher zu fürchten hatte. Da war zum einen das Haus Aragon mit seinem Königtum Neapel, das Ambitionen auf Griechenland zeigte. Zum anderen aber zog die Gefahr eines osmanischen Großreiches herauf, das zu fürchten das Abendland allen Grund hatte. Freilich war Venedig bis zum Fall von Konstantinopel zunächst einmal Nutznießer der neuen Situation. Der Haufen der fränkischen und venezianischen Kleinherrscher in Griechenland und der Ägäis sah sich der Gefahr einer türkischen Eroberung ausgesetzt und benötigte dringend Schutz. Diesen aber konnte nach Lage der Dinge nur Venedig bieten, bei dem sich nun die Bündnisgenossen die Klinke in die Hand gaben. Und diese Position nutzte die neue Schutzmacht, um selbst auf Beutezug zu gehen. Argos, Nauplia, Mykonos, Tinos, Korfu und Teile von Epirus und Albanien gerieten unter venezianische Herrschaft, und weitere Landschaften sollten folgen; sogar Athen kam einige Jahre in den Genuß der Schutzherrschaft. Einige dieser neuen Besitzungen hielten nicht lange, andere sollten von Dauer sein. Dazu kam der Anstieg der Bevölkerung, weil zahlreiche Christen vor den Osmanen in die schützenden Arme Venedigs flohen. Von deren Arbeits- und Wirtschaftskraft profitierte der Staat. So nützte die osmanische Expansion, die auf lange Sicht dem venezianischen Seereich sein Ende bereiten sollte, zunächst Venedig. Vor allem verfügte das Osmanische Reich noch nicht über eine Flotte, die das Seereich hätte gefährden können. Das machten venezianische Admiräle zu Beginn des Jahrhunderts ihren Gegnern mehrmals deutlich. Hundert Jahre später hatte sich das Bild völlig gewandelt. Nun verfügte der Gegner über zahlreiche gute Häfen, die er vor allem zu Piratenfahrten nutzte. Seit Mehmed der Eroberer 1453 Konstantinopel genommen und damit das Byzantinische Reich endgültig ausgelöscht hatte, wurden die Osmanen auch eine Seemacht, die Griechenlands Küsten und Inseln bedrohen konnten. Freilich wagte man sich noch selten an die Besitzungen der Republik heran, und so hielten sich die Verluste während des 15. Jahrhunderts in Grenzen. All dies kann freilich nicht darüber hinwegtäuschen, daß die venezianische Politik insgesamt voller Widersprüche steckte. Auf der einen Seite gab es in diesem Jahrhundert niemanden, der sich im Kampf gegen die Osmanen derartig engagierte wie Venedig. Viele Menschenleben, viel Geld hat dieser Kampf gefordert. Auf der anderen Seite hat man sich immer wieder arrangiert, so daß ein vielstimmiger Chor in Europa die Saumseligkeit der Lagunenstadt beschimpfte. Und in der Tat gingen die Geschäfte weiter, wann immer es möglich war. Darüber hinaus hat man sich auch nicht gescheut, mit den Osmanen gemeinsame Sache zu machen, wenn es einen lästigen Konkurrenten zu entfernen galt. Im Abendland freilich stellte Venedig seine Verdienste im Kampf für die Christenheit heraus, ein letztes Bollwerk gegen den Islam.

Den ersten großen Krieg aber, den Venedig mit den Osmanen führte, hat es noch selbst vom Zaun gebrochen. Es war ein Angriffskrieg, der ganz Griechenland unter die eigene Herrschaft bringen sollte. Papst Pius II., kein Freund der Venezianer, schrieb in seinen Erinnerungen, daß Venedig »dachte, daß die Zeit gekommen war, um die größte und berühmteste Halbinsel Griechenlands zu unterwerfen... Sie waren sich wohl dessen bewußt, welche Profite aus dem Peloponnes gezogen werden konnten,...daß es eine sehr günstige Region für den Welthandel war, ein wahres Wunderland für Kaufleute, in dem es Wein, Weizen und andere Lebensmittel im Überfluß gab. Sie waren besessen von der Idee, eine sehr reiche Provinz zu erobern... Dieser Kurs wurde ihnen aufgedrängt von einer überbevölkerten Stadt, die sich nicht länger selbst ertragen konnte. Diejenigen, die sie Adlige nennen, die die Regierung kontrollieren, obwohl sie alle Sklaven der schmutzigen Beschäftigung mit dem Handel sind, hatten sich in bemerkenswerter Weise vermehrt. Sie dachten, daß sie eine Kolonie aussenden sollten, und daß es dafür keinen besseren Platz gab als den Peloponnes«. Aber man hatte sich gründlich verrechnet. Sechzehn Jahre dauerte der Krieg und er führte zum Verlust von Negroponte. Die osmanische Flotte erwies sich als gefährlicher Gegner, der in den letzten Jahrzehnten aufgeholt hatte.

Die fernen Ereignisse fanden ihren Niederschlag in Venedig selbst unter anderem im Fassadenepitaph des Vittore Cappello (Abb. 14). Denn dieser alte Kämpe hatte sich 1467 in Gram darüber verzehrt, daß er eine Seeschlacht für die Republik verloren hatte. Dabei sollte die große Katastrophe des Verlustes von Negroponte noch drei Jahre auf sich warten lassen. Noch war man es nicht gewohnt, in den Osmanen einen gleichstarken Gegner zu sehen. Dennoch hat die beigegebene Inschrift auf seine großen Taten hingewiesen und ihn als Helden dargestellt: »Victor Capello, Befehlshaber zur See, starb mit 63 Jahren im Jahr des Heils 1467 an den dritten Iden des März in Euböa, nachdem er größte Taten vollbracht hatte. Hier liegen seine Gebeine, die Seele ist im Himmel. (VICTOR CAPELLUS IMPERATOR MARITTIMUS MAXIMIS REBUS GESTIS III ET LX ANNOS NATUS AB ANNO SALUTIS

MCCCCLXVII III IDUS MARCIAS IN EVBOA PERIIT HIC EIUS OSSA IN CAELO ANIMA)«. Was das Epitaph freilich so bedeutend macht, ist die Selbstdarstellung eines Aristokraten. Die venezianische Gesellschaft forderte von Mitgliedern der Oberschicht, daß sie ihre Individualität nicht ungehemmt zur Schau stellten. Der Doge sollte ein feierliches Begräbnis erhalten, das erforderte die Ehre des Staates. Ansonsten, und hier steht Vittore Cappello durchaus in heimischer Tradition, ist es Kriegshelden, Generälen und Admirälen, vorbehalten, sich durch ein Grabmal feiern zu lassen. Auch die wohlausgestattete Familienkapelle in einer Kirche war im 15. Jahrhundert nicht üblich. Erst die Neuzeit hat andere Maßstäbe entwickelt, die sich hier freilich bereits andeuten. Das Werk, das oft Antonio Rizzo oder auch Antonio Dentone zugeschrieben wird, ist vermutlich das älteste Beispiel eines Fassadenepitaphs, den es in dieser Form nur in Venedig gibt. Vom 16. Jahrhundert an sollte er häufiger werden. Der Ort über dem Kirchenportal, ein Platz für die Darstellung des Weltengerichts, der Mutter Gottes oder des Titelheiligen, ist ein ungewöhnlicher Platz für die letzte Ruhe. Vielleicht ist diese Lösung nicht umsonst an einer Kirche am Rande Venedigs ausgeführt worden, eine Lösung, die im Zentrum der Stadt vorerst zu gewagt schien. Schließlich wird auf diese Weise ein heiliges Gebäude zum Ort der Apotheose eines Privatmannes. Der Typus der Darstellung ist angeregt durch die Darstellung des Stifters mit dem Heiligen, wie er oft überliefert ist. Der *Capitano al Mar* kniet vor der Titelheiligen Sant'Elena, wobei vor allem seine realistische Darstellung auffällt. Weder das schüttere Haar noch die Falten seines Halses noch die Krümmung des Rückens werden verborgen. In seiner Linken hält er einen Kommandostab, während er seine Rechte in einer Demutsgeste vor die Brust nimmt. All dies steht in einem merkwürdigen Kontrast zu der Tatsache, daß jedermann, der die Kirche betreten wollte, unter der Figur des knienden Admirals durchgehen und zu ihm aufblicken mußte.

Obwohl der Krieg zwischen Venedig und den Osmanen noch bis 1479 andauern sollte, geschah doch nichts Entscheidendes mehr. Im Frieden verpflichtete sich Venedig zu jährlichen Tributzahlungen von 10 000 Dukaten, was aber immer noch weitaus billiger als jede Flottenoperation war. Vor allem ging man weiter auf Landgewinn aus. Venedig machte sich daran, die ionischen Inseln zu besetzen, was freilich gegen die Türken nicht vollständig gelang. Vor allem aber nahm man sich Zypern, und dieser Gewinn war geeignet, den Verlust von Negroponte mehr als auszugleichen. Wie man nun das Königshaus der Lusignan um den Thron brachte, zeigt deutlich, mit welchen Mitteln die Räte Politik betrieben. In Zypern kreuzten sich zahlreiche Han-

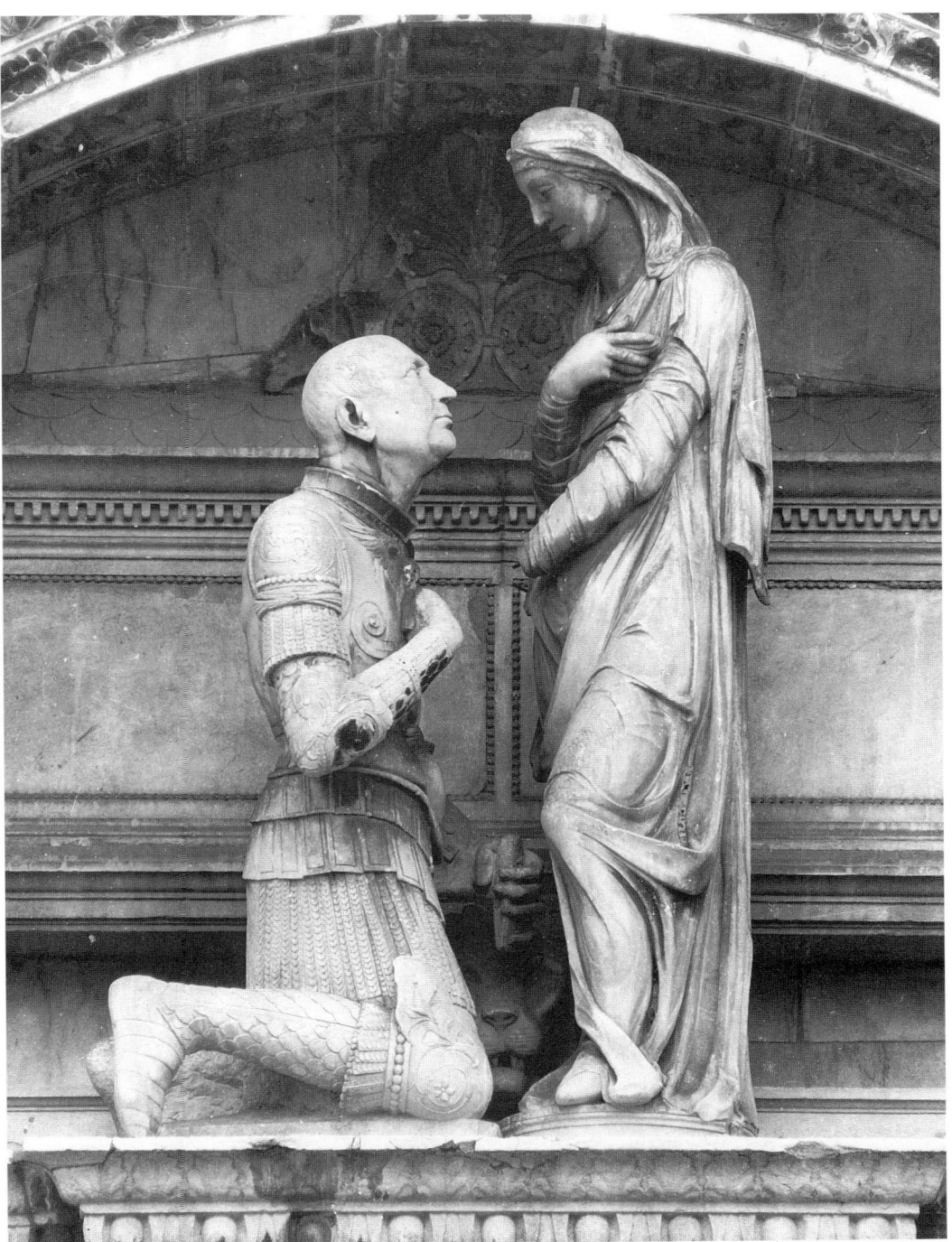

Abb. 14

Als die Familie Cappello für ihr Mitglied, den 1467 auf einer Galeere vor Negroponte verstorbenen Admiral Vittore, ein Grabmonument in Auftrag gab, entstand etwas typisch Venezianisches, ein Fassadenepitaph. Es schmückt das Portal der Kirche Sant'Elena am äußersten Rand der Stadt. Die kleine Insel war Sitz eines Pilgerspitals und eines Klosters, der Kirchenbau in spätgotischem Stil war erst 30 Jahre zuvor, 1439, begonnen worden. Cappello kniet, angetan mit einer antikischen Rüstung vor der heiligen Helena, die sich etwas zu ihm neigt, wie in ein Zwiegespräch vertieft.

delswege, und im 15. Jahrhundert war das Königreich der vorgeschobene Stützpunkt des Christentums in der Levante. Es kann deshalb nicht verwundern, wenn hier alle Handelsmächte am Mittelmeer ihre Interessen liegen sahen. In den letzten Jahrzehnten hatten die Genuesen eine Art Schutzherrschaft inne, die Venedig mit Argwohn betrachtete. Man hatte selbst Handelsinteressen, und außerdem gab es einige venezianische Zuckerdynastien, deren mächtigste die Cornaro (Corner) waren. Die Chance zum Zugreifen ergaben Zwistigkeiten im Königshaus selbst. Johannes II. setzte sich über die Thronrechte seiner ehelichen Tochter hinweg und machte den Illegitimus Jakob II. zum Nachfolger. Der brauchte Bundesgenossen und fand sie in der »guten Mutter« Venedig. Nach drei Jahren waren die Stellungen Genuas geschleift, und nun mußte zur Sicherung seiner Dynastie Jakob II. eine Ehefrau suchen. Er fand sie in Catarina Cornaro, einer jungen Venezianerin aus eben jener Familie von Zuckerbaronen, deren Interessen auf der Insel bekannt waren. 1468 wurde die Vierzehnjährige in Abwesenheit des Bräutigams im Dogenpalast getraut, 1472 unternahm sie die Überfahrt zu ihrem Gemahl. Aber die Ehe sollte nur kurz dauern, denn bald starb der König, vielleicht durch Gift – von wem auch immer verabreicht. Auch ihr kleiner Sohn, der nach dem Tod seines Vaters zur Welt kam, starb als Säugling. Die »gute Mutter« wußte, was zu tun war. Man sandte erst einmal eine Flotte und stellte der jungen Königin Berater. Freilich bemühte sich der König von Neapel um eine Eheverbindung, um sich selbst in den Besitz der Insel zu setzen. Es begann ein Kleinkrieg, der nicht immer mit feinen Mitteln ausgetragen wurde. Schließlich erklärte sich Catarina zu einem Ehebündnis mit Neapel bereit, was Venedig nicht hinnehmen wollte. Man schickte als Gesandten ihren Bruder, der sie zur Raison oder zum Abdanken bringen sollte. Einen Gesandten aus Neapel, den man aufgriff, ließ der Rat der Zehn ermorden, um ja keinen Zweifel an der eigenen Entschlossenheit aufkommen zu lassen. In Famagosta, wo Catarina schon lange »zu ihrer Sicherheit« vom Generalkapitän Francesco Priuli bewacht worden war, dankte die schöne Tochter Venedigs ab.

Venedig ergriff die Gelegenheit, um das Gaunerstück der Welt in anderem Licht zu zeigen. Im Juli 1489 empfing man die geliebte Tochter mit allem Pomp wie ein wiedergefundenes Kind. Man ruderte nach San Nicolò di Lido hinaus, wo die Königin residierte. Der Doge, die höchsten Regierungsvertreter und eine Abordnung edler Damen holten sie feierlich heim. Ausgerechnet in Asolo, das man ihr als Hofhaltung zuwies, hat man einen Staatsempfang für Catarina Cornaro gemalt. Freilich ist auf dem Gemälde die Piazetta Ort der Handlung und nicht der Lido. Die

Abb. 15
Der Ausschnitt aus Gentile Bellinis Bild vom »Wunder am Ponte di San Loren-
zo« (vgl. Abb. 47) zeigt Catarina Cornaro mit den Damen ihres Hofstaats. Sie
alle tragen Kleider und Frisuren, die in Venedig nicht modern waren. Den ak-
tuellen Chic zeigen die Frauen hinter ihnen. Auch die Männer im Gefolge der
Exkönigin, die ihre Mäntel an der Schulter mit vielen Knöpfen geschlossen
haben, sind durch ihre Kleidung als Fremde ausgewiesen.

Darstellung des Anonymus ist provinziell, wenn man die Werke
der Bellini oder eines Carpaccio danebenhält, doch zeigt es in
aller Klarheit den Aufzug der Signoria mit allen *trionfi* des Dogen. Der Großkanzler und der Ballotino, dessen Aufgabe die
Verteilung der Stimmkugeln in den Ratsorganen war, die Fahnen, jeder Pomp wurde aufgeboten, um in feierlicher Prozession
vergessen zu machen, was eigentlich gespielt wurde. Daß sie mit
ihrem Gefolge auch im Wunder der Kreuzreliquie des Gentile

Bellini (Abb. 15) als Teilnehmerin der Prozession dargestellt wird, zeigt doch, wie sehr sie von den Venezianern als ein Teil ihrer Gesellschaft angesehen wurde. Mit einer jährlichen Rente von 8 000 Dukaten hielt sie in Asolo als »Königin von Zypern, Jerusalem und Armenien und Herrin von Asolo« Hof. Fabeln und Erzählungen rankten sich um diese politisch völlig bedeutungslose Hofhaltung, von der doch eine eigenartige Faszination ausging. Pietro Bembo, Humanist und Kardinal, ließ sich von Catarina zu seinen Liebesgedichten, den *Asolani*, anspornen. Als sie 1510 starb, hat die Signoria ihr ein glänzendes Begräbnis in San Salvatore ausrichten lassen. Längst regierte in Nikosia, der neuen Hauptstadt Zyperns, ein Bailo aus Venedig, doch den glänzenden Schein einer Königin von Zypern hielten die Räte aufrecht.

Als dann freilich 1499 ein neuer Krieg mit den Türken ausbrach, geriet Venedig an den Rand einer Katastrophe. Der Staat war nahe am Bankrott, die Flotte kaum gerüstet und die Söldner unzuverlässig. Als man dann auch noch Admiräle wählte, die zwar Kaufleute oder Männer der Feder waren, aber keine Flotte kommandieren konnten, zeigten sich die neuen Zeiten. Ohne Hilfskontingente aus dem Abendland wäre Venedig bereits damals zum Scheitern verurteilt gewesen.

Ein schönes Beispiel dafür, wie sich der Anspruch Venedigs und seiner Verbündeten auf die gemeinsamen Siege auch in Kunstwerken auszudrücken vermochte, ist ein Exvoto, das sich heute in Antwerpen befindet (Abb. 16). Jacopo Pesaro übernahm als Legat des Papstes das Kommando über ein von Papst Alexander VI. bereitgestelltes Flottenkontingent zum Kampf gegen die Türken. Daß er Kleriker und Venezianer war, mag die Wahl der Kurie beeinflußt haben. Den vereinten Seestreitkräften gelang es nun 1502, die Insel Leukadia (Santa Maura) zu erobern. Es war in einem verunglückten Krieg einer der wenigen Lichtblicke, und nicht zuletzt deshalb unternahm es Jacopo, sich mit seinem Bild, das allgemein als Frühwerk Tizians gilt, ins rechte Licht zu rücken. Freilich geriet nun die Adelsfamilie Pesaro zwischen die Propaganda des Heiligen Stuhls und Venedigs, und daß der venezianische Admiral Benedetto Pesaro und der päpstliche Jacopo Pesaro hieß, machte die Sache um so delikater. Zudem prangt auf dem Grabmal des venezianischen Generalkapitäns als Zeichen seines Sieges auch ein Relief von Santa Maura (vgl. Abb. 18). Zwei Mitglieder einer Familie machten sich nun im Namen des Papstes und der Republik den Sieg streitig. Bereits in seinem Bericht an den Senat hat Benedetto den päpstlichen Anteil heruntergespielt, während der päpstliche Chronist der Zeit die Eroberung rundheraus dem Legaten zuschreibt. Vor diesem Hintergrund ist der Inhalt des Bildes zu interpretieren, wobei freilich kunsthistorische Probleme eine eindeutige historische Interpretation behindern. Von 1502 bis 1520 reichen die zeitlichen Ansätze für das Bild, und ob es in einem Zuge gemalt ist, steht ebenfalls dahin. Es steht nicht einmal fest, ob der Kopf des Petrus nicht als späte Arbeit des Giovanni Bellini anzusprechen ist. Der Inhalt des Bildes freilich erlaubt keinen Zweifel an der Deutung: Papst Alexander VI. präsentiert den knieenden Jacopo Pesaro dem heiligen Petrus. Die Fahnen mit den Wappen der Pesaro und der Borgia machen dies deutlich. Im Hintergrund zeigt die Flotte, welches Ereignis im späteren Leben des Bischofs aus der Familie Pesaro gemeint ist. Hier steht eindeutig seine Loyalität zum Papsttum und auch sein persönlicher Ruhm im Vordergrund. Wer sieht, wie an einer nebensächlichen Frage unter Verbündeten die Risse durch Familien gingen, kann ermessen, welche Konflikte sich anbahnen mußten, wenn, wie geschehen, Venedig und Papsttum feindlich gerüstet einander gegenüberstanden.

Schließlich kam 1503 Venedig noch einmal glimpflich davon, wenn auch sein Prestige als überlegene Seemacht ernstlich Schaden genommen hatte. Der französische König hielt dem Gesandten vor: »Ihr Venezianer seid kluge Leute in eurem Rate und lebt im Überfluß, aber zum Kriege taugt ihr nicht. Ihr fürchtet den Tod. Uns aber gilt, wenn wir in den Krieg gehen, siegen oder sterben«. Noch stand das Seereich Venedigs, doch für die kommende Zeit erschienen unheilkündende Wolken am Horizont.

Abb. 16
Auf einem Sockel mit römisch-antiken Figuren thront der heilige Petrus, seinem Schutz wird
Jacopo Pesaro anempfohlen. Er war Venezianer, trat jung in den Dominikanerorden ein und
wurde 1495 Bischof von Paphos. Der Befürworter ist Papst Alexander VI., der Pesaro 1502 als
Kommandanten eines Flottengeschwaders gegen die Türken schickte. Die Expedition hatte Erfolg,
auf Grund dieses Sieges wurde das Votivbild gestiftet. Auch die im Hintergrund liegende Kriegsflotte deutet auf die erfolgreiche Tätigkeit des Klerikers.

Venedig und das Festland

Absatzmarkt und Hinterhof

Während sich der Staat Venedig mit dem vierten Kreuzzug an-
schickte, ein Mittelmeerreich zu errichten, verfolgte er zuhause
konservative Ziele. Die Trennung vom Hinterland, der Terraferma, war dem Staat einst in die Wiege gelegt worden. Der Dogat
von Venedig bestand aus den Inseln der Lagune und dem vorgelagerten Dünengürtel der Lidi und erstreckte sich von Grado im
Osten, wo der Patriarch bis zur Mitte des 15. Jahrhunderts seinen Amtssitz hatte, bis nach Cavarzere, einer Festung, welche
die Mündung der Etsch bewachte. Bis zum 14. Jahrhundert gehörte nicht einmal Mestre zum Staatsgebiet. Zunächst war die
byzantinische Provinz von den Langobarden bedroht, danach
von den Franken. Das Festland gehörte seither zum Königreich
Italien, das vom 10. Jahrhundert an von den deutschen Königen
in Personalunion mitregiert wurde. Bereits seit dem 9. Jahrhundert hatten sich die Beziehungen soweit verbessert, daß man
gegenseitig auf Gebietsansprüche verzichtete und den Nachbar-
schaftsverkehr in Verträgen regelte, die bis ins 13. Jahrhundert
immer wieder erneuert wurden. Venedig, das stolz auf seine
einzigartige Lage im Meer war, suchte keinen Territorialbesitz,
den man mit hohen Kosten sichern und verteidigen mußte. Allerdings verfolgte die heimische Politik drei Grundprinzipien, an
denen jede Generation festgehalten hat: erstens die Sicherung
des eigenen Territoriums, zweitens die Sicherung der Handels-
und Absatzwege und drittens die Vermeidung der Entstehung
größerer politischer Einheiten.

Zu den Grundproblemen jedes Stadtregiments gehört die Sicherung der Bewohner und ihres Vermögens vor Eindringlingen.
Dies geschah dem Herkommen nach durch den Bau von Mauern,
deren Anblick und Festigkeit für die Lobredner der Städte ein
beliebtes Motiv gewesen sind. Venedigs Mauer aber war die See.
In einer der Amtsstuben der venezianischen Gewässerbehörde
befand sich eine Inschrift, die dies in aller Deutlichkeit an-
spricht: »Der Veneter Stadt, durch göttliche Fügung in den Gewässern begründet, von Gewässern rings umflutet, ist durch Gewässer als ihre Mauern geschützt. Wer daher, auf welche Weise
immer, es wagen möchte, den öffentlichen Gewässern Schaden
zuzufügen, soll als Feind des Vaterlandes betrachtet und von
nicht geringerer Strafe betroffen werden, als wer die heiligen
Mauern der Vaterstadt verletzt hätte«. Schon dieser Anblick ei-

ner Stadt ohne Mauern und Festungstürme ließ die Ansiedlung in der Lagune dem mittelalterlichen Menschen einzigartig scheinen. Seit Pippin, der Sohn Karls des Großen, versucht hatte, mit seinen fränkischen Kriegern über die Lidi ins Zentrum Venedigs vorzudringen, befand sich der Regierungssitz mitten in der Lagune am heutigen Ort. Auch dieses Ereignis wurde in der Sage ausgestaltet. Um daran zu erinnern, daß seit damals der Rialto das städtische Zentrum war, ließ man im 14. Jahrhundert in der Loggia der Leinenhändler am Rialto das Gefecht am Canale Orfeo und die Flucht des Pippin als Fresko darstellen. Als man 1459 das Gebäude abriß, ließ man vorher die Szene kopieren, um sie auch am Neubau in gleicher Weise wieder anbringen zu können. Beim Großbrand des Rialto zu Beginn des 16. Jahrhunderts dürfte auch diese Staatsmalerei zugrunde gegangen sein. Ein Teil der Stadt, der der Öffnung zum Meer hin näher lag, wurde im 9. Jahrhundert aus Furcht vor Seeräubern ummauert. Der Name Castello hat bis heute überdauert. Dies zeigt freilich aber auch, warum spätere Generationen auf diesen Schutz verzichten konnten: Wer Venedig angreifen wollte, brauchte eine Flotte. Vom Festland her konnte man die Stadt nicht ernsthaft gefährden. Vier Kilometer sumpfige Lagune waren mit den Kriegstechniken der Zeit nicht zu überbrücken. An ein Aushungern, die beliebteste Belagerungstechnik dieser Jahrhunderte, war nicht zu denken, solange man nicht die Zufuhr über See abschneiden konnte. Dies vermag zu erklären, warum über die Jahrhunderte hinweg niemand ernsthaft den Versuch gemacht hat, Venedig vom Festland aus zu bestürmen. Solange Venedig die Seeherrschaft in der Adria behielt, die man den Golf von Venedig nannte, war an eine Eroberung nicht zu denken. Allein die Flotte der Rivalin Genua hat im 14. Jahrhundert während eines krisenhaften Höhepunktes die vorgelagerten Landgürtel bedrohen können.

Nur in der Sage und politischen Propaganda werden zwei Ereignisse namhaft gemacht, die einem Eroberungsversuch gleichkommen. Die Ungarn, die neben den arabischen Seeräubern die zweite Gefahr des 9. Jahrhunderts waren, sollen auf Flößen aus Tierhäuten den Versuch unternommen haben, in die Beute versprechende Stadt überzusetzen. Während dies eine gern erzählte Episode in den Chroniken blieb, hat die Seeschlacht gegen die Krieger Friedrich Barbarossas bei Punta Salvore ein ganz anderes Gewicht bekommen. Sie ist vollständig und in allen Einzelheiten Fiktion, deren Funktion gleichwohl erheblich ist. Sie gehört zu den Mythen Venedigs, die sich um den Frieden zwischen dem Kaiser und Papst Alexander III. von 1177 in der

Stadt ranken und die Unabhängigkeit und Kirchentreue beweisen sollen. Man hat den Triumph, der mit der Gefangennahme des Kaisersohnes Otto seinen Höhepunkt fand, später gleichrangig mit der Eroberung Konstantinopels im Saal des Großen Rats im Dogenpalast durch großformatige Gemälde gefeiert. Daß diese nie stattgefundene Schlacht auch in Fresken des Palazzo Comunale von Siena und in Rom verewigt ist, zeigt die weitreichende Wirkung venezianischer Staatspropaganda.

Ansonsten hatte man bescheidene, aber wirksame Befestigungswerke am Rande der Lagune errichtet. Ein Turm mit einer Sperrkette sollte das Einlaufen von Flußschiffen in die Lagune verhindern. Dazu brauchte man nur noch alle Schiffe am Ufer zu entfernen und die kargen Holzvorräte mitzunehmen, um zunächst vor einem Angriff vom Land her sicher zu sein. Sollte dennoch einmal ein Feind nahen, so verfügte Venedig über Tausende von Matrosen und Fischern, um kleine Lagunenbarken zu bewaffnen. Dieses Szenario erlaubte dem Dogen und seinen Räten eine höchst vorteilhafte Politik. Man konnte in Oberitalien intervenieren, wann immer man es für günstig hielt, war selbst jedoch gegen jeden Angriff geschützt.

Venedig, dessen eigentliches Geschäft der Handel war, konnte freilich immer dann getroffen werden, wenn man die Absatzwege in das Hinterland versperrte. Riegelte man den Zugang zu den Märkten ab, mußte auch der Seehandel alsbald ins Stocken geraten. Für die Rolle als Lieferant Oberitaliens im Seegeschäft war Venedig durch seine Lage wie geschaffen. Die Richtung des Verkehrs gibt die Natur vor. Im Norden, Westen und Süden von hohen Bergen umgeben, die dem Durchzug beschwerliche Hindernisse in den Weg legen, öffnet sich die Ebene des Po zu den sandigen Stränden der Adria. Der Po mit seinen schiffbaren Nebenflüssen war die Verkehrsgrundlage einer Region, die neben Flandern im Mittelalter zu den reichsten Städtelandschaften des Abendlands gehörte. Genua hingegen lag hinter hohen Bergen, die gerade für den Transport von Massengütern hinderlich waren. Wenn es deshalb gelingen sollte, adriatische Konkurrentinnen auszuschalten, so versprach das Geschäft mit den stolzen Kommunen reichen Gewinn. Ein Weiteres kam hinzu: Machte man sich als Lieferant und Handelspartner unentbehrlich, so konnte niemand mehr eine Blockade venezianischer Lieferungen verfügen, ohne sich selbst Schaden zuzufügen. Hier setzten die Räte ein ums andere Mal die Hebel an. Zwischen Triest und dem Unterlauf der Etsch mündeten alle Flüsse im venezianischen Dogat in die Adria. Hier konnte man seit alters her mit einer Seeblockade drohen und diese auch wirksam durchsetzen. Das dichte Netz der Städte war zunehmend auf Lebensmittelimporte angewiesen, und andererseits war die Textilproduktion der Kommunen auf ständigen Export ausgelegt. Die Baumwollverarbeitung bedurfte der Rohmaterialien: die Baumwolle selbst, Farbstoffe und chemische Produkte zur Weiterverarbeitung wurden aus der Levante importiert. Venedig aber kontrollierte die Flußmündungen und den Lebensmittelhandel, ohne den die stolzen Städte nicht existieren konnten.

Dieser Würgegriff gegen die eigenen Kunden, um sie zu politischem Wohlverhalten zu zwingen, erreichte im 13. Jahrhundert seine Vollendung. Was bisher vereinzelte Maßnahmen in Krisenzeiten gewesen waren, machte man jetzt zum System. Damals gelang es nämlich, die Kontrolle über die Pomündung und damit das Eingangstor nach Oberitalien zu erlangen. Im Jahre 1240 ergaben die politischen Wirren die günstige Gelegenheit, im Kampf zwischen den Päpsten und dem Stauferkaiser Friedrich II. auf seiten und im Namen der Kirche über Ferrara herzufallen. Diese Stadt lag im Mittelalter nur ein kleines Stück oberhalb des Zusammenflusses aller Deltaarme des Po und verfügte somit über die Möglichkeit, die Schiffahrt lahmzulegen. Ständige Versandung, Naturkatastrophen und Ingenieurskunst haben das Gelände seither gründlich verändert, so daß eine moderne Karte die Funktion des Knotenpunktes Ferrara nur unzureichend wiedergibt. Die eroberte Stadt wurde zur Unterzeichnung einer Vereinbarung gezwungen, die die freie Schiffahrt auf dem Po nur noch denjenigen gewähren sollte, die zum Warenhandel an den Rialto kommen wollten. Gleichzeitig wurde die Stadt in den folgenden Jahren, um die Einhaltung des Diktats sicherzustellen, von Podestaten aus Venedig regiert. Dies bedeutete nicht weniger als die völlige Abhängigkeit großer Teile Oberitaliens von einem einzigen Zulieferer. Aber die Räte gingen noch weiter: 1258 erwarb man von Ravenna ein Stück Land an der Mündung des Po di Primaro, um diesen südlichsten Arm des Delta zu sichern. Die Festung Marcamò wurde in der Folge die Zwingburg gegen die Lombarden. Nunmehr mußten auch Lebensmittel aus den Marken, Sizilien und Apulien erst an den Rialto gebracht werden, bevor man sie flußauf verschiffte. Damit besaß Venedig das Stapelrecht im Handel mit Oberitalien und konnte seinen Monopolanspruch durchsetzen. Salimbene, ein Franziskaner aus Parma, beschreibt die Wirkung folgendermaßen: »Die Venezianer schneiden den Lombarden den Seeweg ab, so daß sie weder aus der Romagna noch aus der Mark Ancona irgendetwas beziehen können. Von dort könnten sie Getreide, Wein und Öl, Fisch, Fleisch und Salz und Feigen und Eier, Käse, Früchte und alle Lebensmittel haben, wenn es nicht die Venezianer verhinderten«.

Diese Vormachtstellung, lange bevor der Staat Venedig sich

auf das Festland ausdehnen sollte, nutzte man zu Verträgen mit den einzelnen Kommunen. Man sorgte dafür, daß auf diesem wichtigen Absatzmarkt Rechtssicherheit herrschte, regelte Zölle und Abgaben und ließ sich immer wieder von neuem die Sicherheit der Handelswege garantieren. Es ist nicht zuletzt ein Verdienst Venedigs, wenn sich auf der Terraferma die Rechtsverhältnisse immer stärker anglichen. Es lag im Interesse des Generalimporteurs, überall gleiche Bedingungen im Geschäftsverkehr zu schaffen. Wie stark die Stellung des alles beherrschenden Seehafers geworden war, zeigen die Verträge, welche das venezianische Salzmonopol sichern sollten. Salz war als Lebensmittel wichtig, in der Landwirtschaft benötigte man es bei der Viehzucht. Als einziges wirkungsvolles Konservierungsmittel, das in Massen Verwendung fand, war es für die Fleisch- und Fischversorgung der volkreichen Städte völlig unentbehrlich. Die Salinen des Dogats belieferten seit alters her das Hinterland, doch existierten auch Konkurrenten an der Adria in Istrien, Dalmatien und Apulien. Die größte Konkurrentin freilich war Cervia, das zwischen Ravenna und Rimini an der Adriaküste liegt. Nachdem man bereits im 12. Jahrhundert begonnen hatte, die eigenen Marktanteile zu erweitern, ging man im 13. Jahrhundert daran, die Konkurrenz aus dem Markt zu drängen. Am besten läßt sich dies wiederum an den Verträgen mit Ferrara verfolgen, doch hatten auch andere Städte ähnliche Zumutungen zu unterschreiben. Seit 1224 durfte der Salzhandel nur noch unter staatlicher Aufsicht ausgeübt werden. Wer Salz nach Ferrara bringen wollte, mußte in Venedig ein Pfand im Wert der Lieferung hinterlegen, das er erst zurück erhielt, wenn er eine gesiegelte Einfuhrbestätigung vom jeweiligen Stadtregiment vorweisen konnte. Der Weiterverkauf von Ferrara aus war in analoger Weise geregelt. Im Jahre 1251 wurde festgesetzt, daß als Salzlieferant nur noch das venezianische Chioggia vorgesehen war. Überschüsse durften in die Lombardei, keinesfalls aber nach Verona geliefert werden. Dort hätte es nämlich einen anderen Monopolmarkt gestört, den man sich gerade in Ruhe aufbaute. Für die kleinen Ortschaften in der Herrschaft Ferrara wollte der Doge Importquoten festsetzen, und außerdem wurden die Zölle umfassend geregelt. Cervia war vom Markt gedrängt und zugleich erreicht, daß die Abnehmer, wegen des Verbots untereinander zu handeln, jeder einzeln dem übermächtigen Anbieter entgegentreten mußten. Nach und nach wurde jede Stadt zwischen Verona im Norden und Bologna im Süden sowie einer Linie Mailand-Pavia im Westen genötigt, dieses Diktat zu unterschreiben. Es kam so weit, daß für die Lieferung die Salinen von Chioggia nicht mehr reichten, so daß Venedig seit dem 13. Jahrhundert auch Salz aus Kreta importierte. Schließlich kam es

dazu, daß im 14. Jahrhundert die Päpste, denen Cervia schließlich gehörte, bei Venedig durchsetzten, daß die Salinen wenigstens für den Eigenbedarf der Stadt produzieren durften und
nicht auch noch gezwungen waren, ihr Salz bei der Konkurrenz
zu kaufen. Das Monopol war vollendet.

Neben dem wirtschaftlichen Übergewicht ließen weitere Fak-
toren Venedigs Einfluß als gesichert erscheinen. Seit dem
12. Jahrhundert war es in Oberitalien ein weithin geübter
Brauch, die Stadtregierung einem versierten und unparteiischen
auswärtigen Podestà auf Zeit zu überlassen. Es entstand deshalb
sehr schnell eine Schicht von erfahrenen Berufspolitikern, die
ständig irgendwo das Regiment für ein Jahr führten. Und davon
waren im 13. Jahrhundert ein guter Teil Venezianer. Diese verfügten durch die neuen Regierungsaufgaben im Seereich Venedigs über Erfahrungen, die sie auch italienischen Kommunen als
erwünschte Verwaltungschefs erscheinen ließen. Freilich konnte
da nicht immer von Unabhängigkeit die Rede sein. Die venezianischen Podestaten wußten stets die Interessen ihrer Heimat mit
ihren Aufgaben zu verbinden. Da das Amt eines Podestà zudem
noch gut bezahlt war, erhielt Venedig die Möglichkeiten zum
Eingreifen in die Festlandspolitik zu einem unerhört günstigen
Preis. Da diese Podestaten dann später wieder in den Räten und
Verwaltungsgremien zuhause tätig wurden, brachten sie ihr inti-
mes Wissen um Interessen und Möglichkeiten der Kommunen in
die Ratssitzungen ein. Mancher Winkelzug der Festlandspolitik
ist ohne die Kenntnisse Ehemaliger auch gar nicht zu erklären.

Diesem politischen Ränkespiel, das in aller Regel ohne große
Aktionen auskam, lag freilich ein entscheidendes Interesse zugrunde: Niemals durften im Hinterland politische Verbände entstehen, die in der Lage waren, alle Absatzwege des Handels zu
blockieren. Wäre eine Macht zu dieser Größe aufgestiegen, hätte
sie doch einmal der Stadt in den Lagunen gefährlich werden
können. Und dies zu verhindern war das wichtigste Prinzip der
gesamten Festlandspolitik. Da dies allein darauf hinauslief,
durch Manipulationen jeder politischen Macht den Erfolg möglichst umgehend wieder streitig zu machen und den einen gegen
den anderen zu hetzen, war wenig Ruhm zu ernten. So stolz
Venedig sonst auf seine Erfolge war, hier gab es kaum Lorbeeren
zu ernten. Allein Kaiser Friedrich Barbarossa schien als Gegner
groß genug, um die Heldentaten Venedigs in der Festlandspolitik
in gebührender Weise zu besingen. Der Staufer hatte versucht,
die neuen unabhängigen Stadtkommunen wieder unter kaiserli-
ches Regiment zu stellen, was zu entschiedenem Widerstand
führte. Dies war eben jener Ernstfall der Festlandspolitik, den
man verhindern wollte. Zwar bestand die venezianische Politik

im wesentlichen aus dem Verteilen byzantinischer Bestechungs-
gelder, in der eigenen Erinnerung jedoch waren die Taten ungeheuer. Mit dem Kampf gegen den Kaiser unterstützte man die
Heilige Mutter Kirche, hatte Friedrich doch auch seinen Zwist
mit Papst Alexander III. ausgetragen. Man erfand eine Seeschlacht und rühmte Venedigs Rolle als Maklerin zwischen Kaiser und Papst, die sich 1177 beide in Venedig einfanden, um
Frieden zu schließen. Venedig im Kampf für die Kirche und das
Recht, gegen die Feinde der Freiheit, das war die Botschaft, die
Venedig lauthals verkündete. Und man wurde nicht müde, diese
Interpretation des eigenen Tuns ständig aufs neue zu wiederho-
len, mochten die Winkelzüge auch noch so abstoßend sein.

Es war ein glücklicher Zufall, daß sich auch die Auseinandersetzungen mit dem gleichnamigen Kaiserenkel in dieses Schema
pressen ließen. Venedig auf Seite der Kommunen und des Papstes gegen den Feind der Freiheit, so sah man sich selbst. Daß
man am Ende schließlich in dem Moment die Seiten wechselte,
als die endgültige Niederlage Friedrichs II. absehbar war, zeigt
doch deutlich, daß es jenes Gleichgewicht der Kräfte war, das
eigentlich Venedigs Politik bestimmte. Das sollten auch die einzelnen Städte spüren, die allein zu schwach waren, um eigenständig Politik zu führen. Sie wurden gegeneinander ausgespielt,
wobei Treulosigkeit, Separatfrieden, Wechsel der Partei und
Schlimmeres an der Tagesordnung waren. Das alles gelang den
Räten mit Einsatz von viel Geld zwar, doch man ersparte sich die
Organisation und den Unterhalt eines eigenen Heeres und hatte
jederzeit die Möglichkeit, sich vom Schauplatz Oberitalien zurückzuziehen.

Neben dieser Meisterleistung einer behutsamen Politik des ri-
gorosen Eigennutzes unter ständigem Verkünden hoher Ideale,
setzte sich jedoch mehr und mehr eine Politik durch, die auf die
Eroberung des Festlandes zielte. Sie gewann im 13. und 14. Jahrhundert immer mehr Anhänger, um sich dann im 15. Jahrhundert vollends durchzusetzen. Es waren aber dabei nicht die Sorgen um die Sicherheit der Absatzwege, die diese Haltung
bestimmten, Veränderungen im politischen Gefüge Oberitaliens
und innervenezianische Gründe sind hier zuerst zu nennen. Zunächst einmal entstanden seit dem 13. Jahrhundert aus den einzelnen Kommunen Oberitaliens ausgedehnte Herrschaften mit
einem Signore, einem Gewaltherrscher, an der Spitze. Hatten sie
einmal die persönliche Herrschaft in einer Stadt errungen, er-
oberten diese von keinen Skrupeln geplagten Heerführer Nach-
barstädte und das weitere Umland. So entstanden politische Gebilde von großer Wirtschaftskraft und bedenklicher militärischer
und politischer Stärke. Freilich haben sich diese Gewaltherr-

schaften, deren jede der anderen Feind war, nicht als stabil erwiesen, bildeten jedoch gleichwohl einen ständigen Grund zur Sorge. Die Zeichen einer neuen Zeit wurden Venedig zum ersten Male in der Spätzeit Kaiser Friedrichs II. vorgeführt. Ezzelino da Romano, der mächtigste Anhänger der Staufer in Oberitalien, beherrschte lange Zeit Verona, Vicenza und Padua, von wo aus er Angst und Schrecken verbreitete, als er im Namen des Kaisers und auf eigene Rechnung Krieg gegen die Guelfen der Nachbarschaft führte. In einem »Kreuzzug« gelang es schließlich Venedig, sich seiner zu entledigen, aber sein Name war noch lange gleichbedeutend mit Grausamkeit und List. Seither rechnete Venedig ständig damit, daß es aufs neue mit einem solchen Nachbarn konfrontiert werden könnte. Es galt daher, wachsam zu bleiben und ständig nach möglichen Nachfolgern Ausschau zu halten.

Das zweite Phänomen, das eine Änderung der Festlandspolitik notwendig machte, war die zunehmende Verflechtung von Adelsgeschlechtern Venedigs mit den Geschicken des Festlands. Seit dem 13. Jahrhundert kauften sich immer mehr Familien Grundbesitz im Gebiet von Treviso, Padua und Ferrara. Das hatte im wesentlichen zwei Gründe. Zum einen war eine Phase zu Ende gegangen, in der die Grundvermögen im Dogat in neue Hände übergingen. Man kann sehr gut verfolgen, wie die reich gewordenen Kaufleute vom Rialto nach und nach Grundstücke und Salinen im eigenen Staatsgebiet aufkauften. Aber mittlerweile fehlte es an Landreserven, um die Gewinne aus dem Seehandel zu investieren. Der Geschäftsmann hatte schon immer einen Teil seines Profits in Grundbesitz angelegt, um nicht sein gesamtes Vermögen den Gefahren der Seefahrt preiszugeben. Die Immobilienpreise stiegen in Venedig in unglaubliche Höhen, so daß er sich zunehmend im Umland umsehen mußte. Dazu kam, daß man die riesige Beute aus der Plünderung von Konstantinopel ebenfalls anlegen wollte. Am Ende des 13. Jahrhunderts besaß so mindestens jede zweite Adelsfamilie Grund auf der Terraferma, wobei die Landgüter auch zur Versorgung der Inselbewohner beitragen konnten. Verfolgt man die Sitzungsprotokolle der Räte, so kann man feststellen, daß diese Inbesitznahme des Umlandes zunehmend zum Politikum wurde. Da es zu Interessenskonflikten zwischen Staat und Familienbesitz kommen konnte, hat man zeitweise den Grunderwerb rundheraus verboten, ohne freilich das Urübel zu beseitigen. Offensichtlich ist in diesen Kreisen dann die Idee entstanden, daß man das auch politisch beherrschen wollte, was man sich privat mit Geld schon angeeignet hatte.

Im 13. Jahrhundert hat Venedig zwar stets aufs neue in die Geschicke Oberitaliens eingegriffen, um sich am Ende immer wieder auf die Lagunen zurückzuziehen. Seit man die Mündung des Po gegen Handelskonkurrenz gesichert hatte, verlor sich auch das Interesse an Ferrara. Erst im 14. Jahrhundert ging man neue Wege. Wieder war die Stadt am Po der Zankapfel, doch diesmal hatte sich Venedig verschätzt. Kaum hatte das Papsttum seinen Sitz nach Avignon verlegt, da faßte der Doge Pietro Gradenigo die Abwesenheit des obersten Kirchenfürsten als Einladung auf, sich Ferrara zu sichern. Der Papst bangte um seine Einkünfte aus dem Flußzoll, es kam zu einem Krieg, in dessen Verlauf Venedig nachgeben mußte. Überall im oberitalienischen Raum hatte man Kirchenbann und Interdikt zum Anlaß genommen, um venezianische Waren zu beschlagnahmen. Die Städte der Lombardei sahen außerdem eine Gelegenheit, Venedig seine Treulosigkeiten und Politik der Stärke heimzuzahlen. Als die Räte einsahen, daß die Situation immer unhaltbarer zu werden drohte, suchten sie unter Preisgabe aller Ansprüche und Kriegsziele Frieden. Das erste Festlandsabenteuer des neuen Jahrhunderts war ein Fehlschlag.

Was nun folgte, war ein Jahrhundert der zaghaften und auch im Ganzen wenig erfolgreichen Versuche, auf dem Festland Tritt zu fassen. In der Stadt und in ihrer Kunst hat dies alles keine Spuren hinterlassen. Wohl sind lombardische Einflüsse in der Kunst zu fassen, die Niederungen der Tagespolitik jedoch spiegeln sich in keinem Kunstwerk wieder. Padua, Vicenza, Verona oder Mailand waren in der kollektiven Erinnerung Venedigs keine Themen, mit denen man sich beschäftigt hätte. Ganz anders war es da mit Papst und Kaiser, denen man sich gleichrangig fühlte. Hier boten die Legenden um den Frieden von Venedig einen geeigneten Ansatzpunkt, dessen politische Brisanz in der Festlandspolitik lag. Dabei liegen die Versatzstücke venezianischer Theorie auf der Hand. Ausgehend von der Auseinandersetzung um Ferrara mußte jede Expansion auf dem Festland zu Konflikten mit dem Papst führen, dessen Ansprüche auf die Romagna aus der Konstantinischen Schenkung hergeleitet wurden. Auch die Herrschaft Venedigs über die Adria mußte zum Konflikt mit den mittelitalienischen Interessen des Kirchenstaats führen. Da konnte die Propaganda der »treuesten Söhne der Heiligen Mutter Kirche« gerade recht kommen. Und in der Tat sollten die Spannungen zwischen den beiden Mächten Jahrhunderte andauern. Auf der anderen Seite traten die Ansprüche des Kaisers in Italien auf, als deren Platzhalter sich lange genug das Mailand der Visconti verstand. Venedig war kein Teil dieses Imperiums, seit Karl der Große 812 im Frieden von Aachen Venedig als Provinz des Byzantinischen Reiches anerkannt hatte. Freilich hatte eben jenes Venedig Konstantinopel in Schutt und

Asche gelegt, so daß man an diese Tradition lieber gar nicht mehr dachte. Man erfand Geschichtchen über eine verheerende Niederlage der Franken gegen das bereits unabhängige Venedig und leitete die eigene Souveränität lieber aus den Ereignissen von 1177 her. All dies führte dazu, daß seit dem 14. Jahrhundert die Alexandersage einen festen Platz in der Festlandspolitik Venedigs gewann. Und eben damals ging man dazu über, diese Propaganda auch in Form von Kunstwerken im Dogenpalastes zu verewigen. Diese waren freilich bereits im 15. Jahrhundert in einem sehr schlechten Zustand. Gentile Bellini erhielt 1474 den Auftrag, die Gemälde in der Sala del Maggior Consiglio zu restaurieren, was wohl einer Neuschöpfung gleichkam. Die erneute Erinnerung an die glorreiche Vergangenheit fiel in eine Zeit, als das venezianische Selbstvertrauen durch den Verlust von Negroponte schwer erschüttert war. Die Fähigkeit, die Ägäis zu kontrollieren, war in Frage gestellt, und so kann man den Auftrag auch als Absicht interpretieren, die Größe der Stadt jedermann aufs neue deutlich zu machen. Leider erlauben es schmerzliche Verluste nur noch, diesen Einsatz der Malerei als politische Propagandawaffe wie in einem blinden Spiegel zu betrachten. Im Saal des Großen Rats führte man der venezianischen Führungsschicht die eigene Größe vor Augen, zu stetem Ansporn und zur Mahnung. Im Jahre 1577 brannte die Sala del Maggior Consiglio aus und mit ihr verbrannte der gesamte Bilderzyklus zur Alexanderlegende. Es waren Hauptwerke der venezianischen Malerei, die hier verlorengegangen sind, Werke von Pisanello, Gentile da Fabriano, Alvise Vivarini, Giovanni und Gentile Bellini, Tizian, Tintoretto und Veronese. Allerdings war die Politpropaganda zu wichtig, als daß man auf sie hätte verzichten können, weshalb man sofort an eine Erneuerung dachte. Der Höhepunkt der Geschichte, die Unterwerfung Friedrich Barbarossas unter den Papst, zugleich ein Triumph Venedigs, hat Federico Zuccari neu gemalt (Abb. 17). Dabei erfahren wir aus zeitgenössischen Quellen, daß er die untergegangene Vorlage Tizians verändert hat: Das Geschehen ist aus dem Portikus von San Marco vor die Kirche verlegt. Der Inhalt des Bildes ist klar: Barbarossa unterwirft sich Alexander III., indem er ihm die Füße küßt. Der Papst setzt ihm den Fuß in den Nacken und spricht das Psalmwort: »Über Löwen und Ottern wirst du gehen und junge Löwen und Drachen niedertreten. (Super aspidem et basiliscum ambulabis et conculcabis leonem et draconem)«. Darauf antwortete der Kaiser: »Nicht für dich sondern für Petrus«. Alexander: »Für Petrus und für mich«. Raffiniert ist in dem Bild die Rolle Venedigs aufgewertet. Für den Betrachter kann es durchaus scheinen, daß der Kaiser vor dem Dogen Sebastiano Ziani kniet, der

Abb. 17

Federico Zuccari verlegt die Szene der Unterwerfung Friedrich Barbarossas vor die Kirche von San Marco unter einen troddelbesetzten Baldachin. Der Blick geht hinüber zur Insel San Giorgio Maggiore, deren Kirche noch von niedrigen älteren Gebäuden verdeckt ist. Der Kirchenbau, wie wir ihn heute kennen, wurde erst 1580 vollendet. Rechts hingegen erkennen wir schon die Neubauten Sansovinos. Schaulustige versammeln sich, sowohl auf den Terrassen der Kirche als auch am Fuße des Geschehens, Bewaffnete darunter, Männer mit Turbanen, eine junge Frau hat ihren kleinen Sohn mitgebracht. Das Bacino ist mit kleinen und großen Schiffen belebt.

außerdem den Papst stützt. Bereits die Inschrift zum heute verlorenen Vorgängerbild, das vielleicht von Giovanni Bellini begonnen und Tizian vollendet wurde, weist dem Dogen eine Rolle
zu, die diesem niemals zugestanden hat: »Der Kaiser und sein
Sohn Otto unterzeichnen den Friedensvertrag mit dem Papst
und dem Dogen, nachdem sie am Tag vor Himmelfahrt mit
Triremen in Venedig angekommen sind«. Die im Fußboden der
Vorhalle von San Marco gekennzeichnete Stelle der kaiserlichen
Demutsbezeigung blieb noch jahrhundertelang eine Sehenswürdigkeit, die zu einer Führung durch den Dogenpalast genauso
gehörte wie die Besichtigung des Schatzes.

Die politische Absicht hinter dieser Selbstdarstellung wird bereits in den Anfängen deutlich. Im Jahre 1319 wurde beschlossen,
die Kapelle des Heiligen Nikolaus, die damals San Marco mit dem
Dogenpalast verband, mit einem Bilderzyklus über das Jahr 1177
auszustatten. Gerade damals hatte Bonincontro da Bovi die Legende nach biblischen und hagiographischen Vorbildern erstmals
zusammengestellt. 1329 war der Zyklus vollendet. Gerade war
der Krieg mit dem Papst um Ferrara vorbei, und die nächste
Auseindersetzung mit den della Scala von Verona stand vor der
Tür. Im Jahre 1331 erfahren wir, daß ein Castellano Bassanensis
auf der noch recht neuen Textgrundlage Hexameter gedichtet hat.
Ihm wurde aufgegeben, sich streng an die Schilderung des Bonincontro zu halten und auch die neuen Gemälde gebührend zu
berücksichtigen. Man wollte sich so eine offizielle Version der
Ereignisse herstellen lassen. Seit etwa 1365 wurde der Zyklus
auch in der neuen Sala del Maggior Consiglio verewigt. Dabei hat
man es nicht versäumt, in Inschriften, die teilweise wörtlich aus
dem Gedicht übernommen wurden, die offizielle Interpretation
der Malereien festzuhalten. Die Kunst war Staatspropaganda,
und als man zu Ende des 15. Jahrhunderts zu Restaurierung und
Erneuerung schritt, überwachte man die Sujets von Amts wegen.
Hier war kein Platz für individuelle Interpretationen oder ein
Abweichen von dem vorgegebenen Text. In zahlreichen antivene-
zianischen Traktaten des 15. und 16. Jahrhunderts wurde die
Geschichte Alexanders III. immer wieder bezweifelt und ange-
feindet, da durfte die Kunst im Dogenpalast allzu freier Auslegung keinen Raum geben. Auf der Geschichte Alexanders ruhte
die in seinen *trionfi* ausgedrückte Autorität des Dogen und die
Unabhängigkeit Venedigs von jeglicher fremden Gewalt.

Das weitere Vorgehen Venedigs auf dem Festland ist geprägt
von ständigen Auseinandersetzungen mit den Stadttyrannen, die
einander mit Mord und Totschlag ihre Herrschaftsgebiete streitig
machten. Das Ausspielen des Einen gegen den Anderen wurde
zum politischen Programm, Ränkespiele und Giftmorde – auch

in der eigenen Familie – ein normales Mittel der Politik. Die Visconti in Mailand, die Carrara in Padua, die Skaliger in Verona und der Stadtstaat Florenz waren die Hauptakteure, zu denen bald auch noch das angevinische Königreich Ungarn kam. Die Bündnispolitik ähnelte einem wilden Verwirrspiel, da keiner dem anderen trauen konnte. In diesen Auseinandersetzungen erwarb 1339 Venedig ein erstes Mal Treviso, ohne sich freilich nachdrücklich um seinen neuen Besitz zu kümmern. Es war deshalb nur konsequent, wenn es seine neuen Festlandsterritorien wieder verlor. Ständig führte man nun mit Hilfe fremder Söldner irgendwelche Kleinkriege, wobei zumeist die della Scala das Ziel der Angriffe waren. Mitte des 14. Jahrhunderts dann geriet Venedig unter gewaltigen Druck. König Ludwig von Ungarn nützte die Sorgen Venedigs im Kampf gegen Genua rücksichtslos aus und verbündete sich mit allen Feinden der Republik. Allerdings war sein Ziel ein ungarisches Dalmatien, Besitz in Istrien oder Oberitalien war nur eine willkommene Draufgabe. Auch in der Landpolitik bildete der Chioggiakrieg die große Krise, da man nun in Oberitalien glaubte, das Ende Venedigs organisieren und beschleunigen zu können. Auch hier war der Friede von Turin der Wendepunkt. Mit neuer Ränke räumte Venedig die Skaliger aus dem Weg, wobei man ihnen auch noch das Vermögen von 200 000 Dukaten nahm.

In den Jahren, die dem Frieden von Turin 1381 folgten, zeigte sich in Oberitalien immer deutlicher, daß die traditionelle Politik nicht fortgeführt werden konnte. Nachdem eine Macht nach der anderen von der Landkarte verschwunden war, wurden die verbleibenden immer gefährlicher. Francesco I. Carrara war als Herr von Padua eine ständige Gefahr, zumal er an eine Expansion ins Friaul dachte und sogar jenseits des Meeres Venedig zu schaden trachtete. Die Frage der ungarischen Ansprüche auf Dalmatien ließen auch diese Monarchie drohend im Hintergrund erscheinen. Und als es Giangaleazzo Visconti gelang, seine Hand zehn Jahre auf Padua zu legen, mußte dies dem Senat noch fürchterlicher scheinen als die Herrschaft der Carrara. Noch einmal konnten die Carrara einen Staat zusammenbringen, der den Dogat fest umschloß: Mit Ferrara verbündet, reichte er bis in den Bereich des Patriarchats von Aquileia. Dies bedrohte nun entscheidend die Absatzwege des venezianischen Handels und glich einer Kriegserklärung. Wohl oder übel ging man ein Bündnis mit Mailand ein und gewann in den Jahren 1404 und 1405 die Städte Padua, Vicenza und Verona und kleinere Territorien. Entsprechend der Gefahr für den eigenen Staat ging man rücksichtslos vor. Mit Drohungen und Bestechung zwang man der Bevölkerung die »Freiheit« auf. Als die Gesandten aus Verona zur Unterwerfung vor dem Dogen standen, begann der seine Rede mit dem Wort Jesaja: »Das Volk, das im Finstern wandelt, siehet ein großes Licht«. Die Carrara freilich sollten dieses nicht mehr sehen. Nach und nach hat man sie gefangengenommen und ermordet, bis auch der letzte von ihnen 1435 auf der Piazzetta sein Leben ließ. Bei den ersten Hinrichtungen, die im Kerker stattfanden, setzte man das Gerücht in die Welt, die Carrara seien an Lungenentzündung gestorben. Diese Vorsichtsmaßnahme war eigentlich nicht nötig, hatte vorher doch das Gerücht in der Stadt Glauben gefunden, die Carrara hätten versucht, die Brunnen zu vergiften. Daß es freilich ein politischer Mord war, mußte jedem Interessierten klar sein. Solange ein Carrara lebte, war er eine Gefahr für den Frieden und: »uomo morto non fa guerra«. Man hatte ihnen nicht vergessen, daß zu Zeiten des Chioggia-Krieges Francesco Vanozzo als ihr Hofhistoriograph triumphierend, wenn auch vorschnell, über Venedig schreiben konnte: »Nun bist du ja tot, du Mutter des Betrugs. Hörst du den Racheruf der Falier, der Triestiner und der Kreter?« Francesco und seine Söhne mußten aus der politischen Landschaft getilgt werden, denn »wer von der Katze abstammt, der fängt Mäuse«, wie es einst Giangaleazzo ausgedrückt hatte. Zwischen Mailand und Venedig war die letzte große Signorie Oberitaliens verschwunden. Venedig besetzte Brescia (1426) und Bergamo (1428), Peschiera (1440) und Crema (1447). Ein Festlandsreich bis vor die Tore von Mailand entstand.

Die Eroberungen Venedigs in Oberitalien riefen auch noch eine weitere Macht auf den Plan: Das Reich machte deutlich, daß die Städte der Terraferma zum eigenen Herrschaftsbereich gehörten. Als dann auch noch der ungarische König Sigismund die Reichskrone erhielt, versuchte er seine dalmatinischen Interessen mit denen des Reiches zu verbinden. Allerdings hatte sein Handelskrieg keine greifbaren Ergebnisse, ja Venedig setzte sich bis 1437 sogar wieder in Dalmatien durch. Darüber hinaus hatte Venedig 1420 auch noch das Friaul unterworfen und den Patriarchen von Aquileia entmachtet. Dieser hatte umfangreiche Herrschaftsrechte, die er nun an die Räte übertragen mußte. Dazu kam noch die Herrschaft über Feltre und Belluno. Damit kontrollierte man die reichen Waldgebiete, aus denen das Schiffsholz für das Arsenal geliefert wurde. Und nicht zuletzt kontrollierte Venedig jetzt die wichtigsten Alpenübergänge für den Absatz seiner Levantewaren. Um die Mitte des 15. Jahrhunderts diskutierte man ernsthaft die Möglichkeit, daß ganz Italien unter venezianische Herrschaft geraten könnte.

Ein Pantheon der Feldherrn und Admiräle

Zu den Leitgedanken der venezianischen Gesellschaft im Mittelalter gehörte der Grundsatz, keinem Individuum Gelegenheit zur Selbstdarstellung zu geben, die zu Lasten seiner Standesgenossen einen einzelnen in ungebührlicher Weise herausgehoben hätte. Es war verboten, an den Palästen die Familienwappen anzubringen, es war auch nicht gestattet, eine Gefolgschaft unter den Popolanen zu halten, und es sollte niemand durch Prunk oder Kunst seinen Namen verherrlichen. Selbst im Tode war es nur in Ausnahmefällen erlaubt, das eigene Denkmal sichtbar zu erhöhen. Zu Ende des 14. Jahrhunderts wurde es jedoch Brauch, verdienten Befehlshabern des Heeres und der Flotte ein triumphales Andenken einzurichten. Diese Idee war bis dahin Venedig fremd geblieben, hatte aber auf dem Festland Tradition, weshalb es nicht verwundert, wenn gerade in diesen Kunstwerken fremde Einflüsse aus der Lombardei und der Toskana deutlich sichtbar werden. Es waren zunächst fast ausschließlich die beiden großen Bettelordenskirchen der Franziskaner und Dominikaner, Santa Maria Gloriosa dei Frari und Santi Giovanni e Paolo, die man als letzte Ruhestätte wählte. Im Laufe des 15. Jahrhunderts ist so etwa aus dem rechten Querschiff der Frarikirche ein Pantheon venezianischer Befehlshaber geworden, das an den Kriegsruhm Venedigs erinnert (Abb. 18). Drei Typen des venezianischen Heldengrabs stehen hier unmittelbar nebeneinander.

Das älteste Monument ist das Reitergrab des Condottiere Paolo Savelli, der 1405 im Dienste Venedigs gegen die Carrara in seinem Heerlager vor Padua an der Pest starb. Daß dieser vornehme Römer in der Franziskanerkirche bestattet wurde, ist sicherlich kein Zufall, hatte doch einst sein Vorfahr Cencio Savelli als Papst Honorius III. 1223 die Regel dieses Ordens approbiert. Auch in Rom stiftete die Familie Savelli vorzugsweise für die Franziskaner in Santa Maria in Aracoeli neben dem Kapitol. Savelli war wohl der erste Heerführer, der ein Staatsbegräbnis erhielt. Seit dem 15. Jahrhundert dienten die Bestattungsfeierlichkeiten staatlicher Würdenträger weit über ihren religiösen Sinn hinaus der Repräsentation des Staates und der betroffenen Familien. Der Tote wurde mit großem Aufwand in die Kirche übergeführt, wir dürfen uns einen langen Trauerzug mit schwarzgeschirrten und aufgeputzten Pferden vorstellen, der über die damals noch flach über die Kanäle gelegten Brücken zog, dem Sarg folgten der Doge, die Senatoren und Magistrate. Ob das Ehrengrab aus Mitteln des Verstorbenen oder aus Geldern der Signoria errichtet wurde, ist nicht mehr feststellbar. Dabei zeigt das Werk in seiner Ausführung deutlich, daß man

Abb. 18
Vor reichgemusterter Wand sitzt links der Römer Savelli hoch auf seinem Pferd, er starb 1405 an
der Pest. Über dem Rundbogenportal zur Sakristei steht in Siegerpose Benedetto Pesaro, flankiert
von Neptun und Mars. Es sind dies frühe Beispiele für Prunkgräber von verdienten Militärs, eine
Tradition, die in Venedig später einsetzt als auf dem italienischen Festland. Die Kosten trug
selbstverständlich die Familie des Verblichenen, nicht die Republik.

sich hier etwas Neuem gegenübersieht. Die Darstellung des Verstorbenen, der auf dem Sarkophag steht, ist venezianische Tradition, doch kannte man hier bisher kein Reiterstandbild. Daß dieses aus Holz gefertigt und farbig gefaßt ist, entspricht keinem Herkommen. Offensichtlich war man um eine naturalistische Darstellung bemüht, denn bei der Exhumierung fand man Savelli in eben den Kleidern beerdigt, in denen er auf seinem Pferd dargestellt ist, den Kommandostab in der Rechten. Der Sarkophag selbst hat endlich seine stilistischen Entsprechungen in Padua, so daß das Neue und Ungewohnte deutlich hervortritt.

Der traditionelle venezianische Typus des Heldengrabs ist an der rechten Wand in einer besonders schönen Weise ausgeführt. Es ist dies die letzte Ruhestätte des Jacopo Marcello, der 1484 als Generalkapitän vor Gallipoli fiel. Dieses Werk des Pietro Lombardo und seiner Schule zeigt über dem reich geschmückten Sarkophag die stehende Heldenfigur mit dem Banner des heiligen Markus in der Faust. Indes deuten auch hier künstlerische Elemente auf oberitalienische Vorbilder: Die Umrahmung des Denkmals weist nach Treviso, während der Stil der umgebenden dekorativen Fresken nach Verona gehört.

Das dritte Grabmal, dasjenige des Benedetto Pesaro, weist in seiner ganzen Gestaltung bereits über das Mittelalter hinaus. Das prächtige Kunstwerk kann sich mit den zeitgenössischen Dogengräbern messen und zieht mit seiner Lage über dem Eingang zur ehemaligen Sakristei, die vor 1488 den Pesaro als Privatkapelle abgetreten worden war, die Blicke auf sich. Die Aktivitäten der Familie Pesaro in der Franziskanerkirche sind ein frühes Beispiel dafür, daß nun die Adelsfamilien die vom Staat auferlegte Zurückhaltung mehr und mehr aufgeben. Der einzelne muß sich nicht mehr hinter einer Scuola oder einer staatlichen Institution verstecken und kann sich selbst und seine Familie feiern. Was wir von Benedetto wissen, läßt ihn als typischen venezianischen Adligen der Zeit erscheinen. In seiner Jugend führte er die Familiengeschäfte in London, im Alter diente er mehr und mehr dem Staat. Dabei allerdings erwies er sich als streitbare Persönlichkeit, die mehrmals in Schwierigkeiten geriet. So wurde er einmal als Mitglied des Rats der Zehn des Amtsmißbrauchs angeklagt und verurteilt und in der Folge zu diesem Amt nicht mehr zugelassen, und 1502 hatte er als Befehlshaber im Türkenkrieg zwei Nobili dem Richtschwert überantwortet, die er für die Übergabe von Santa Maura an den Feind haftbar machte. Sein Vorgehen trug ihm den Zorn der Familien der beiden Hingerichteten ein, die noch nach seinem Tod (1503) eine Anklage wegen Unterschlagung gegen ihn erhoben. Von all dem ist freilich in dem Grabmal, das er auf eigene Kosten erschaffen ließ, nichts zu spüren. Das Werk, das vielleicht dem Lorenzo Bregno zuzuschreiben ist, zeigt den Helden im Gestus und mit Attributen des Auferstandenen. Freilich ist dies kein Friedensfürst, sondern ein Krieger in teilweise vergoldeter Rüstung, flankiert von den heidnischen Göttern Neptun und Mars, und das gesamte Monument ist übersät von Kriegssymbolen. Auf dem Sarkophag sind zwei Inselfestungen, Kephalonia und Leukadia (Santa Maura) sowie zwei Kriegsgaleeren dargestellt, all dies deutliche Hinweise auf seine führende Rolle im zweiten Türkenkrieg (vgl. Abb. 16). Immerhin künden noch die beiden Markuslöwen davon, daß er seine Triumphe zu höherem Ruhm erstritten hat.

Neue Quellen für Ruhm und Geld

Über Sinn und Unsinn der Eroberung eines Festlandreichs haben bereits die Venezianer der Zeit gestritten, ohne daß sich die Parteistandpunkte einander hätten annähern können. In der Innenpolitik wird deutlich, daß sich zwei Gruppen gegenüberstanden, deren Positionen unvereinbar waren. Nicht zuletzt hat diese Auseinandersetzung das Andenken des Dogen Francesco Foscari vergiftet, einem der Anführer der Landpartei. Was an dieser neuen Politik der Gegenseite nicht behagte, legt ausführlich Girolamo Priuli in den Tagen der Liga von Cambrai dar, als man in der Tat vor dem Scherbenhaufen eines Jahrhunderts der Eroberungen stand. Für ihn waren diese Unternehmungen Abenteuer, die letztlich von Adel und Volk in Venedig mit 10 Millionen Dukaten finanziert wurden. Das habe zu einer Staatsverschuldung von 9 Millionen Dukaten geführt, im Monte vecchio 6 und im Monte nuovo 3 Millionen. Die Botschaft ist klar: Ohne Festlandspolitik keine Staatsschuld und – da diese über Zwangsanleihen bei den Bürgern gedeckt wurde – ohne Terraferma keine Abgaben. Noch zu Beginn des 16. Jahrhunderts wird die Forderung erhoben, die Gebiete wieder aufzugeben. »Für die Festlandspolitik vernachlässigten die Venezianer ihr altehrwürdiges Meer, Grundlage all ihres Ruhms, ihrer Größe und ihrer Ehre«. Dieser Partei neigt auch Macchiavelli zu, der den Machtzuwachs Venedigs durch seine neuen Besitzungen abstreitet. Er vertritt die Meinung: »Wenn sich die Republik immer auf das Meer konzentriert hätte, wäre sie die zweite Macht nach dem römischen Kaiserreich geworden«.

Was nun die Gegenseite betrifft, so konnte sie darauf verweisen, daß sich im 15. Jahrhundert nur noch die Frage gestellt hatte, ob Venedig Mailand die Beute allein überlassen wollte. Unter Francesco Foscari haben sich diese beiden Mächte lange

Jahre ineinander verbissen. Noch auf seinem Sterbebett hatte der Doge Tommaso Mocenigo seine Räte davor gewarnt, Francesco Foscari als seinen Nachfolger zu wählen, denn dies bedeute Krieg: »Aus welchem Grund manche von Euch Francesco Foscari wählen wollen, verstehe ich nicht. Denn dieser Francesco Foscari ist ein Lügner und sagt vieles, was jeder Grundlage entbehrt. Wenn ihr ihn, was Gott verhüten möge, zum Dogen macht, werdet ihr bald im Krieg stehen. Wer 10 000 Dukaten hat, wird dann nur noch 1 000 haben; wer 10 Häuser hat, wird nur noch eines haben; wer 10 Röcke oder Strümpfe und Hemden hat, wird Mühe haben, auch nur ein Stück davon zu besitzen, und so wird es mit allem anderen gehen, weil ihr euer Gold und Silber, eure Ehre und euer Ansehen zerstören werdet. Und wo ihr Herren seid, werdet ihr die Vasallen von Kriegern, Troßknechten und Kindsköpfen sein«. Die Worte des Sterbenden sollten sich als prophetisch erweisen. In den politischen Prozessionen trug man dem Dogen acht Banner voraus, deren Farbe und Reihung den Zustand des Staates anzeigten: weiß den Frieden, rot den Krieg, dunkelblau ein Bündnis und violett einen Waffenstillstand. Während der 33 Jahre der Herrschaft des Francesco Foscari hatten die Venezianer das zweifelhafte Vergnügen, stets die roten Fahnen als erste sehen zu müssen. Und in der Tat haben die Auseinandersetzungen viel Geld gekostet. Daß freilich das Argument der Gegenseite nicht stimmt, zeigt der Staatshaushalt Venedigs, der um 1500 folgendermaßen aussah (abgerundete Zahlen):

Einnahmen	Dukaten	Ausgaben	Dukaten
Verkaufssteuer in Venedig	230 000	Reguläre Ausgaben:	
Direkte Steuern	160 000	Salzamt und Diverses	59 000
Salzverkauf	100 000	Gehälter	26 000
Verschiedenes	130 000	Zinsen auf die Staatsschuld	155 000
Terraferma	330 000	Verwaltung der Terraferma	90 000
Seereich	200 000	Ausgaben für das Seereich	200 000
Summe	1 150 000	Summe	530 000
		Verbleiben für Kriege	620 000
Einnahmen	1 150 000	Ausgaben	1 150 000

Während sich die Einnahmen und Ausgaben des Seereichs etwa die Waage hielten, erwirtschaftete die Terraferma eine viertel Million Dukaten Überschuß. Es ist deshalb gar nicht so abwegig, davon zu sprechen, daß das Hinterland in Oberitalien die Türkenkriege Venedigs finanziert hat. Doch wer waren nun die Anhänger der beiden Parteien? Da die Ratsprotokolle keine Namen

Abb. 19

Der Ausschnitt aus Gentile Bellinis Darstellung der Prozession der Kreuzreliquie auf dem Markus-
platz (vgl. Abb. 21) vermittelt einen Eindruck von venezianischem Zeremoniell. Aus der Porta del-
la Carta des Dogenpalastes zieht sich ein langer Zug von Würdenträgern, der Doge selbst ist an
dem spitzen Zeremonialschirm über sich erkennbar. Am linken Bildrand sieht man den Säulen-
stumpf der Pietra del Bando, von dem aus Verfügungen und Urteile verkündet wurden, hell glän-
zen dahinter die beiden Säulen aus Akkon.

nennen, ist die Zuweisung schwierig, gleichwohl können eine Reihe von Kriterien dafür angeführt werden. Die Führungsschicht war in der Verfügung über ihre wirtschaftlichen Resourcen und in ihrer Orientierung innerhalb des venezianischen Reiches im 15. Jahrhundert durchaus nicht einheitlich. Auf der einen Seite standen die großen Kaufleute, deren Interessen weitaus stärker zur See orientiert waren, dazu kamen die großen und kleinen Grundbesitzer in Griechenland und der Ägäis. Ihnen stand die Gruppe der Landbesitzer in Oberitalien gegenüber, dazu gesellten sich ärmere Zweige der Adelsfamilien, deren Lebensunterhalt längst zum Problem geworden war. Traditionell hielt man diesen Teil der Führungsschicht bei Laune, indem man ihn in besoldete Staatsämter wählte (Abb. 19). Und dieser Gruppe tat sich hier ein glänzendes Feld für neue Tätigkeiten auf. Zwar beließen es die neuen Herren bei den alten Gesetzen und auch die Stadtverwaltungen blieben im Amt, an die Spitzen der Stadtregierungen freilich traten im Maggior Consiglio bestimmte Mitglieder des venezianischen Adels. Und diese traten als die Herren auf. Vittore Carpaccio hat den Einzug des venezianischen Podestà Sebastiano Contarini in Capodistria gemalt, dessen Herrschaftsantritt in der Stadt lange Zeit das Sitzungszimmer des örtlichen Rats schmückte. Wer hier der Herr ist, kann nicht bezweifelt werden. Und gleichzeitig zeigt die Stadtarchitektur im Hintergrund, daß man auch daran ging, das Gesicht der Städte nach dem Vorbild der Kapitale zu verändern. Freilich bildet das Gemälde mit der Darstellung dieses Themas eine Ausnahme, da sich hier, entgegen venezianischer Gewohnheit und Gepflogenheit ein Individuum feiern läßt. Auf der Terraferma hat sonst Venedig im 15. Jahrhundert vor allem eines hinterlassen: Löwendarstellungen jeglicher Art.

Fünf Mächte oder das Spiel der Treulosigkeit

Nachdem die große Phase der Ausdehnung venezianischer Herrschaft auf dem Festland abgeschlossen war, standen sich in Italien fünf Mächte gegenüber: Venedig, Mailand, Florenz, der Kirchenstaat und das Königreich Neapel. Es lohnt nicht, die politischen Ranükünen im einzelnen zu verfolgen, alles löst sich in eine lange Folge von Intrigen, Parteiwechseln und Winkelzügen auf. Gift als legitimes Mittel der Auseinandersetzung und Problemlösung kam hinzu. Und zwischen allen Parteien standen die Söldner, deren Loyalität demjenigen galt, der sie am besten zahlte. Mailand und Venedig standen sich in langer Feindschaft gegenüber, ohne daß eine Seite der anderen wirklich nachhaltig hätte schaden können. Auch auf seiten der Republik war im 15. Jahrhundert nicht mehr daran zu denken, mit einem Miliz-heer aus eigenen Bürgern in den Krieg zu ziehen. »Keiner von ihnen zieht auf das Festland in den Krieg, wie es die Römer taten, außer ihren Provveditori und Zahlmeistern, die ihren Hauptmann begleiten, ihn beraten und das Heerlager versorgen. Der ganze Seekrieg aber wird von ihren Edelleuten als Führern und Kapitänen von Galeeren und Transportschiffen und von anderen ihrer Untertanen geführt«, bemerkt Philippe de Com-mynes. Manchmal übertrug man noch einem Nobile den Oberbe-fehl, meist aber verließ man sich auf gemietete Condottieri, die ihre eigene Truppe zum Kampf stellten. Diese Unternehmer des tödlichen Handwerks führten freilich Krieg auf eine Weise, die Macchiavelli allgemein bekannt gemacht hat. Große Schlachten meidend, kam es darauf an, dem Gegner den Nachschub zu nehmen und ihn zu komplizierten Rückzugsmanövern zu drän-gen. Ließ sich eine Schlacht nicht vermeiden, dann schonte man sich gegenseitig, da ein toter Mann der Truppe danach unweiger-lich fehlen würde und schwer zu ersetzen war. Entsetzen und Schaudern mußten deshalb die Schweizer Söldner hervorrufen, die von einer anderen Kampfmoral beseelt waren und die wirk-lich Ernst machten. Erklärbar ist dies alles nur damit, daß nie-mand lange im selben Dienst stand. Heute hier und morgen dort, mit Mailand gegen Venedig, dann mit Venedig gegen Mailand, kein Mensch empfand dabei Skrupel. Unmengen an Mitteln ver-schlang so ein Krieg, ohne daß große Erfolge zu sehen waren.

Im allgemeinen hatte Venedig mit seinen Condottieri mehr Glück als Florenz, das immer wieder betrogen wurde. Zweimal freilich sollte sich das Verhältnis zuspitzen, und beide Male muß man sich fragen, wer am Ende der Betrogene war. Um gegen Mailand Krieg zu führen, hatte man 1425 einen dieser Haude-gen, den Grafen von Carmagnola, unter Vertrag genommen, wohl wissend, daß dieser auch bereits auf der Gegenseite Dienst getan hatte. Der Condottiere, damals 35 Jahre alt, war mit einer Visconti verheiratet und stand nach dem Sieg von 1422 über die Schweizer auf dem Höhepunkt seiner Karriere. Es war ihm sogar die Gunst zuteil geworden, einen Teil seines neuen Reichtums in venezianischen Anleihen anzulegen. Carmagnola, bis dahin stets in mailändischen Diensten gewesen, fiel in Ungnade, in Venedig wurde er von Francesco Foscari mit offenen Armen empfangen. Zunächst ließ sich alles überaus erfolgreich an, doch dann stock-ten die Unternehmungen. Immer zögerlicher wurde der Feldherr, und an seiner Zuverlässigkeit wurden Zweifel laut. Lange hat man sich besonnen. Daß zuerst der Visconti versuchte, den Ge-neral zu vergiften, und danach die Räte darüber Rat hielten, ob man Visconti und den Kaiser vergiften solle, gehörte zum Stile oberitalienischer Politik. Schließlich aber erhielt Venedig sichere Kunde, daß der eigene Oberbefehlshaber heimlich mit dem Mailänder verhandelte. Und nun begann ein Wunder venezianischer Diskretion. Hinter verschlossenen Türen war man sich einig, Carmagnola ein Ende bereiten zu müssen. Kein Gerücht drang aus den Ratsstuben und zum General, als man diesen nach Hause rief, angeblich um mit ihm Truppenbewegungen zu diskutieren. Normalerweise mußte auch der *Capitano generale* um Erlaubnis bitten, wollte er Venedig betreten, und manchmal mußte er wochenlang auf die Genehmigung warten. Nun wurde er höflich eingeladen, mit allen Ehren empfangen, acht Adlige geleiteten ihn auf seinem Weg zur Sitzung mit dem Dogen, der aber geradewegs ins Gefängnis führte. Jetzt schlug die Stunde des Rats der Zehn. In einem Hochverratsprozeß verurteilte man Carmagnola, der unter der Folter den Verrat an Venedig gestanden hatte, zum Tode und ließ ihn auf der Piazzetta 1432 hinrichten. Man war einen gefährlichen Condottiere losgeworden, und es gehört zu den Eigenheiten venezianischer Politik, daß man nun, wie um zu zeigen, daß man alles nicht persönlich gemeint habe, seiner Witwe und seinen Kindern eine Staatsrente einrichtete. Allerdings forderte man von ihr eine Entschuldigung, die Aufstellung aller ihrer Juwelen und ein zurückgezogenes Leben in Treviso. Als diese dann freilich, wie wohl erwartet, voll Entsetzen nach Mailand floh, zog man die Rente wegen Hochverrats und Überlaufens zum Gegner wieder ein. Wie ein verdienter Feldherr wurde Carmagnola in der Frarikirche in Venedig beigesetzt.

Das zweite Beispiel, wie man in dieser Zeit miteinander umging, ist Bartolomeo Colleoni. Er war ein Kriegsunternehmer, dessen Geschicklichkeit nur von Francesco Sforza übertroffen wurde. Er hatte auf allen Seiten gekämpft und dabei gewaltige Besitzungen angehäuft, bevor er den Oberbefehl Venedigs auf dem Festland übernahm. Bei seinem Tode hinterließ er 231983 Dukaten an Bargeld, was etwa dem Vermögen eines Cosimo de'Medici entsprach. Da er aber venezianischer Untertan aus der Nähe von Bergamo war, mußte er im Falle seines Todes um sein Vermögen fürchten. Es war sicher, daß die Republik einen guten Teil einziehen würde, und so vermachte er in einem Zusatzprotokoll zu seinem Testament gleich mehr als 100 000 Dukaten der Serenissima mit der Auflage, das Geld zum Kampf für die Religion gegen den Türken zu nutzen. Gleichzeitig äußerte er die Bitte, man möge ihm ein Reiterstandbild vor San Marco errichten. Als er im Jahre 1475 starb, kam es wie es kommen mußte: Venedig konfiszierte erst einmal das gesamte Vermögen und zahlte danach die Legate aus. Dabei kam es von vornherein nicht in

Frage, den Wunsch nach einem Reiterstandbild mitten im Regierungszentrum zu erfüllen. Es widersprach der Staatsidee Venedigs, ein Individuum an solch einem herausgehobenen Platz zu feiern. Es ist nicht von ungefähr die Festlandspolitik, die diesen Zwiespalt in die Stadt trug: Der Individualismus der Renaissance Italiens und die auf Gleichheit seiner Führungspersonen ausgerichtete Politik Venedigs ließen sich nicht ohne weiteres vereinen. Man ließ die Zeit für sich arbeiten, richtete eine Kommission für den Nachlaß Colleoni ein, ein Wettbewerb für die künstlerische Gestaltung eines Reiterstandbildes wurde veranstaltet. Mit der Erstellung des Kunstwerks wurde der Florentiner Andrea Verrocchio beauftragt, den Guß besorgte der Venezianer Alessandro Leopardi. Die Wahl des Standorts behielt sich der Senat vor, und als der Doge und eine Abordnung von Regierungsbeamten 1492 das fast fertige Standbild besichtigt hatten, verfiel man auf einen wohldurchdachten Ausweg. Der Generalissimus bekam sein Reiterstandbild sehr wohl vor San Marco – vor der Scuola Grande di San Marco neben der Dominikanerkirche Santi Giovanni e Paolo (Abb. 20). Auch hier war ein Reiterstandbild auf einem venezianischen Platz fremdartig, paßte sich jedoch in die Umgebung ein. Die 1261 gegründete Scuola war 1437 an diesen Ort übersiedelt. Der erste Bau brannte 1485 ab und wurde in den folgenden Jahren – prachtvoll und großzügig mit staatlichen Zuschüssen versorgt – wieder aufgebaut. Schmuck der Fassade, Löwenfigur im oberen Teil, halbrunde Abschlüsse – bis hin zu den Tugend-

Abb. links: De' Barbari zeigt uns den kurz vor 1500 neugestalteten Platz bei Santi Giovanni e Paolo: die Scuola Grande di San Marco mit ihren architektonischen Anklängen an die Basilica di San Marco, davor das Denkmal für Bartolomeo Colleoni. Unter den Anbauten beim Chor befand sich auch die Scuola di Sant' Orsola, die den Bilderzyklus Carpaccios beherbergte.

Abb. 20
Auf seinem hohen Sockel blickt der 1400 geborene und fünfundsiebzigjährig verstorbene Feldherr Bartolomeo Colleoni verwegen in die Ferne. Das Monument ist eines der bemerkenswertesten Reiterstandbilder, die Verkörperung von Machismo, Arroganz und Kraft. Nach einer bewegten Laufbahn, während der dieser ehemalige Untergebene des Carmagnola dessen Schicksal entgehen und den Häschern Venedigs entkommen konnte, lebte er auf Schloß Malpaga bei Bergamo. Er verbrachte seinen Lebensabend als Landedelmann, der sich den technischen und sozialen Verbesserungen auf seinen Gütern widmete.

figuren ist alles Zitat der Staatskirche. Die Idee, die »platea nostri Sancti Marci« durch den Platz vor dieser Scuola zu ersetzen, war gar nicht so abwegig. Als Albrecht Dürer 1495 das erste Mal Venedig besuchte, war dies eines der modernsten Ensembles der Stadt, eine neue Sehenswürdigkeit, zumal auch Anstalten gemacht wurden, das Hauptportal der Kirche zu erneuern und auszugestalten. Die Fläche wurde gepflastert, um die Stelle würdig erscheinen zu lassen, und Marin Sanudo berichtet, daß zur Enthüllung des Denkmals im März 1496 viel Volk herbeiströmte. Die Dominikanerkirche beherbergte damals die meisten Dogengräber, der zur Kirche gehörende Friedhof lag daneben, das Denkmal stand also unmittelbar an einem Ort des Totengedenkens. Es ist das Abbild eines Kriegers zu Pferd, ein Symbol des Kampfes zu Lande mitten in der Lagune. Zuletzt besaß Venedig das Vermögen des Condottiere, dieser hatte ein Meisterwerk der Kunst zu seinem Nachruhm, und die Piazza blieb staatlicher Symbolik vorbehalten.

Das Gleichgewichtssystem der italienischen Politik brach am Ende des 15. Jahrhunderts rasch und endgültig zusammen, und daß Venedig auf diesen Wandel der Dinge vorbereitet war, kann man nicht behaupten. 1494 marschierte der französische König Karl VIII. in Italien ein, um seine Ansprüche auf das Königreich Neapel durchzusetzen. Damit kam eine größere Macht ins Spiel, der die fünf italienischen Mittelmächte nicht gewachsen waren. Die Festlandspolitik wurde zur europäischen Politik, wie sie nun auf Jahrhunderte Gültigkeit erlangen sollte. Daß dabei die Formen der Diplomatie zum guten Teil auf venezianischen Traditionen gründete und daß ihre Botschafter als die schärfsten Beobachter und Analytiker schlechthin galten, kann nicht über die venezianische Schwäche hinwegtäuschen. Was wollte ein Stadtstaat im Konzert der großen europäischen Monarchien? War nicht ein Zweifrontenkrieg in Europa und gegen die Osmanen von vornherein zum Scheitern verdammt? Indes hat man sich im Senat diese Frage damals noch nicht gestellt. Man versuchte die Politik der letzten Jahrhunderte und trachtete danach, die Gegner aufeinander zu hetzen, und dies ging gründlich schief. Halb Europa wollte sich aus der italienischen Konkursmasse sichern, wessen es habhaft werden konnte. Venedig begehrte das kaiserliche Triest, das ehemals mailändische Cremona und die päpstliche Romagna. Das Ende war ein Heer von Feinden Venedigs, das Papst Julius II. in der Liga von Cambrai zu einen verstand. Das hatte der Senat nicht vorausgesehen, denn der vertraute darauf, daß die anderen durch ihre Rivalitäten stets an einer Allianz gehindert würden. Als 1509 das venezianische Heer bei Agnadello eine vernichtende Niederlage erlitt, glaubte man in der

Stadt bereits an den Untergang. Alle Festlandsbesitzungen fielen wieder ab, da sie sich mit ihren Eroberern nicht identifizierten. Gerettet wurde Venedig durch ein Schauspiel, das die europäische Politik in der Folge noch allzu oft bieten sollte: Die Sieger zerstritten sich über der Beute, und dies wußte Venedig geschickt zu nutzen. Bereits 1516 stand das Landreich wieder in den Grenzen des 15. Jahrhunderts. Dennoch war die Welt nicht mehr wie vorher. In der europäischen Politik war Venedig eine zweitrangige Macht, die sich freilich in ihrem Festlandsbesitz häuslich einrichtete. Erst jetzt entstand der Großteil jener prunkvollen Villen, in denen aus den seefahrenden Kaufleuten behäbig dahinlebende, feiernde Junker werden sollten. Das kam der wachsenden Neigung zu aristokratischen Beschäftigungen entgegen und verlieh einer erfolgreichen politischen oder geschäftlichen Karriere das Gepräge kostspieligen Müßiggangs.

Die Verfassung

»Die griechischen Republiken haben nicht mehr als 450 Jahre überdauert, die römische 700 und diese hält bereits mehr als 1 000 Jahre und der Grund dafür heißt Einigkeit. Und so wird es sein bis ans Ende aller Tage«, erklärte der venezianische Patrizier Bartolomeo Moro 1516 vor dem Großen Rat. Seit alters her haben die Staatslehrer Dauer und Stabilität als Maßstab für die Güte eines Staatswesens verstanden, weshalb Venedig als die Vollendung politischer Organisation erscheinen mußte. Thomas von Aquin hatte im 13. Jahrhundert Venedig als Beispiel einer gemischten und gemäßigten Staatsordnung herausgestellt. Den von Parteikämpfen und Umstürzen geplagten Bewohnern italienischer Städte des 13. und 14. Jahrhunderts erschien Venedig als sicherer Hort des Friedens. Die Humanisten des 15. Jahrhunderts sahen antike Ideale verwirklicht: Für Poggio Bracciolini in Florenz war Venedig die Vollendung des ciceronischen Ideals einer wahren Aristokratie, und Georg von Trapezunt sah die seit der Antike geforderte Vermischung aller Vorteile von Monarchie, Oligarchie und Demokratie. Diese Gedanken wurden in zahllosen Traktaten des 15. und 16. Jahrhunderts immer wieder von neuem variiert. Daß die Ordnung ihres Gemeinwesens vorbildlich sei, glaubten nicht zuletzt die Venezianer selbst, entsprach dies doch genau dem Bild von sich und der Welt, das die venezianische Oberschicht nur allzu gerne pflegte. Dennoch kann man den Zeitgenossen nachfühlen, warum sie den venezianischen Staat bewundert haben: Jahrhunderte vergingen, Dynastien und Revolutionen in anderen Landen und Städten kamen und verschwanden wieder. Mochte am Ende die Welt sich gewandelt haben, Venedig und seine Räte mit dem Dogen an der Spitze versammelten sich weiterhin wie immer, um in alter Beharrlichkeit die Interessen ihrer Heimat zu vertreten. Erst der große Neuerer Napoleon, dem dieser Staat die vollkommene Verkörperung des Alten scheinen mußte, hat Venedig als politische Kraft hinweggefegt.

Dabei ist nicht zu leugnen, daß es weder damals noch später in der Welt irgendeine vergleichbare Verfassung gegeben hat. Während überall sonst Revolutionen und Umbrüche Altes wegrissen und durch Neues ersetzten, haben die Venezianer Erprobtes bewahrt und das Neue pragmatisch hinzugefügt. So entstand schließlich ein Gebilde, das keinem anderen glich und das in

seiner Kompliziertheit einmalig heißen durfte. Von Gewaltentei-
lung im modernen Sinn kann keine Rede sein, und dennoch ist
das System der sich gegenseitig blockierenden Kräfte den
Grundgedanken in der amerikanischen Verfassung nicht unähnlich. Und daß bei allen Krisen und Gefährdungen eine politische
Organisation Jahrhunderte überleben konnte, stellt den Strukturen wie den Beteiligten ein großartiges Zeugnis aus.

Die auf Einigkeit beruhende Stabilität der Verfassung gehört
zum Mythos von Venedig, den Jahrhunderte gepflegt haben. Auch
dem modernen Historiker bleibt dazu eine Stellungnahme nicht
erspart, gehört doch seit den Zeiten der Französischen Revolution
ein Gegenmythos zum Venedigbild des Bildungsbürgertums: Es
ist dies die jakobinische Tradition. Ihr ist Venedig gleichbedeutend mit der Verkörperung all dessen, was das Ancien Régime
ausmachte. In diese Weltanschauung gehören die Bleikammern
und die Seufzerbrücke, die anonymen Denunziationen und die
Staatsinquisition, die seit dem 16. Jahrhundert über Denken und
Handeln wachte. Geheime Sitzungen und geheime Gerichtsverfahren, Zensur und Unterdrückung runden das Bild ab. Dazu
kommen neuere Untersuchungen, die sich die »Entmythologisie-
rung« Venedigs zum Ziel gesetzt haben. Wenn man in Gerichts-
akten nachforscht, findet man sicherlich Wahlbetrug, Kriminalität und Staatsverrat. Freilich wird man davon nur überrascht
sein, wenn man der Rhetorik der besoldeten und freiwilligen
Preisredner wörtlich zu folgen bereit war. Die Verfassung Venedigs selbst, die jedem Amtsträger seinen Aufpasser zur Seite
stellt, zeugt von der Einsicht, daß Macht korrumpiert, Gelegenheit Diebe macht und Halunken überall zu finden sind. Wenn
man sich der Malerei in Schwarz und Weiß nicht anschließen
will, dann kann man nicht übersehen, daß Venedig über Jahrhunderte nicht nur keine Revolutionen gekannt hat, sondern daß
darüber hinaus in den Ständen, die von der Herrschaft ausgeschlossen waren, eine starke Identifikation mit dem Staat vorhan-
den war. Das goldene Vaterland Venedig, das bereits der heimische Chronist des 10. Jahrhunderts feiert, galt allen als Heimat.

Man hat festgestellt, daß all die zahlreichen Traktate über die
Verfassung Venedigs merkwürdig leblos und schematisch blieben. Warum dies so sein mußte, wird sofort deutlich, wenn man
sich die Funktionsweise dieser Verfassung vor Augen hält. Der
Adlige, der in den Gremien saß, und der Cittadino, der als Notar
dem Staat diente, hatten Kenntnis von den Abläufen. Auch hat
man hohen Besuchern gerne eine Sitzung des Maggior Consiglio
als Attraktion vorgeführt. Ansonsten aber galt: Je wichtiger die
Entscheidungen eines Rats oder einer Behörde, um so konse-
quenter tagte man im geheimen. Der Schrecken, den der Rat der 107

Zehn verbreitete, beruhte nicht zuletzt auf der Tatsache, daß Tätigkeit, Verfahren und Urteile nur für einen kleinen inneren Machtzirkel nachvollziehbar waren. Ansonsten waren sämtliche Dienstanweisungen, Beschlüsse und Diskussionen nicht für die Öffentlichkeit bestimmt. Was den Bewohnern Venedigs mitzuteilen war, ließ man ausrufen: Dazu dienten der Säulenstumpf an der Südwestecke der Fassade von San Marco und der Kalksteinsockel des »Gobbo« am Rialto. Hier wurden Gesetze und Verordnungen veröffentlicht; Außenpolitik, Krieg und Frieden, innere Organisation, das was den Hauptteil der Ratsbeschlüsse ausmachte, ging die Öffentlichkeit nichts an.

Eine Stadt der politischen Prozessionen

Das politische Mittel, zu dem Venedig griff, um die eigene Identität aller Öffentlichkeit kund zu tun, waren Prozessionen. Zwar hat kein Staat damals Umzüge als Mittel der Repräsentation verschmäht, doch keiner war so konsequent wie Venedig. Dabei knüpfte man an byzantinische Traditionen an, wo ja auch das Zeremoniell das Selbstverständnis des Staates dokumentieren sollte. Wo es sich um religiöse Anlässe handelte, sollte die Übereinstimmung von weltlicher und göttlicher Ordnung jedem sichtbar gemacht werden. Dabei wurden sowohl dem Einwohner Venedigs wie dem Fremden vor allem in den Dogenprozessionen Verfassung und Mythos präsentiert. Während noch im 13. Jahrhundert ganz offenbar dem Dogen die große Masse der Bürger folgte, bildete sich vom 14. Jahrhundert her ein peinlich beachtetes Protokoll heraus. Der Zug sollte ein Spiegelbild der Verfassung sein, wobei das Amt allein den Rang bestimmte. Erst am Ende des Zuges folgte – in Zweierreihen nach Alter geordnet – der Adel Venedigs. So konnte man die endlosen Streitereien rivalisierender Häuser vermeiden, die an anderen Höfen das Klima vergifteten. Auch hier wieder kommt die ureigene venezianische Tradition des Egalitarismus im Adel zum Vorschein. Zwar gab es noch genug Ärger, doch wachte der Rat der Zehn in dieser Frage der Staatsraison über die Würde des Ereignisses. In dieser rigiden und bereits im Vorfeld geklärten Ordnung, bei der die Magistrate den Vortritt vor den Privatleuten hatten, lag die Besonderheit Venedigs, die die Zeitgenossen bewunderten. Der Mailänder Pilger Pietro Casola beschreibt die Prozession an Allerheiligen 1494: »Und alle gingen je zwei und zwei, wie schon gesagt, in völliger Ordnung hinter dem Dogen. Das ist sehr von dem unterschieden, was ich an vielen Höfen beobachtet habe, wo in dem Moment, in dem der Fürst vorbeigeschritten ist, Geistliche und

Weltliche alle zusammen weitergehen ohne jede Ordnung«. So sollte der Umzug aller Welt die Einigkeit der herrschenden Nobili und die feste Ordnung der Verfassung demonstrieren.

Die Prozessionen waren eine gute Gelegenheit, dem Volk seinen Dogen zu präsentieren. Er verkörperte den Staat, er war der Vertreter des Evangelisten Markus auf Erden, mochte seine Macht noch so beschränkt sein. Hin und wieder zeigte er sich auf der Loggia des Palastes zwischen den beiden roten Säulen seinem Volk, Volksfeste und Belustigungen beobachtete er von der Galerie der Markuskirche, ansonsten waren die Möglichkeiten der Repräsentation genau vorgeschrieben. Wie eine Reliquie wurde dann der Doge mit allen seinen Herrschaftszeichen der Masse präsentiert. Da waren zunächst die hohen Feiertage, an denen der Doge mit der Signoria in San Marco oder einer anderen Kirche die Messe hörte, wie es ihm seine Amtspflichten vorschrieben. Zahlreich waren jedoch auch die politischen Feiertage, deren Ursprung in der glorreichen Geschichte zu suchen war. Jährlich besuchte der Doge am Tag des heiligen Isidor dessen Kapelle in San Marco, um an die Ruhmestaten seines Vorgängers Domenico Michiel im Heiligen Land zu erinnern. Gleichzeitig zwang man ihn aber auch, an jenen unseligen Marin Falier zu denken, der es gewagt hatte, über die Grenzen seiner Macht hinauszugreifen und dieses mit dem Tode hatte bezahlen müssen. Am Tag des heiligen Nikolaus (6. Dezember) gedachte man des großen Vorfahren Enrico Dandolo und der Eroberung von Konstantinopel – die Zahl der Gedenktage wuchs ständig. So hatte sich nach und nach ein politischer Festkalender ausgebildet, dessen feierliche Prozessionen Spektakel waren, die Venezianer wie Fremde bewunderten.

Wie eine derartige politische Prozession aussah, erfahren wir durch das Bild des Gentile Bellini, das die Prozession auf der Piazza San Marco am Tag des heiligen Markus (25. April) zeigt (Abb. 21). Es ist Teil eines Zyklus, den die Scuola Grande di San Giovanni Evangelista in Auftrag gab, um mit den Schilderungen der »Wunder der Kreuzreliquie« das sogenannte Albergo, das Beratungszimmer der Leitung der Scuola, auszuschmücken. Die religiöse Vereinigung, im Jahre 1261 gegründet und eine der angesehensten der Stadt, hatte im Jahre 1369 das kostbare Heiltum vom Kanzler des Königreichs Zypern, Philippe de Mézières, zum Geschenk erhalten. Marin Sanudo zählt in seiner Liste der Reliquienschätze Venedigs insgesamt fünf Kreuzreliquien auf, aber nur diese bezeichnet er als wundertätig. Keine der anderen Scuole grandi war mit einer mirakulösen Reliquie ausgezeichnet. Zwischen 1490 und 1506 wurde ein Büchlein gedruckt und in Umlauf gebracht, das die Geschichte dieses Splitters vom Kreuz Christi erzählte und seine Wunderkräfte beschrieb. Auch die   109

Abb. 21

Gentile Bellini zeigt uns in seinem Bild von 1496 eine Prozession zu Ehren des heiligen Markus am 25. April. Wir überblicken von einem leicht erhöhten Standpunkt aus die Piazza mit ihren Gebäuden gegen die Kirche hin. Im Vordergrund ziehen die Mitglieder der Scuola San Giovanni Evangelista an einer Reihe von Zuschauern vorbei. Das Reliquiar ist auf ein Tragegestell gebunden, das vier Brüder geschultert haben, vier weitere tragen den schützenden Baldachin. Die Musiker und Sänger mit ihren Notenblättern gehen dem Heiligtum voraus. Am rechten Bildrand schließt sich ein langer Zug von Würdenträgern an, der aus der Porta della Carta des Dogenpalastes kommt. Die Kirche im Hintergrund beherrscht die Szene, ihre Goldtöne leuchten und wir verdanken es dem Meister, daß ein Eindruck von den alten Mosaiken auf uns gekommen ist.

neue Ausstattung des Albergo sollte diese Wunder als zentrales
Thema haben und die Verehrung fördern. Zudem war in den
siebziger Jahren der Vorhof der Scuola neu und »modern« im
Renaissancestil geschaffen worden, nun sollte auch die Innen-
ausstattung gehobenen Ansprüchen genügen. Im Februar 1491
erhielt die Scuola dann die Genehmigung, fünfundzwanzig neue
Mitglieder aufzunehmen, um zusätzliche finanzielle Mittel zur
Durchführung des Ausstattungsplans zu gewinnen. Drei Bilder
hat Gentile Bellini angefertigt, und bei allen tritt die Handlung
zurück hinter die Darstellung der Stadt Venedig und ihrer Einwohner. Das Thema des Prozessionsbildes ist eine Begebenheit
aus dem Jahre 1444: Ein Kaufmann aus Brescia, Jacopo de'
Salis, kniet während des Umzugs vor der Kreuzreliquie nieder,   111

um für seinen schwerkranken Sohn zu bitten. Und in der Tat wird dieser im selben Moment geheilt. Das eigentliche Thema des Bildes, die Wunderheilung, wird überhaupt nicht dargestellt, und auch der kniende Vater geht in der Menge der Mitglieder der Scuola unter. Die detailgenaue Darstellung mit ihren liebevoll gemalten Einzelheiten könnte dazu verleiten, das Bild für eine genaue Wiedergabe der Piazza am Markustag zu halten, und doch ist es nichts weniger als dies. Aus Berichten wissen wir, daß an den hohen Festtagen der Platz mit Zuschauern überfüllt war. So beklagt sich der deutsche Pilger Felix Faber über eine wirre Menge, eine rennende und stoßende Masse. Hier tummeln sich im Bild einzelne Gruppen, die für die Gesellschaft damals typisch waren: die vornehme Venezianerin, die mit ihrer Begleitung der Kirche zustrebt, als ob sie das Schauspiel nichts anginge; die Bettlerin an der Kirchentür; drei deutsche Kaufleute in ihren kurzen Gewändern und Mänteln in der Mitte des Bildes; Gestalten mit Turban; Mitglieder der Compagnie della Calza in ihren geckenhaften modernen Beinkleidern; schaulustige Nobili auf der Terrasse der Kirche und in der Galerie des Dogenpalastes; ein Johanniter mit seinem Pagen, vielleicht der Prior Sebastiano Michiel; Mönche und Kleriker; einige wenige Frauen. Vor den alten Prokuratien reihen sich wohlgeordnet die Mitglieder anderer Scuole auf, in weißen Gewändern mit hohen geschnitzten Kerzenleuchtern. Über ihnen beobachten Frauen die Szenerie, sie stehen an den Fenstern, die mit orientalischen Teppichen geschmückt sind. Außerdem hat der Maler die Mitglieder der Scuola Grande di San Giovanni Evangelista, seine Auftraggeber, rigoros in den Vordergrund gerückt. Damit konnte er möglichst viele von ihnen, um ihre wertvolle Reliquie geordnet, porträtieren. Daneben tritt die übrige Prozession mit dem Dogen und der Signoria in den Hintergrund. Dennoch kann man deutlich an den zeremoniellen Einzelheiten erkennen, daß es sich um die Prozession am Markustag handeln muß. Diese ist ein Staatsereignis, die Kirche ist die Palastkapelle des Dogen, deshalb wurde der Patriarch auch nicht zu diesem Ereignis geladen und fehlt in dem Zug. Wie bereits die Porträts der Auftraggeber erkennen lassen, spielt das Bild in zwei Zeitebenen: Dargestellt wird die Wundergeschichte des Jahres 1444, die Details der Prozession gehören aber in das Jahr 1496, als das Bild gemalt wurde. Deshalb ist der Doge auch Agostino Barbarigo und nicht Francesco Foscari. Doch auch für die Geschichte der Stadt ist das Bild wichtig, zeigt es doch die älteste realistische Darstellung der Piazza, der Kirche und des Palastes. Hier ist der Bauzustand des letzten Jahrzehnts des 15. Jahrhunderts wiedergegeben, an dem sich innerhalb kurzer Zeit vieles ändern sollte. Links sehen wir dabei die Procuratie Vecchie, die Amtswohnungen der Prokuratoren von San Marco. Die Arkaden tragen ein Stockwerk, sie sollen schon im 12. Jahrhundert begonnen worden sein, stammen aber in der abgebildeten Form aus dem 14. Jahrhundert. Um 1500 wurde hier umgebaut und durch Aufstocken weiterer Raum gewonnen. Den Stil der Vorgängerbauten hat man aber beibehalten. Auch der Uhrturm fehlt noch, den man in demselben Jahr begonnen hat, in dem Bellini die Prozession malte. Das Gebäude mit den Zinnenkronen im Hintergrund ist das Haus der Kanoniker von San Marco, das im 19. Jahrhundert dem Patriarchensitz weichen mußte. Der große Portalbogen gibt einen öffentlichen Weg frei, der zur Rückseite des Dogenpalastes und ins Castello führte. An den Portalen der Markuskirche sind noch die Mosaiken des 13. Jahrhunderts zu erkennen, die bis auf dasjenige der Porta di Sant'Alipio (vgl. Abb. 39) später erneuert wurden. Das Kirchenportal rechts außen ist geöffnet, kurze Zeit später wurde es geschlossen und der Raum zur Capella Zen ausgebaut. Vor der Kirche stehen die drei Fahnenmasten aus Zedernholz, die an Festtagen die Fahnen von Venedig, Kreta und Morea trugen. Bereits im Jahre 1505 wurden die Holzsockel durch Bronzegüsse ersetzt. Die Porta della Carta ist noch in ihrer ursprünglichen Farbigkeit zu sehen (vgl. Abb. 22), doch ist dahinter die Marmorfassade des Palastes noch nicht bis ganz oben zugemauert. Außerdem ist das dreiteilige Maßwerk der Palastfenster zu sehen, während heute nur die Rahmen geblieben sind. Am Fuß des Campanile sieht man die Dächer der zahlreichen Verkaufsbuden, die dort angebaut waren. Rechts davon steht das Ospizio Orseolo aus dem 13. Jahrhundert, das wie die Buden den Plänen des Stadtbaumeisters Jacopo Sansovino im 16. Jahrhundert weichen mußte. Er versetzte die Bauflucht zurück und schuf die Procuratie Nuove. Dem nun freistehenden Campanile wurde 1537 bis 1540 die Loggetta vorgebaut. Außerdem hat der Realismus des Gemäldes einen Eindruck der alten Pflasterung des Platzes mit im Fischgratmuster gelegten Ziegelsteinen und eingelegten Marmorbändern erhalten. Dieser Belag des 14. Jahrhunderts wurde erst im 18. Jahrhundert durch istrischen Stein ersetzt. Der Auftrag zur Darstellung eines Wunders war für Gentile Bellini der Anlaß, das politische Zentrum Venedigs während eines hohen Feiertags darzustellen. Man kann Martin da Canal nur zustimmen, der 1267 feststellt: »la place de Monseigneur Saint Marc, qui est orendroit la plus bel place qui soit en tot li monde«.

Der Dogenpalast war der Regierungssitz. Seit dem 9. Jahrhundert befand sich an dieser Stelle eine Festung, die 976 in Flammen aufging. Seither hat man dann ständig gebaut, wobei das heutige Aussehen der Fassade den Umbauten unter Francesco Foscari zu verdanken ist. Hier hatte der Doge seine Privatgemächer, hier hatten alle Ratsorgane ihren Versammlungssaal, und hier wurde Gericht gehalten. Entsprechend belebt muß man sich das Gebäude vorstellen: der Doge und sein Hofstaat, Beamte, Juristen, Richter, Notare, Dienstboten, Bittsteller, auswärtige Gesandte mit Gefolge, festgenommene Übeltäter, Wachpersonal und Lieferanten. Sie alle betraten den Palast durch die Porta della Carta (Abb. 22), deren Symbolik das venezianische Selbstverständnis zum Ausdruck bringen sollte. Die heute weitgehend verblichene Vergoldung der Ornamentik mußte den prächtigen Eindruck weiter steigern. Die Palastpforte wurde in den Jahren 1438 bis 1442 von Giovanni Bon und seinem Sohn Bartolomeo zusammen mit weiteren oberitalienischen Baumeistern, vielleicht in der Toskana geschulten Kräften, errichtet. Es ist das wichtigste Bauwerk Venedigs im Übergangsstil zwischen Gotik und Renaissance. Zwei polygonale, in Abschnitte unterteilte Strebepfeiler flankieren den Eingang und das große Fenster. Über allem thront die Figur der Gerechtigkeit, welche die Venezianer in ihrem Staat verwirklicht sahen. Darunter in einem Tondo, von Engeln gehalten, die Darstellung des segnenden Evangelisten Markus. Unter dem Fenster kniet vor dem Tier des Stadtpatrons der Doge Francesco Foscari. Es ist dies ein Motiv, das immer wieder in Venedig aufgenommen wurde, um die Verbindung der Stadt mit ihrem Schutzheiligen zum Ausdruck zu bringen. Die heutigen Figuren des Dogen und Löwen sind Rekonstruktionen des 19. Jahrhunderts, da man die Originale beim Untergang der Republik 1797 vernichtet hat. Die Tugenden der Klugheit, Tapferkeit, Mäßigung und Güte sind römische Kardinaltugenden, die besonders den Herrscher auszeichnen sollen. Da sie am Grabmal des Dogen wieder erscheinen (vgl. Abb. 24), könnte ihre Darstellung auf eine Anregung des Francesco Foscari selbst zurückgehen.

Das Staatsoberhaupt

Für die Außenwelt war der Doge der Repräsentant Venedigs an sich. Ihm gebührte der Vorrang bei allen Zeremonien, vor ihm allein zog der Adlige seinen Hut, auf ihn war jedermann durch Eid verpflichtet. Wie sehr er gleichzeitig der Gefangene seiner Beisitzer war, drang nicht in das Bewußtsein der Außenwelt, für die er in der Verfassung das monarchische Element verkörperte. Daß er ursprünglich einmal ein byzantinischer Provinzgouverneur gewesen war, den der kaiserliche Hof in Konstantinopel ernannte, hatte man aus dem kollektiven Gedächtnis verdrängt. Eine freie Stadt von Anfang an, so lautete die Parole, und hinter dem Nebel der Markuslegende und der Sagen um Papst Alexander III. verschwanden die Anfänge der Verfassung. Im Jahre 697 will man zum ersten Mal einen Dogen gewählt haben, und von diesem Datum herauf zählen die Regierungslisten. Richtig ist freilich nur, daß Byzanz andere Sorgen hatte, als sich um den fernen Außenposten in der Adria zu kümmern. Deshalb geriet die Provinz mehr und mehr zu einem unabhängigen Gebilde, das eigenständige Politik betreiben konnte. Es klingt dabei wie ein Hohn, daß noch der Eroberer von Konstantinopel, Enrico Dandolo, byzantinische Ehrentitel trug. Der Doge wurde seit dem 8. Jahrhundert immer unabhängiger und einem Monarchen immer ähnlicher. Es hat nicht an Versuchen gefehlt, eine Herrscherdynastie zu gründen, doch endeten alle Bemühungen am Ehrgeiz konkurrierender Adelsgeschlechter. Die frühen Dogen lebten gefährlich, da kaum einer der Großen einsah, warum nicht er selbst regieren sollte. Vom 11. Jahrhundert an wurden die Zeiten ruhiger und der Dogat zur Wahlmonarchie. Man achtete peinlich darauf, daß niemals der Sohn dem Vater folgte, da dies unweigerlich zu neuen inneren Gefährdungen geführt hätte. Der Versuchung einer Familienherrschaft sollte vorgebeugt werden. Die entscheidende Wendung der Verfassung geschah dann im 12. Jahrhundert. In Oberitalien hatten sich in den aufblühenden Städten Bewegungen herausgebildet, die auf eine Mitsprache in der Regierung und Verwaltung drängten. Diese kommunale Bewegung führte allgemein dazu, daß das Stadtregiment der Bischöfe zunächst von einem gewählten Ausschuß begleitet wurde, der nach und nach selbst die inneren und äußeren Angelegenheiten regelte. Es entstanden selbständige Stadtkommunen, die alte Herrschaften ablösten. Nach diesem Vorbild handelte auch die Stadt Venedig: 1143 hören wir erstmals etwas von einem gewählten Rat, der neben dem Dogen regiert. Freilich war es ein Prinzip venezianischer Staatsentwicklung, Bewährtes niemals aufzugeben. So dachte niemand daran, den auf Lebenszeit gewählten Dogen abzuschaffen, der zudem als Verkörperung des Staates gute Dienste leisten konnte. Man setzte die kommunalen Räte an seine Seite und traf Vorsorge, daß er nicht zu mächtig wurde. Bereits das 12. Jahrhundert formulierte das Prinzip, daß bei Streitigkeiten zwischen Doge und Rat immer der letztere recht haben sollte.

Großer Rat, Kleiner Rat, Senat, Quarantia und Rat der Zehn bildeten jenes Bollwerk, welches die Kommune im Verlauf von zweihundert Jahren gegen die Willkür des einst monarchisch herrschenden Dogen aufgerichtet hat. Nachdem die frühe Kom-

Abb. 22
Die Porta della Carta an der Westfront des Dogenpalastes war der Zugang zum
Innenhof und den Räumlichkeiten des Regierungsgebäudes. Sie stellt die Ver-
bindung zwischen dem geistlich-religiösen Bereich und dem weltlich-juristischen
dar. Nicht von ungefähr befindet sich an der Palastkante eine Skulpturen-
gruppe, die das Urteil des Königs Salomo darstellt. So sollen biblische Weisheit
und Gerechtigkeit ein steter Ansporn für die im Palast tätigen Richter sein.

mune die entscheidenden Mauern der Dogenmacht geschleift hatte, ging man in den folgenden Jahrhunderten daran, weitere Steine abzutragen. Bereits im 12. Jahrhundert mußte sich der Neugewählte dazu bereitfinden, eine lange und verpflichtende Liste von Punkten zu beschwören, in der wenig von seinen Rechten, viel aber von seinen Pflichten die Rede war. Diese Promissionen der Dogen wurden immer länger und detaillierter, so daß man in ihnen durchaus eine Art schriftliche Verfassung Venedigs sehen kann. Starb ein Doge, so setzten seine Consiglieri sogleich einen Ausschuß ein, der auf Grundlage der Erfahrungen mit dem Verstorbenen Neuerungen für den Nachfolger auszuarbeiten hatte. Bis in die frühe Neuzeit hinein haben sich diese Promissionen dann zu gedruckten Büchlein ausgewachsen, in denen jeder nachlesen konnte, wie das Gegenteil des sich in Europa entwickelnden Absolutismus aussah.

Die Bestellung eines neuen Dogen war ein Ereignis, das von allen Beteiligten höchstes Augenmaß erforderte. Es mußte ein Bewerber gefunden werden, der verschiedenste widerstreitende Interessen verkörperte. Er sollte machtvoll ein Leben lang Venedigs Staatsschiff lenken, ohne freilich die Kommune zu tyrannisieren. Er durfte nicht zu jung, sollte nicht zu alt, mußte regierungserfahren und kriegserprobt sein. Entstammte er einer Dogenfamilie, so konnte die Gefahr der Dynastiebildung am Horizont erscheinen. War er zu ehrgeizig, so stellte er vielleicht das Glück Venedigs in Frage. War er Mitglied einer Aristokratenclique, so zog er vielleicht den Teil dem Ganzen vor. Auch Besucher haben die Klugheit der Räte bei der Auswahl bewundert. Als der Kurfürst Albrecht von Sachsen 1476 in die Lagune kam, vermeldet der Bericht: »Herzog Albrecht lobte selbigen Senat, um desswillen, weil sie nur alte Herren zu Hertzogen wehlten, die da leyden könten gebunden zu seyn. Er scherzte auch von dem Adel von Venedig, dass solcher mehr auf Schiffe als Waffen und mehr auf Gold als auf Eisen sich gründe«. Seit 1171 bestimmte zuletzt ein Ausschuß mit vierzig Mitgliedern, wer Doge werden sollte. Seit sich freilich 1229 bei der Wahl des Jacopo Tiepolo die Dandolo und die Tiepolo in einem Patt gegenüberstanden, das erst durch das Los entschieden wurde, setzte man auf einundvierzig Wahlmänner, um Stimmengleichheit unmöglich zu machen. Freilich war nun aber ganz und gar entscheidend, wer in dieses Gremium berufen wurde. In dem Bemühen, hier Parteienstreit und Wahlbetrug unmöglich zu machen, entwickelte man Verfahren, die wirksam waren, freilich aber auch an Umständlichkeit nicht zu übertreffen sind. Die Wahl 1268 hat Frederic Lane so beschrieben:

»Aus dem Großen Rat wurden durch das Los 30 ausgewählt;

diese 30 wurden durch das Los auf 9 reduziert;
  die 9 nannten 40;
    die 40 wurden durch das Los auf 12 reduziert;
      die 12 nannten 25;
        die 25 wurden durch das Los auf 9 reduziert;
          die 9 nannten 45;
            die 45 wurden durch das Los auf 11 reduziert;
              die 11 nannten 41;
                die 41 nominierten den Dogen zur
                Billigung durch die Versammlung.«

Es grenzt an ein Wunder, daß es Venedig mit ganz wenigen Ausnahmen gelungen ist, mit derartigen Methoden denjenigen zu finden, der als Staatsmann geeignet war, die Geschicke seiner Heimatstadt zu lenken.

War die Wahl entschieden, so wurde sogleich der Antritt des neuen Staatsoberhaupts gefeiert. Wie ein solches Fest aussah, hat uns Martin da Canal in einer lebhaften Schilderung der Vorgänge des Jahres 1275 erzählt: »Als die 41 Männer, die den Dogen wählen sollten, einig waren und Herrn Lorenzo Tiepolo zum Dogen gemacht hatten, sagten sie dem Vikar (ein Mitglied des Kleinen Rats, das den toten Dogen bis zur Neuwahl vertrat, Anm. d. Verf.) und den Consiglieri, daß sie den Dogen gewählt hätten. Und diese ließen sofort die Glocken der Kirche des heiligen Markus läuten, um das Volk Venedigs zu versammeln. Und als die Glocken in Venedig gehört wurden, begab sich das venezianische Volk zur Kirche des heiligen Markus, und während man hinzog, sagten die Leute: Herr Lorenzo Tiepolo ist zum Dogen gemacht worden! Und die kleinen Kinder sagten dasselbe. Als aber das Volk Venedigs in der Kirche des heiligen Markus versammelt war, betraten jene 41 Adligen die Kanzel, die Herrn Lorenzo Tiepolo zum Dogen von Venedig gewählt hatten. Und dann sprach Herr Jacopo Baseggio sehr klug zum Volk über die Wahl, die sie gemäß ihrem Eid vorgenommen hatten. Und am Ende seiner Rede verkündete er, daß sie Herrn Lorenzo Tiepolo zum Dogen von Venedig gewählt hätten. Und jetzt wurde Herr Lorenzo ergriffen und akklamiert und ihm wurden die Kleider ausgezogen und so wurde er vor den Altar des heiligen Markus geführt. Und dort leistete er den Eid gemäß dem Wortlaut, der ihm vom Kaplan des heiligen Markus mitgeteilt wurde. Und dann gab ihm der Kaplan und Herr Niccolò Michiel, der Vikar, das Banner des heiligen Markus, ganz in Gold, und er nahm es an. Und wenn Sie dort gewesen wären, meine Herren, hätten Sie sehen können Gedränge und Supergedränge, Fest und Superfest, Freude und Superfreude. In diesem Gedränge, diesem Fest und dieser Freude zog der Doge in den Palast. Aber vorher hielt er auf der Treppe des Palastes an, das Banner in der Hand, um die Lobgesänge des Dogen zu hören, die die Kaplane des heiligen Markus sangen, die in den Palast gegangen waren. Und diese lauteten: Christus siegt, Christus regiert, Christus herrscht – unserem Herrn Lorenzo Tiepolo, durch Gnade Gottes ehrwürdiger Doge von Venedig, Dalmatien und Kroatien, und Herr des vierten und eines halben Teils des gesamten Römischen Reiches, Heil, Ehre, Leben und Sieg – San Marco gewähre Du ihm Hilfe! Und danach betrat der Doge den Palast und wurde in den Dogat eingesetzt. Und dort leistete er den Eid in der Form, die festgelegt war, und dort hielt er eine Rede. Danach kam er und sprach zum Volk sehr klug und versprach, Doge über alle zu sein. Und die Kapläne zogen nach Sant'Agostin, wo sich die Dogaressa befand und sie sangen die Dogenlaudes für die Dogaressa... Das erste Fest fand statt auf dem Wasser, und zwar vor dem Dogenpalast, und ich werde euch erzählen auf welche Weise. Wisset meine Herrn, daß Herr Pietro Michiel der edle Capitanc die Galeeren rüsten ließ, die er führen sollte. Und bevor sie abfuhren, ließ er die Galeeren vor den Palast fahren. Und zuerst ließ er auf den Dogen die Laudes in folgender Weise ausbringen: Christus siegt, Christus regiert, Christus herrscht – unserem Herrn Lorenzo Tiepolo, durch Gnade Gottes ehrwürdiger Doge von Venedig, Dalmatien und Kroatien, und Herr des vierten und eines halben Teils des gesamten Römischen Reiches, Heil, Ehre, Leben und Sieg – San Marco gewähre Du ihm Hilfe! Gleiche Lobgesänge sangen die auf den anderen Galeeren, die mit dem Capitano, Herrn Pietro Michiel, waren. Und danach ließ der Capitano die Galeeren durch Venedig fahren, um die Dogaressa zu sehen, die Gattin des Herrn Lorenzo Tiepolo, des hohen Dogen von Venedig. Und diese empfing sie als Dame mit einem Lächeln. Und wisset Ihr Herrn: Während der Doge im Palast Hof hält, hält die Dogaressa dort Hof, wo sie wohnt, in der Pfarrei Sant' Agostin. Wie ich Euch erzählt habe, bereiteten die Männer aller Zünfte ihren Aufzug vor, jede Zunft für sich. Und ich möchte, daß ihr wisset, in welcher Weise sie gingen, um ihren Herrn zu sehen und ihre Herrin. Zuerst werde ich Euch von den Bewohnern der Inseln erzählen, von denen aus Torcello und den anderen, daß sie ihre Boote fertigmachten und zu ihrem Herrn Lorenzo Tiepolo, dem hohen Dogen von Venedig, kamen und zu der Dogaressa. Und wisset, daß die von Murano lebendige Hähne in ihren Booten hatten, damit man erkenne, wer sie waren und woher sie kamen. Und ihre Standarten wurden mitten auf den Booten aufgepflanzt. Und die Zunftmeister kamen, angetan mit großem Aufwand, um ihren Herrn zu sehen. Die Schmiede mit ihrem Personal versammelten sich unter einer Fahne und jeder hatte eine Girlande auf dem Kopf. Sie machten sich auf den Weg, das Banner vorneweg, und spielten auf Trompeten und anderen Instrumenten. Auf diese Weise betraten sie den Palast und begrüßten den Herrn Dogen und jeder wünschte ihm Leben und Sieg. Und dieser dankte für das Salut und die Glückwünsche. Und dann gingen die Schmiedemeister mit ihrer Begleitung zum Palast hinaus in derselben Weise wie sie gekommen waren. Und sie zogen, geleitet von ihrem Anführer, nach Sant'Agostin, wo sich die Dogaressa befand, und grüßten diese«. Es folgen noch in aller Ausführlichkeit Schilderungen der übrigen Zünfte, die es sich alle nicht nehmen ließen, den Dogen mit jedem Pomp zu begrüßen. Da Sant'Agostin jenseits des Kanals lag, kann man sich lebhaft vorstellen, wie der Zug durch die Merceria und über die Rialtobrücke an diesem Tag die ganze Stadt mit Lärm und Bewegung erfüllte.

Der Doge, den man so wählte, wurde mit seiner Familie wie ein Kleinod, das des besonderen Schutzes bedurfte, im Palast verwahrt. Sein üppiges Gehalt und die Geldmittel der Kommune für die Repräsentationsausgaben hatten ihm zu genügen. Privatgeschäfte waren ihm verboten, seine Söhne durften weder Staatsämter bekleiden noch von irgendeiner Person Geschenke annehmen. Reisen ins Ausland waren dem Dogen nur in Begleitung seiner Räte erlaubt, die Heirat mit einer Ausländerin mußten er, seine Söhne und Enkel sich von der Kommune genehmigen lassen. Verstieß er gegen seine Pflichten, konnten seine Räte ein Verfahren einleiten, um ihn mit einer Geldstrafe in Schranken zu halten. Seit dem Ende des 15. Jahrhunderts schließlich wurde über die Amtsführung des verstorbenen Dogen ein regelrechtes Gerichtsverfahren vor einer eigens bestellten Kurie angestrengt, das Schadenersatzforderungen an den Nachlaß zu prüfen hatte. Waren der Kleine Rat einstimmig und der Große Rat mit Mehrheit zu dem Beschluß gelangt, ein Doge habe sein Amt aufzugeben, so hatte dieser Folge zu leisten. Ohne seine Räte durfte er keine Beratungen abhalten oder gar Beschlüsse fassen. Die Signoria las seine Post und beschloß die Antworten in seinem Namen.

Von all diesen rigiden Beschränkungen drang nur wenig nach außen und in die Staatsrepräsentation. Daß die Räte, mit denen er sich stets zeigte, ja zeigen mußte, in Wirklichkeit seine Herren waren, wird öffentlich nirgends deutlich. Man hätte sie für jenes Gefolge halten können, mit dem sich jeder herrschende Fürst umgab. Der Doge nannte sich »von Gottes Gnaden Herzog von Venedig, Kroatien und Dalmatien«. Seit der Eroberung von Konstantinopel und der Teilung der Beute zwischen Venezianern und Kreuzfahrern durfte er auch »Herrscher über drei Achtel des Römischen Reiches« heißen. Wenig spiegelt wie dieser seltsame

Titel venezianischen Kaufmannsgeist wider. Mitten in den Wirren des 14. Jahrhunderts schließlich, als Besitz auf dem Balkan an den König von Ungarn verlorenging, wird im Jahre 1358 der Doge geschäftsmäßig seine Verfügungen unter dem Titel »Der Herzog von Venedig etc.« erlassen. Dabei ist es dann bis zum Ausgang der Republik geblieben.

Man mag daran zweifeln, daß sich für dieses Amt in all seiner Begrenztheit fähige Kandidaten gefunden hätten, das Gegenteil ist jedoch wahr. Die meisten Dogen des späten Mittelalters waren kraftvolle Persönlichkeiten, denen es durchaus gelungen ist, der Politik ihren höchst eigenwilligen Stempel aufzudrücken. Warum sich dies so verhielt, wird sofort deutlich, wenn man das Zusammenwirken der obersten Verfassungskörper betrachtet, denn die vielen hundert venezianischen Edelmänner, die ständig im Dienste des Staates standen, hatten deshalb noch lange nicht die Macht in den Händen. Die Allermächtigsten waren jeweils sechzehn Personen: der Doge, seine sechs Consiglieri, die Savi Grandi und die drei Vorsitzenden des Rats der Zehn. Die übrigen Savi, die drei Vorsitzenden der Quarantia und die Staatsanwälte bildeten einen weiteren Kreis um die Macht. Insgesamt waren es vielleicht vierzig oder fünfzig Personen, die Venedig regierten. Dabei wurde immer wieder derselbe Personalstamm in Führungsaufgaben berufen, so daß dieselben Männer einmal als Mitglied der Dieci, ein anderes Mal als Consigliere, dann wieder als Staatsanwalt im Zentrum der Macht saßen. Dies ist der innerste Zirkel der Oligarchie, dem gegenüber freilich ein entschlossener Doge kraftvoll zu regieren imstande war. Er allein gehörte diesem Kreis auf Lebenszeit an; er allein hatte den Überblick über alle Vorgänge im Staatswesen, saß er doch kraft seines Amtes allen Räten vor. Die anderen mochten der Macht immer wieder nahe kommen, er verkörperte in seiner Person deren Zentrum. Konnte er eine Position gegenüber der Signoria nicht durchsetzen, war allein er in der Lage, die Zeit für sich arbeiten zu lassen und auf Neuwahl der Signoria und günstigere Gelegenheiten zu warten. Gerade im 13. und dann auch wieder im 15. Jahrhundert lassen sich die Regierungsepochen der einzelnen Dogen in ihrer Eigentümlichkeit leicht erkennen.

Die listenreiche Selbstdarstellung eines Dogen

Der Doge von Venedig sollte sich selbst nicht in Darstellungen, mit Wappen oder Inschriften in der Stadt feiern, wenn nicht seine Räte ausdrücklich zustimmten. Und diese Zustimmung war selten genug zu erlangen. Wollte er diesen Zwängen entkommen, so

121

mußte er auf historische oder legendäre Vorkommnisse zurückgreifen, die ihm erlaubten, in der Gestalt seines Vorgängers sich selbst abzubilden. Dieser Intention kam die venezianische Tradition der Geschichte erzählenden Bilder entgegen. Dem heutigen Betrachter sind diese verschlüsselten Nachrichten oft nicht mehr zugänglich, so daß erst die historische Interpretation Aussagen deutlich macht, die den Zeitgenossen offensichtlich waren. Ein Mosaik aus San Marco, das nach der Stilanalyse um die Mitte des 13. Jahrhunderts entstanden sein muß, mag als Exempel dienen (Abb. 23). Es gehört mit einem zweiten zur Geschichte der Wiederauffindung der Reliquien des Evangelisten, also in den Zusammenhang der Markuslegende, die abzubilden unverfänglich war. Der Platz im südlichen Querschiff isoliert diese beiden Mosaiken von den übrigen Markusdarstellungen der Kirche, was sich freilich dadurch erklärt, daß in der nahen südöstlichen Säule das Wunder der »Erscheinung« stattgehabt haben soll. Unser Bild zeigt das Wunder selbst, als sich die Säule auftut und die Reliquie sich zeigt.

Nun läßt sich feststellen, daß die Legende von der Erscheinung des Evangelisten Markus seit dem 13. Jahrhundert in Venedig Allgemeingut wurde. Martin da Canal erklärt sogar präzise, daß das Fest dieses Ereignisses unter dem Dogen Renier Zen (1253-1268) »erneuert« wurde, was in der politischen Sprache der Zeit sagen soll, daß es überhaupt erst eingerichtet wurde. 1258 haben wir eine erste sichere Nachricht darüber, so daß sich Chroniken und Stilanalysen weitgehend decken: Aus der Zeit der Anfänge des Festes der *apparitio* stammen die Mosaiken. Die künstlerische Interpretation verlegt die Ereignisse des Jahres 1094 in eine Umgebung, deren gewollter Bezug auf das 13. Jahrhundert die doppelte Zeitebene den Zeitgenossen klar vor Augen führt. Die Gruppen auf dem Mosaik, der Klerus, der Doge mit seinem Gefolge, der Adel und vielleicht sogar das Volk, können deshalb sowohl auf das 11. wie auch auf das 13. Jahrhundert bezogen werden. Wie damals üblich, werden gleichzeitig das Ereignis und die Zeremonien, wie sie im 13. Jahrhundert aus Schilderungen bekannt sind, dargestellt. Der Anachronismus beginnt bereits bei den abgebildeten Ausstattungsstücken, denn jedem Venezianer war bekannt, daß die Kanzel im Hintergrund ein Beutestück aus Konstantinopel war, das gerade erst ein halbes Jahrhundert in San Marco stand. Die Person im bischöflichen Ornat sollte sicherlich den Patriarchen zeigen. Er residierte zwar im 13. Jahrhundert in Venedig und zelebrierte das Fest, die Anwesenheit eines Patriarchen von Grado im 11. Jahrhundert hingegen mutet seltsam an. Hinter dem Dogen erscheinen zwei
Personen, über denen der Scheitel eines dritten zu sehen ist.

Nach dem Staatsoberhaupt waren die Vornehmsten unter den Amtsträgern die Prokuratoren von San Marco, deren ursprüngliche Aufgabe die Überwachung der Bauten, die Ausschmückung der Kirche und die finanzielle Verwaltung der Kapelle des Dogen war. Daß sie hier dargestellt sind, liegt nahe, doch macht der Hermelinmantel der vorderen Figur diese Interpretation sogar zwingend: Hermelin war vom Zeremoniell außer dem Dogen nur den Prokuratoren gestattet. Dies freilich ist wieder ein deutlicher Hinweis auf die Zeitebenen: Bis ins 13. Jahrhundert gab es nur einen einzigen Prokurator. Seit 1231/33 gab es deren zwei, denen in den fünfziger Jahren wegen Arbeitsüberlastung ein Gehilfe zugeordnet wurde. 1259/60 kam ein dritter Prokurator hinzu und 1266 ein vierter. Gerade in dieser Zeit des Umbruchs, als die Frage der Organisation des Amtes immer wieder im Großen Rat diskutiert wurde, kann dieser Hinweis keinem entgangen sein. Durch die geöffnete Tür schließlich drängen links zahlreiche Personen in das Kirchenschiff, wobei zwei der Frauen ein Mädchen und einen Knaben mit sich führen. Vor allem letzterer, eine Herrscherkrone auf dem Kopf, hat zu Interpretationen gereizt. Im 11. Jahrhundert wird man vergeblich suchen, doch das 13. Jahrhundert kennt die jahrelange Anwesenheit eines kaiserlichen Knaben in Venedig. Philipp, der Sohn Kaiser Balduin II. von Konstantinopel, der sich in höchsten Geldnöten befand, wurde von seinem Vater an dessen Geldgeber aus dem venezianischen Adelshaus Ferro verpfändet. In den fünfziger Jahren des 13. Jahrhunderts saß er jahrelang als Kreditsicherheit in der Stadt, bis er nach dem Fall von Konstantinopel von mitleidigen Verwandten ausgelöst wurde. Wenn man den Knaben mit Philipp identifizieren will, muß man in dem vor ihm schreitenden Mädchen wohl eine Tochter des Dogen mit ihrer Mutter sehen. Es fügt sich ins Bild, daß Renier Zen nur eine einzige Tochter hatte. Daß diese im Zug vor dem bedauernswerten Knaben schreitet, drückt das venezianische Überlegenheitsgefühl aus. Nimmt man all diese Hinweise, die den Zeitgenossen geläufig waren, zusammen, so kommt man nicht umhin, im dargestellten Dogen Renier Zen zu sehen, auch wenn sich die Darstellung offiziell auf das Jahr 1094 bezieht. Da fügt es sich nur ins Bild, daß das Konterfei eines Dogen in seinen besten Jahren wenig zum greisen Vitale Falier passen will, der die *apparitio* erleben durfte. Der Begründer des Festes der Erscheinung des heiligen Markus, Renier Zen, hat sich hier ein Denkmal gesetzt.

Abb. 23
Nachdem die Venezianer drei Tage lang in der Kirche den Himmel mit Fasten und Beten um die
Auffindung der Reliquien angefleht hatten, geschah ein Wunder. Eine Säule tat sich auf und der
Heilige gab zu erkennen, wo er verborgen war. Der Mosaizist des 13. Jahrhunderts zeigt uns
schon durch die Architektur, wo die Geschichte spielt. Direkt vor der geöffneten Säule stehen die

Kleriker, angeführt vom Patriarchen, dahinter der Doge, seine Berater an Höhe überragend. An der linken Seite kommen Frauen zur Tür herein, die erste trägt einen pelzgefütterten Umhang und deutet auf das wundersame Geschehen. Ein Mädchen hält sich an ihrem Gürtel fest, auch sein Haar ist mit Perlen geschmückt. Man darf wohl in diesen beiden die Gemahlin und die Tochter des Dogen sehen.

Der tote Doge

In jedem monarchischen Staatswesen bildet der Tod des Regenten den Augenblick höchster politischer Krise, den Moment des Fehlens legitimer Herrschaft. Die politischen Theoretiker des Abendlands haben zahlreiche Theorien entwickelt, um den Übergang vom toten Prinzen zu seinem Nachfolger ohne tiefe Zäsur möglich zu machen. Venedig befand sich dabei in einer Sonderstellung, besaß es doch einen gewählten Prinzen ohne dynastischen Nachfolger, zu dessen Autorität außerdem diejenige der herrschenden Aristokratie in Konkurrenz trat. Der Gegensatz zwischen der monarchischen Tradition des Dogenamts und den republikanischen Ansprüchen trat deshalb niemals so deutlich hervor wie in diesem Augenblick. Sobald die Signoria – so wurde der engste Zirkel der Macht, der außer dem Dogen insgesamt neun Personen umfaßte, in Venedig genannt – vom Tod des Dogen erfuhr, erklärte der älteste Consigliere: »Mit großem Mißvergnügen haben wir vom Tod des allerhöchsten Fürsten erfahren, einem Mann von gar großer Güte und Frömmigkeit. Wir werden jedoch einen anderen wählen«. Danach schloß sich die Signoria im Palast ein, um an die Stelle des Toten zu treten. Der goldene Ring, Zeichen seiner Herrschaft, wurde zerbrochen und die Teile seiner Familie übergeben. Deren Vorrechte, die sie zu seinen Lebzeiten gehabt hatte, waren damit zu Ende. Die Kanzlei zerbrach alle Dogensiegel, und die Münze wurde angewiesen, den Namen des Dogen von den Münzen zu entfernen. Sobald die Nachricht vom Tod die Salzbehörde in Chioggia erreichte, sandte diese an die Signoria zwei silberne Abzeichen. Das größere, das auch den Namen des herrschenden Dogen trug, wurde feierlich zerbrochen, das kleinere, das nur einen thronenden Dogen mit dem Markusbanner ohne Namen trug, wurde für den Nachfolger aufbewahrt. Nichts zeigt deutlicher, daß man bestrebt war, zwischen Person und Amt sorgfältig zu unterscheiden. Die Signoria symbolisierte den ewig lebenden Dogen, weshalb ihre Mitglieder sich weder dem Toten näherten noch an seinem Begräbnis teilnahmen. 28 Adlige hielten abwechselnd im Sitzungssaal des Senats bei dem Aufgebahrten die Totenwache. Sie trugen den dogalen Purpur, um das Weiterleben des unsterblichen Dogen zu demonstrieren. Nach drei Tagen wurde der Tote unter der Beteiligung des Patriarchen und des Klerus, der Scuole grandi, der Scuole und der Kongregationen zu Grabe getragen. Jetzt war der Tote aus den Fesseln seines Amtes entlassen, nun durfte ihm mit seinem Grabmal auch ein letztes Denkmal gesetzt werden, wie es ihm zu Lebzeiten verwehrt war.

Das Grabmonument des Francesco Foscari in der Frarikirche

fällt aus diesem Rahmen heraus, endete seine Regierung doch nicht zum Zeitpunkt seines Ablebens, sondern schon vorher durch einen geschickt inszenierten Staatsstreich (Abb. 24). Er war zweifellos einer der großen Dogen Venedigs, unter dessen Regierung sich der neue Besitz auf der Terraferma konsolidierte. Aber er hat auch den venezianischen Adel gespalten wie keiner vor oder nach ihm. Das liegt nur zum Teil an seiner Landpolitik, zum anderen Teil sicher an seinem Charakter. Von Beginn an war er eine Persönlichkeit, die durch herrisches Auftreten und harsches Urteil Widerspruch provozierte. Man hat einen Mordanschlag auf ihn verübt, und gleichzeitig haben Literaten ihn in höchsten Tönen gepriesen. Ein gut Teil des Ärgers, den er der Republik bereitet hat, lag aber auch an den Geistesströmungen der Zeit. Er ist nicht der einzige Doge dieses Jahrhunderts, der die Zwänge seines Amtes nur allzu gerne aufgegeben hätte, um als Mensch der Renaissance seine Individualität zur Schau zu stellen. Immer wieder haben sie versucht, die eigene Person zu verherrlichen, und Agostino Barbarigo, der zwischen der Würde des Amtes und seiner eigenen Zurschaustellung nicht zu unterscheiden vermochte, ist seinen Landsleuten als der »Teufelsdoge« in Erinnerung geblieben. Francesco Foscari hat es gewagt, seine Skulptur auf der Porta della Carta zu verewigen (vgl. Abb. 22) und damit sich selbst an einer Stelle ein Denkmal zu setzen, wo venezianischer Gemeingeist nur abstrakte Staatssymbolik gestattete. Daß er es außerdem wagte, an seinem prächtigen Familienpalast am Canal Grande das Maßwerk des Dogenpalastes zu kopieren, paßt ins Bild. Es ist wohl kein Zufall, daß ausgerechnet Agostino Barbarigo diese Selbstdarstellung auf dem Uhrturm nachgeahmt hat. Als zuletzt bei Francesco Foscari zu diesen markanten Zügen einer Renaissancepersönlichkeit Altersstarrsinn und Verkalkung hinzukamen, wurde es den Räten zu bunt. Unter Beteiligung der Signoria beschloß der Rat der Zehn am 23. Oktober 1457 seine Absetzung. Nun aber weigerte sich der Greis mit dem völlig zutreffenden Hinweis, daß zur Rechtmäßigkeit der Absetzung die Zustimmung des Maggior Consiglio fehle. Aber diesen wagte man nicht einzuberufen. Schließlich gab der alte Mann den Drohungen nach und dankte ab. Als er wenige Tage später die Glocken von San Marco hörte, die die Wahl seines Nachfolgers kündeten, verstarb er. Nun machten die Räte eine radikale Kehrtwendung: Man beschloß, ihn mit allen Ehren zu bestatten, ganz so, als wäre er noch im Amt und als regierender Doge gestorben. Doch zunächst weigerte sich die Witwe aus Verbitterung, den Leichnam herauszugeben. Nach längerem Hin und Her konnte endlich das prunkvolle Staatsbegräbnis stattfinden. Das prächtige Grabmal gibt noch

Abb. 24
Der Doge Francesco Foscari ruht auf seinem steinernen Prunkbett, die Herrscher-
tugenden Treue, Hoffnung, Weisheit und Mäßigkeit umgeben ihn. Um 1460 er-
richteten Antonio und Paolo Bregno, die auch an den großen Bauvorhaben der
Zeit engagiert waren, dieses Grabdenkmal, das den Chorraum der Frarikirche
schmückt.

deutliche Hinweise auf die Persönlichkeit des Verstorbenen. So entspricht die Inschrift »Bürger bewundert Euren Dogen« sicherlich seinem Selbstverständnis ebenso wie die prächtigen Familienwappen. Die hier dargestellten klassischen Herrschertugenden Klugheit, Gerechtigkeit, Mäßigung und Stärke gehören eher in den Bereich der europäischen Monarchie als zu einem Dogen von Venedig. Allein der heilige Markus inmitten der allegorischen Tugenden verweist auf seine Heimat. Aber all dies konnte – zumal auf einem Grab – den Staat nicht mehr gefährden. Und es ist zutiefst venezianisches Schicksal, daß die Aristokratie denjenigen in der Erinnerung hochleben ließ, den sie als Lebenden nicht mehr meinte ertragen zu können.

Das Spiel der Räte

Stellte nun der Doge in der Verfassung Venedigs das monarchische Element dar, so bildete die Volksversammlung das demokratische Gegenstück. Alle freien Venezianer wurden von alters her in San Marco oder auf dem Lido versammelt, um Fragen grundsätzlicher Bedeutung gemeinsam zu beschließen. Doch war die Volksversammlung eine Institution, die auch zur Unberechenbarkeit neigte und der deshalb die Oberschicht mißtraute. So wie der venezianische Adel die Befugnisse des Dogen systematisch einengte, so beschnitt er auch die große Versammlung. Bereits 1172, als man in einem großen Aufstand den Dogen Vitale Michiel II. wegen seiner Mißerfolge in der Außenpolitik ermordete, vertraute man die Neuwahl einem Ausschuß an, dessen Beschlüsse das Volk nur noch bejubeln durfte. Seither hat man den Arengo nur noch in schlimmsten Krisenzeiten an der Politik teilhaben lassen. Vor allem stand den Oligarchen die Schreckensvision vor Augen, ein populärer Doge könnte an der Spitze der Massen gegen den Adel putschen. Man hat es deshalb jedem Dogen bei seinem Eid verboten, ohne Einwilligung der Räte das Volk einzuberufen, und die sahen dafür kaum je eine Notwendigkeit. 1423 hat man dann die Volksversammlung durch Beschluß des Großen Rats ganz aus der Welt geschafft. Es paßt dann auch ganz gut in dieses Bild, daß man den Begriff Kommune 1462 aus der politischen Sprache tilgte und nur noch von Signoria und Dominium redete. In den Augen des venezianischen Adels war der Rest der Bevölkerung bei politischen Entscheidungen entbehrlich.

Bereits vom 12. Jahrhundert an hat sich also eine kleine Oberschicht im Umkreis der Macht eingerichtet. Zunächst konstituierte sich seit 1143 ein gewählter Rat der Bürger Venedigs neben dem Dogen, um diesen im Namen der Kommune von Venedig zu kontrollieren. Anfangs hatte der Ausschuß offenbar nur vierzig Mitglieder, war aber im 13. Jahrhundert bereits auf mehrere hundert Personen angewachsen. Hier trafen sich Vertreter aller wichtigen Familien der Stadt, wobei freilich die Repräsentanten jener Familien, die seit langem die Politik beherrschten, deutlich in der Überzahl waren. Aber Aufsteiger wurden nicht ausgeschlossen. Venedigs Handel nahm vor dem Hintergrund einer allgemeinen Prosperität im Abendland gewaltig zu, und jede Generation hatte ihre neureichen Aufsteiger gestellt. Bis zum Ende des 13. Jahrhunderts war die Oberschicht für Aufsteiger offen, da ja auch das neue Mittelmeerreich und der Seehandel allen Gewinn versprachen, ohne daß es zu Verteilungskämpfen hätte kommen müssen. Dies änderte sich am Ausgang des Jahrhunderts. Die Zeit des großen Aufschwungs in Europa war vorbei, der letzte Zipfel des Heiligen Landes war an die Mamluken in Ägypten verloren, Venedig focht seinen zweiten großen Krieg gegen Genua. Vor diesem Hintergrund kam es zu einer ganzen Reihe von Beschlüssen, die in ihrer Gesamtheit als die »Serrata« des Maggior Consiglio, die Schließung des Großen Rats bekannt sind. Wie bei vielen anderen Ereignissen der venezianischen Geschichte ist auch daraus eine Sage geworden. Danach soll 1297 der Große Rat beschlossen haben, in Zukunft sei nur noch wählbar, wessen Vorfahren bereits Ratsherrn gewesen waren. Die volle Bürgerschaft und das Adelsprädikat seien seither mit der Ratsfähigkeit identisch. Diese grob vereinfachende Sicht der Ereignisse lehren seit dem 15. Jahrhundert die Chroniken. In Wirklichkeit hat man in den Jahrzehnten bis 1323 mit dem Wahlrecht experimentiert, wobei zunächst einmal das Gegenteil einer Schließung eintrat. Zu Beginn des 14. Jahrhunderts wuchs der Maggior Consiglio auf über tausend Mitglieder an, unter denen nicht wenige Aufsteiger zu finden waren. Dann allerdings wurden nach und nach immer strengere Bedingungen an die Wählbarkeit in die Ämter geknüpft. Zuletzt freilich hat man die Wahl in den Großen Rat völlig beseitigt: Jeder Sohn aus Ratsgeschlechtern, der fünfundzwanzig Jahre zählte, saß automatisch im Maggior Consiglio. Die Möglichkeit zur Wahl neuer Mitglieder hätte man durchaus gehabt, machte freilich so gut wie nie Gebrauch davon. Während des Chioggiakriegs, in den Tagen höchster Bedrängnis, hat man aus Dankbarkeit einmal dreißig verdiente Familien in die Nobilität aufgenommen, sonst blieb man unter sich. Mit der Macht des Maggior Consiglio war es danach vorbei. Ein Gremium mit zeitweise über zweitausend Mitgliedern war zu einer kontrollierten Politik völlig ungeeignet, dafür standen wirkungsvollere Instrumente zur Verfügung. Vor allem war bei einer so großen Menge von Personen keinerlei Geheimhaltung möglich, es kam hier auch häufiger zur Austragung von Familienfehden, die versammelte Jugend hatte manchmal Ansichten, die den Greisen an den Schaltstellen der Macht als Gipfel der Unvernunft erscheinen mußten. Noch konnte der Große Rat jede Angelegenheit an sich ziehen und darüber abstimmen, aber man zog es vor, die schwierigen Fragen in Ausschüssen und hinter verschlossenen Türen zu behandeln. Man darf deshalb nicht ohne weiteres davon ausgehen, daß das einfache Mitglied des Großen Rats die Geheimnisse venezianischer Politik kannte. Was ihm jedoch blieb, war die Wahl aller Beamten, Räte und Ausschüsse, und dabei ist es zu genug Unfug gekommen. Wahlbetrug, Bestechung und das Pflegen von Feindschaften waren an der Tagesordnung, so daß die Praxis weitaus weniger idyllisch aussah als die idealen Beschreibungen der Theoretiker. Der größte Skandal der Zeit war zweifellos 1405 die Entdeckung, daß eine Reihe Adliger auf den Gehaltslisten der Carrara stand und die mit Venedig verfeindeten Paduaner Stadtherren offenbar über Details der Sitzungen informierte. Einig war man sich freilich, wenn es die Sicherheit des Staates und die eigenen Standesinteressen zu verteidigen galt.

Wie sah nun diese politische Führungsschicht Venedigs aus? Nach den Zahlen eines Paolo Morosini gab es um 1460 etwa 150 Familien, die die 2 000 Mitglieder des Maggior Consiglio stellten. Marin Sanudo nennt für 1513 sogar die Zahl von 2 622. Da die meisten den Beruf eines Kaufmanns ausübten, war ein beträchtlicher Teil dieser Adligen nicht in der Stadt anwesend. Zu normalen Sitzungen sollen allenfalls 1 200 bis 1 400 Personen gekommen sein, bei wichtigen Abstimmungen 1 800 bis 1 900. Da die venezianischen Adligen, Kaufleute die sie waren, auch über ihre Sitzungen Buch führen ließen, kennen wir alle Anträge und Abstimmungen der Zeit. Da jedoch geheim votiert wurde, ist es ein beliebtes Spiel der Forschung geworden, nach Parteien zu suchen. Nach außen gab sich der Adel als ein geschlossener Block, in der Ratssitzung war es damit vorbei. Einstimmige Abstimmungen gab es kaum jemals, und sei die Frage noch so nichtig gewesen. Das liegt einmal daran, daß es Familienfeindschaften gab, die mit Wonne gepflegt wurden. Im 13. Jahrhundert etwa waren sich die beiden Dogenfamilien Dandolo und Tiepolo spinnefeind, so daß daraus eine Fehde mit Mord und Totschlag entstand. Da reichte es oft schon, daß die eine Seite dafür war, um eine Opposition auf den Plan zu rufen. Ein weiterer Grund für Dissens lag in den höchst unterschiedlichen Vermögensverhältnissen des Adels begründet. Seit die politische Führungsschicht sich zu einer abgeschlossenen Kaste gewandelt hatte, entstand das Problem der verarmten Adligen. Eigens für sie wurden besondere Posten in der Staatsbürokratie geschaffen, man hatte spezielle Staatsrenten, die *poveri al pevere*, für sie eingerichtet. Daß diese Gruppe ihre Stimme gegen Vorteile vergab, ist sicher. Im Senat stimmte zu Beginn des 16. Jahrhunderts eine Gruppe mit, die deswegen in Anspielung auf die sich verkaufenden Söldner nur »die Schweizer« genannt wurde. Zu diesen materiellen Gegensätzen kamen gewaltige Unterschiede im sozialen Ansehen. Ganz in der Tradition der venezianischen Gründungslegenden hatte sich eine Reihe von Familien ihre in Urzeiten zurückreichenden Familientraditionen zugelegt. Man kannte die »apostolischen« und die »evangelischen« Familien, die ihren eigenen Adel für vornehmer und älter ansahen als den anderer Familien. In Wirklichkeit waren es 24 führende Geschlechter des 12. und 13. Jahrhunderts, die sich allen anderen überlegen dünkten. Diese »alten« Familien grenzten sich gegen die »neuen« ab. Andererseits hielten auch die »neuen« Adelssippen zusammen, so daß zwischen 1414 und dem 17. Jahrhundert kein Mitglied einer »alten« Familie zum Dogen gewählt wurde. Und beide Gruppen gemeinsam schauten auf die 30 Neulinge herab, die während des Chioggiakriegs in den Rat aufgenommen worden waren. Allein diese Klassifizierungen wurden noch überlagert von einem anderen Problem: dem Generationenkonflikt. Es sind genug Äußerungen bekannt, die darauf schließen lassen, daß Alt gegen Jung in der venezianischen Politik eine große Rolle spielte, denn den inneren Kreis der Mächtigen bildete eine Gerontokratie. Während sich der junge Adlige als Kaufmann bewähren sollte, saßen seine Väter und Großväter in der Regierung, um ihre ganze Erfahrung und Vorsicht in die Staatsgeschäfte einzubringen. Das allein vermag zu erklären, warum sich die venezianische Politik so unpersönlich, vorsichtig und berechnend zeigt: Männer am Ende ihres Lebens neigen kaum zu Abenteuern. Der Senator hatte über 40 Jahre alt zu sein, die Mitglieder der Signoria waren eher noch älter, und ein typischer Doge stand bei seiner Wahl in den Siebzigern. Als 1423 Francesco Foscari mit 49 Jahren gewählt wurde, wurden deshalb Bedenken laut, ob so ein junger Heißsporn nicht den Staat in Gefahr bringen würde. Und in der Tat hat seine Kriegspolitik die Räte in der Folge gespalten. So ging oft der Riß der politischen Ansichten quer durch die Familien. All dies freilich vermochte nichts daran zu ändern, daß die Zeitgenossen in der Führungsschicht Venedigs einen Hort der Einigkeit sahen. So schreibt Bartolo di Sassoferrato: »Es sind wenige im Vergleich zur Gesamtbevölkerung, doch viele im Vergleich zu denen, die andere Städte beherrschen, und daher akzeptiert das Volk gern, von ihnen regiert zu werden«.

Daß ein einfaches Mitglied des Maggior Consiglio tiefen Einblick in die laufenden Geschäfte hatte, darf bezweifelt werden. Bereits im 13. Jahrhundert waren zwei Institutionen entstanden, die an Stelle des Großen Rats einen ganz wesentlichen Teil der Beratungen übernahmen. Der Rat der Vierzig, die Quarantia, kümmerte sich dabei zunächst um Finanzen und Rechtssprechung, um schließlich eine Art Appellationsgericht zu werden. Hier saß der geballte juristische Sachverstand der Aristokratie, wenn auch der gelehrte Großkanzler Bertaldus zu Beginn des 14. Jahrhunderts von den Rechtskenntnissen des Adels kaum Positives zu berichten weiß. Für die Politik wurde freilich der venezianische Senat die entscheidende Plattform. Zunächst war er als Ausschuß des Großen Rats für Fragen der Schiffahrt entstanden, doch hatten sich die Mitglieder nach und nach die Kompetenzen für die Handels- und Außenpolitik angeeignet. Der Name des Rats sollte mit voller Absicht auf das antike Rom verweisen und gab den venezianischen Humanisten genug Ansätze, um kühne Vergleiche anzustellen. Der Senat war das eigentliche Parlament Venedigs, das alle Fragen von Belang debattieren sollte. Jeder hatte Rederecht so lange er wollte, soweit er nur beim Thema blieb. Senatssitzungen dauerten oft bis weit in die Nacht, da die Signoria die Pflicht hatte, den Senatoren alle wichtigen Vorgänge, wenn es sein mußte stundenlang, vorlesen zu lassen. In der Frage der Mitgliedschaft im Senat zeigt sich der venezianische Pragmatismus, der in Jahrhunderten immer neue sinnvolle Einzellösungen schuf, bis ein Gebilde von gewaltiger Unübersichtlichkeit entstanden war. Es gab 60 eigentliche Senatoren, doch hatten unter anderem Sitz und Stimme: der Doge und die Signoria, die Quarantia, Staatsanwälte, alle höheren Regierungsbeamten und ein Gremium von 60 Beisitzern (Zonta), das von den scheidenden Senatoren ihren Nachfolgern als Aufpasser bestellt wurde. Da die meisten Mitglieder noch andere Aufgaben hatten, waren von den etwa 300 Stimmberechtigten des Senats oft kaum ein Drittel anwesend. Um Zufallsmehrheiten zu vermeiden, wurden Personalfragen zweimal verhandelt, Staatsangelegenheiten viermal. Bei den Zeitgenossen in Italien hatte der Senat einen ausgezeichneten Ruf, da sein Urteil und seine Umsicht in politischen Fragen als vorbildlich galten.

Diesen Beratungsgremien stand die Regierung Venedigs gegenüber, der innerste Zirkel der Macht, den man allgemein als Signoria bezeichnete. Was für den Senat galt, kann hier wieder beobachtet werden: Nach und nach entsteht durch Delegation, Arbeitsteilung und Tagesgeschäft ein Gremium, das völlig unübersichtlich sich jeder Beschreibung zu entziehen sucht. Kern der Exekutive ist der Doge mit seinem Kleinen Rat. Jedes Stadtsechstel stellte seit dem 12. Jahrhundert einen der Consiglieri, die den Dogen bei der Regierung nicht aus den Augen lassen sollten. Das führte dazu, daß der Doge ohne seine Begleiter überhaupt nicht mehr auftreten konnte. Deshalb ist es müßig, die Kompetenzen beschreiben zu wollen: Was immer vor dem Dogen verhandelt wurde, besprach er in ihrer Anwesenheit, wobei seine Stimme am Ende nicht mehr zählte als die eines jeden Consigliere. Kam es zum Dissens, hatten die Vertreter der Kommune größeres Gewicht als der Doge. Weigerte er sich, Ratsbeschlüsse ausführen zu lassen, hatten sie den Auftrag, ihn dazu zu nötigen. In ihrer Hand lagen so umfangreiche Kompetenzen, daß man aus Gründen der Sicherheit die sofortige Wiederwahl eines Consigliere verboten hatte. Mit dem Dogen zusammen leiteten sie alle Ratssitzungen, kontrollierten die Behörden, regelten die zahlreichen Kompetenzstreitigkeiten und wiesen Rechtsfälle den einzelnen Gerichten zu. Freilich hatte diese Machtfülle bei einer Verwaltung, die allgemein auf Aktenführung achtete, zur Folge, daß Doge und Kleiner Rat mit Aktenbergen eingedeckt wurden. Deshalb setzte man dann nach und nach 16 Savi ein, die die Angelegenheiten vorbereiten und auf die Ausführung achten sollten. Da die venezianische Verfassung auf Mißtrauen gegen jede nicht kontrollierte Macht beruhte, delegierte man auch noch die drei Führer der Quarantia als Aufpasser in die Exekutive. Doge, Kleiner Rat und Capi della Quarantia bildeten die Mitglieder der Signoria oder des Collegio, waren auch die Savi anwesend, tagte man als Pien Collegio. Die Arbeit der Exekutive begann am Morgen in aller Regel mit dem Zusammentreten des Pien Collegio. Hier verlas man Berichte und Depeschen, empfing Gesandte und hielt Audienzen ab (vgl. Abb. 7). Außerdem entschied man darüber, was dem Senat vorzulegen sei. Danach überließ die Signoria den Savi die praktische Arbeit und konzentrierte sich selbst auf politische und zeremonielle Aufgaben. Am Nachmittag berieten dann die Ratsgremien unter Vorsitz der Signoria.

Dieses komplizierte Gebilde konnte jedoch nur funktionieren, wenn man über einen Stab von kenntnisreichen Mitarbeitern verfügte. Dies waren die Notare, die der Staat in der Cancelleria segreta und der Cancelleria inferiore organisierte. Die Mitglieder der Korporation waren keine Adligen, sondern kamen aus der Schicht der Cittadini, der alteingesessenen Bürger, und verfügten über reiche Kenntnisse in Verwaltung und Recht. Teilweise mögen sie studiert haben, in der Mehrzahl aber lernten sie ihr Handwerk in einer Schule, die der Staat bei San Marco unterhielt. Da sie jahrelange Erfahrungen gewonnen hatten, brachten sie in aller Stille viele Geschäfte auf den richtigen Weg, auch wenn einzelnen Magistraten die Erfahrung fehlen sollte. An der

Spitze der etwa 50 Notare stand der Cancelliere grande der Republik Venedig, dessen intime Kenntnisse des Apparats vielleicht, wenn überhaupt, nur noch der Doge erreichte. Er durfte bei allen Verhandlungen anwesend sein, und da er, vom Maggior Consiglio auf Lebenszeit gewählt, meist auf eine lange Dienstzeit zurückblicken konnte, war er über alle Vorgänge informiert. Zwar hatte er kein Stimmrecht, doch war es in der Praxis wohl schwer möglich, auf seine Meinung keine Rücksicht zu nehmen. Auch er stammte nicht aus dem Adelsstand, sondern war Cittadino, und man erwartete von ihm hohe Bildung und in aller Regel auch ein Universitätsstudium. Und in der Tat waren unter ihnen Gelehrte und Intellektuelle wie etwa Benintendi Ravagnani, der sowohl mit dem gelehrten Dogen und Geschichtsschreiber Andrea Dandolo wie auch mit Petrarca befreundet war. In den Staatsprozessionen schritt der Großkanzler unmittelbar vor dem Dogen, wobei er ebenfalls berechtigt war, Purpur zu tragen (vgl. Abb. 19). Die herausragende Stellung des Cancelliere grande kommt auch in einem Mosaik aus der Mitte des 14. Jahrhunderts zum Ausdruck, das sich im Baptisterium von San Marco befindet (Abb. 25). Diesen Raum hat sich der Doge Andrea Dandolo, der vor seiner Wahl Prokurator von San Marco gewesen war, als Grabstätte ausgesucht und ausschmücken lassen. Er sollte der letzte Doge sein, der in der Basilika beerdigt wurde. Die Mosaiken, die den Einfluß der gleichzeitigen byzantinischen Mosaikkunst aufweisen, zeigen das strenge und feierliche Votivbild des Dogen: Christus am Kreuz umgeben von Maria, Johannes Evangelist, Johannes dem Täufer und Markus. Dazwischen knien der Doge selbst mit seiner Gemahlin und der Cancelliere grande der Republik. Welcher der intellektuell bedeutenden Großkanzler aus der Regierungszeit des Dogen gemeint ist, bleibt offen.

Als jüngster der wichtigen Räte kam zum venezianischen Verfassungsaufbau der Rat der Zehn hinzu, dessen Ruf bei der Nachwelt sicherlich der bei weitem schlechteste ist: ein Hort finsterster Reaktion, der mit der Inquisition in einem Atemzug genannt zu werden verdiente, der Herr über die Bleikammern, in welche man die armen Opfer über die Seufzerbrücke schleifte, von wo aus sie zum letzten Male das Licht der Freiheit erblickten. Dieses Bild, welches die jakobinische Geschichtstradition in die Welt gesetzt hat, gibt freilich nur ein Zerrbild wieder. In Zeiten höchster Not als Staatsgerichtshof errichtet, haben die Zehn vor allem deshalb Furcht und Schrecken verbreitet, weil sie kaum jemals öffentlich tagten, und ihre Beschlüsse zum überwiegenden Teil der Öffentlichkeit verborgen blieben.

Eingesetzt wurde der Rat im Jahre 1310, als es zu einer der wenigen politischen Eruptionen gekommen war, die die Venezia-

Abb. 25
Im Baptisterium von San Marco ließ sich der 1354 verstorbene Doge Andrea Dandolo beisetzen. Er war auch der Auftraggeber für das große Mosaik an der Stirnwand, auf dem zwischen Christus am Kreuz und den großen Figuren der Heiligen Maria, Johannes Evangelist, Johannes des Täufers und Markus demütig klein der Doge, seine Frau und der Großkanzler knien.

ner noch Jahrhunderte später in Schrecken versetzt haben. Nach einer lieb gewordenen Tradition venezianischer Historiographie waren Baiamonte Tiepolo und jene Querini, Badoer und Barozzi, die gegen den Dogen Pietro Gradenigo putschten, Vertreter einer volksnahen Partei, welche das Aristokratenregiment einer kleinen Clique verjagen wollten. Die Schließung des Großen Rats war nach dieser Tradition letztlich der Auslöser der Revolte gewesen. Erst neuere Forschungen haben ergeben, daß die Ursachen wohl an einer ganz anderen Stelle zu suchen sind. Venedig hatte sich in einen Krieg um die Vorherrschaft mit Ferrara eingelassen, der nach einem Zusammenstoß mit dem Papst das Interdikt über die Stadt brachte. Grundbesitzer, deren Ländereien auf der Terraferma zum Kriegsfeld gemacht wurden, hatten herbe Verluste zu verkraften. Überall in Oberitalien lockten die Vorbilder, wie man aus einer Kommune mit Skrupellosigkeit und Gewalt die Stadttyrannis einer Signoria gestalten konnte. Und schließlich waren persönliche Eitelkeiten verletzt worden. Dies alles gab einer Gruppe von Unzufriedenen jene Nahrung, die zum Umsturzversuch führte. Am 15. Juni 1310 kam es zu Straßenschlachten und Stadtbränden, am Abend endlich waren die Truppen des Dogen erfolgreich. Nun schlug die erste Stunde des Rats der Zehn.

136   Der Große Rat setzte einen Unterausschuß ein, der die Teil-

nehmer des Putsches und seine Hintergründe ausforschen sollte. Die Zehn gingen schnell und unnachsichtig vor. Es kam zu Todesurteilen, Konfiskationen und Verbannungsurteilen. Baiamonte Tiepolo wurde ein Exil in Dalmatien zugewiesen, da er offenbar für seine Kapitulation Bedingungen gestellt hatte. Nun wäre eigentlich die Arbeit getan gewesen, doch hatte man wohl Gefallen an der neuen Einrichtung gefunden. Noch jahrelang verfolgten die Dieci alle Bewegungen der Verbannten mit Argwohn, wandten sich dann aber der Innenpolitik zu. Ihre Aufgabe war das Vorgehen gegen alles, was in der Lage war, die Existenz des Staates zu gefährden. Diese schwammige Umschreibung hat den Rat immer wieder dazu verleitet, seine Zuständigkeit möglichst weit zu fassen. Da konnte es schon vorkommen, daß im 15. Jahrhundert die Beteiligten am Zusammenbruch einer Bank plötzlich vor den Zehn landeten. Überall und hinter allem und jedem witterte dieses Gremium Verrat. Freilich hat seine Politik auch immer wieder Gegenkräfte hervorgerufen, die die Zehn deutlich in die Schranken des Verfassungsrahmens wiesen. Seine Wichtigkeit freilich bewies der Rat in der großen Krise, die im Jahre 1355 über Venedig hereinbrach.

Nach dem Tode des Dogen und Geschichtsschreibers Andrea Dandolo wurde 1354 der über achtzigjährige Marin Falier in das höchste Staatsamt gewählt. Was den Greis, der doch dem Tode nahe war, dazu veranlaßte, eine Stadttyrannis oberitalienischen Musters ins Auge zu fassen, wird wohl nie geklärt werden können und war bereits seinem Zeitgenossen Petrarca ein Rätsel. Spätere Erzählungen haben die Vorgänge ausgeschmückt, bis man die historischen Vorgänge kaum mehr erkennen konnte. Jedenfalls gab es bereits genaue Pläne für einen Staatsstreich, der dann freilich noch rechtzeitig verraten wurde. Der Rat der Zehn behandelte endlich wieder einen jener Fälle, für die er gegründet worden war. Zehn Verschwörer wurden sofort an den Fenstern des Dogenpalastes gehängt (man erinnere sich an Filippo Calendario), andere zu lebenslangem Kerker verurteilt, wieder andere in die Verbannung geschickt. Dem Dogen wurde der Prozeß gemacht, dessen Urteil auf Amtsenthebung und Todesstrafe lautete, die man alsbald auf den Eingangsstufen des Palastes mit dem Schwert vollstreckte. Danach, so verkündet eine Chronik, kehrte wieder Ruhe ein. Die Staatskrise war vorüber, der Rat der Zehn freilich hatte noch länger zu tun. Er konfiszierte die Güter aller Beteiligten, schickte aber auch einen der Anzeiger der Verschwörung ins Exil nach Ungarn, weil seine Vorstellungen vom gerechten Lohn für seine Denunziation nicht mit denjenigen der Zehn in Einklang zu bringen waren. Zehn Jahre nach den Ereignissen ordneten die Räte an, daß ihr Urteil niemals kassiert werden dürfe, um in alle Ewigkeit den Schrecken weiterzutragen. Im Folgejahr wurde das Bild des Dogen im Palast übermalt. Das schwarze Tuch, das an die Stelle des Dogenhauptes in der Galerie trat, erklärt die Inschrift: »Dies ist der Platz des Marin Falier, der wegen Verbrechen hingerichtet wurde«. Auch im 16. Jahrhundert verfuhr man wieder so, als man im Dogenpalast nach dem Brand die Dogengalerie neu anbringen ließ (Abb. 26). Es ist dies ein Beispiel dafür, wie sehr die Aristokratie zu hassen bereit war, wenn ihre Privilegien in Gefahr gerieten.

Der Rat der Zehn hatte seine Wirksamkeit gezeigt, so daß nunmehr von seiner Abschaffung keine Rede mehr sein konnte. Im Gegenteil, jetzt hub die große Zeit der Zehn an, die begannen, aktive Politik zu machen. Daß der Rat eine Zahl im Namen trägt, heißt nicht, daß er deshalb auch wirklich zehn Mitglieder gehabt hätte. Die gesamte Signoria, ein Ausschuß des Senats und Savi, also der innere Zirkel der Oligarchie, nahmen an den Sitzungen teil. Und genau dies ließ den Zehn politische Kompetenz zuwachsen. Waren nämlich heikle Angelegenheiten zu besprechen, die der Geheimhaltung bedurften, so war der Großen Rat das denkbar ungeeignetste Gremium, aber auch der Senat hatte noch zu viele Ohren. Das Pien Collegio beschloß in diesen Fällen, sein Vorgehen im Rat der Zehn legitimieren zu lassen. So hat dann bis zu den Tagen der Liga von Cambrai zu Beginn des 16. Jahrhun-

Abb. 26
Der Brauch, die Sala del Maggior Consiglio des Dogenpalastes mit Bildnissen der Dogen zu schmücken, reicht bis mindestens in die Mitte des 14. Jahrhunderts zurück. 1366 wurde aller-dings der Auftrag erteilt, das Bildnis des Marin Falier zu tilgen und mit blauer Farbe zu über-malen. »...man riß ihm die Zeichen der Dogenwürde vom Leib, dort wurde er enthauptet und man besudelte mit seinem Blut das Portal der Kirche, den Palasteingang und die Marmortreppe«, schreibt Francesco Petrarca. Falier wurde auch nicht in der Markuskirche beigesetzt, sondern still und heimlich nach Santi Giovanni e Paolo übergeführt und dort, mit dem Kopf zwischen den Beinen, bestattet.

derts in allen Krisen der jüngste aller Räte die Feder geführt. Und Erstaunliches verraten die Sitzungsprotokolle. So stimmte man ab, wenn »Fachleute« ihre Dienste anboten, um Gegner der Serenissima zu vergiften oder sonstwie kunstgerecht zu beseitigen. Einmal wurde das verlockende Angebot mit der Begründung abgelehnt, der Schaden, der bei Bekanntwerden der Vorgangsweise entstünde, sei größer als der Nutzen. Politische Prozesse gegen Staatsfeinde wie die Carrara und gegen Condottieri wie Carmagnola hat man hier geführt. Freilich riefen diese Versuche der Zehn regelmäßig wieder den Senat auf den Plan, der schließlich seine Kompetenz gegen die Dieci hat behaupten können.

Ein Hort der Willkür sind die Richter in Staatsangelegenheiten deshalb noch lange nicht gewesen. In Verfahren wegen Gefährdung des Staates hat man zahlreiche prozessuale Hürden errichtet, um fahrlässiges Vorgehen zu unterbinden. Über Anzeigen wurde fünfmal abgestimmt, jedesmal war eine Mehrheit von vier Fünfteln erforderlich, um überhaupt eine Untersuchung einzuleiten. Von 1387 an berücksichtigte man auch anonyme Anzeigen, nur mußten hier gar fünf von sechs Richtern der Verfahrensaufnahme zustimmen. Erfolgte ein Urteilsspruch, so stimmte man wiederum nicht weniger als fünfmal ab. Es kann gar nicht bezweifelt werden, daß man in diesen heiklen Angelegenheiten jeden Anschein von Willkür oder übereiltem Vorgehen vermeiden wollte. Errichtet, um Umsturzversuche aus dem Kreis der herrschenden Aristokratie zu verhindern, erwies sich der Gerichtshof auch in der Folge als wirksames Kontrollorgan gegen Machenschaften des Adels.

Beschäftigten schon die großen Ratsorgane des Staates Venedig die herrschende Aristokratie, die ja daneben noch einen guten Teil des internationalen Fernhandels abwickelte, so waren die zahlreichen Behörden sicherlich eine Last. Nicht weniger als 800 leitende Regierungsposten, davon 150 auf der Terraferma und 100 im Seereich, mußten besetzt werden. Und keineswegs alle waren lukrativ. Von einem Botschafter wurde erwartet, daß er den Prunk seiner Mission zu Ehren des Staates aus Privatmitteln bestritt. Dafür durfte er sich dann den Aufstieg zu höheren Aufgaben erwarten. Verarmte Adlige hofften geradezu auf Posten, die ein hohes Gehalt bei bescheidenem Aufwand vorsahen. Bei den allermeisten Stellen freilich traf weder das eine noch das andere zu. So war denn die Wahl in ein Amt oft mehr eine Last denn eine Ehre. Um erst gar keine Diskussionen über den Dienst an der Allgemeinheit aufkommen zu lassen, sah die Weigerung, eine Wahl anzunehmen, eine hohe Geldstrafe vor. Trotzdem trat der Fall immer wieder ein. Mit Anstand konnte der Nobile das Amt nur ausschlagen, wenn er sich auf Handelsfahrt außerhalb

Venedigs befand, weshalb dann manche dringenden Geschäfte eher einer Flucht glichen. Außerdem verlor das passive Wahlrecht, wer Steuerschulden hatte, auch dies eine Möglichkeit, ein ungeliebtes Amt zu umgehen.

Grundsätzlich verfuhr Venedig nach dem Prinzip, im Zweifelsfall alles und jedes zu kontrollieren. Entsprechend zahlreich waren die Behörden. Wie bei den großen Räten verfuhr man nach dem Grundsatz, daß Übergriffe am besten zu verhindern seien, wenn man konkurrierende Kompetenzen einrichtete. In der Stadt selbst konzentrierten sich die Verwaltungsämter auf den Palast und auf das Wirtschaftszentrum Rialto. Und die Amtsführung war lästig genug, zumal wenn man daneben ein Handelsunternehmen führen sollte. Morgens um neun Uhr war Dienstbeginn, und wer zu spät erschien, wurde unnachsichtig mit einer Geldstrafe belegt. Der venezianische Beamte hatte in seiner Stube (Abb. 27) Anwesenheitspflicht. In aller Regel setzte man dazu auch immer gleich drei leitende Beamte ein, da diese sich gegenseitig kontrollieren sollten. Über allem Kompetenzwirrwarr lenkte die Signoria die Geschäfte und schritt bei Streitigkeiten mit Weisungen ein.

Ein besonderes Wunderwerk venezianischer Verwaltung bildete die Finanz- und Münzpolitik, die auch die Bewunderung ihrer Zeitgenossen fand. Wie hätten auch die internationalen Großkaufleute gerade in diesen Bereichen versagen sollen! Stabile Währungen waren die Grundvoraussetzungen eines florierenden Handels und dafür sorgte Venedig: Noch unter dem großen Enrico Dandolo begann Venedig mit der Prägung einer schweren und reinen Silbermünze, die den bisherigen abendländischen Prägungen geringen Gewichts und mit starken Kupferbeimischungen weit überlegen war. Der *grosso* überschwemmte den gesamten Mittelmeerraum und verdrängte andere Münzen, da er den Bedürfnissen des Großhandels der Zeit genau entsprach. Um eine sichere Kalkulation zu gewährleisten, haben die Räte davon abgesehen, die Münze durch Beimengungen abzuwerten, was ihre Beliebtheit bei den Kaufleuten nur noch mehr erhöhte. Bei Zahlungen des Staates, in der Rechnung der Händler und bei den Bankiers galt der *grosso* als Grundlage der Münzrechnung. Seit 1284 schlug Venedig auch eine Goldmünze, die nach ihrer Prägeinschrift Dukat genannt wurde. Bei allen Krisen und Wechselfällen wurde auch diese Goldmünze stabil gehalten, was ihre Beliebtheit im internationalen Handel erhöhte. Da der Staat Venedig keine eigenen Edelmetallvorkommen besaß, war er auf Lieferungen aus den Alpen, der Slowakei, dem Karpatenbogen und vor allem aus Afrika angewiesen. Mit einer

kunstvollen Politik haben die Räte die Münze in Gang gehalten.

Abb. 27
Das Amtszimmer der Procuratoren von San Marco, wie es ein Miniaturist zu Ende des 14. Jahr-
hunderts sah. Durch die Tür zur Rechten betrat der Bürger die Stube und legte seine Dukaten
auf den Tisch. Ein Beamter zählte die Münzen, ein anderer trug die Summe in sein Buch ein,
gleich darauf wurde der Beutel in ein safeartiges Gelaß verbracht. Die Schlüssel hängen an
einem Haken an der Wand, daneben, wohlgeordnet in Taschen, Pergamentrollen und Stapel von
Briefen und Notaten. Man kann sich die Geschäftigkeit auf diesem Amt sehr gut vorstellen.

Auch dies hat zum Ruf Venedigs als einer Insel der Stabilität
beigetragen.

Zu dieser fortschrittlichen Münzpolitik gesellte sich ein ebenso kluges und vorsichtiges Vorgehen bei Steuern und Staatsschuld. Direkte Steuern kannte der mittelalterliche Staat nicht,
er war auf indirekte Steuern und auf Zwangsanleihen bei seinen
Bürgern angewiesen. Vor allem die indirekten Steuern auf den
internationalen Handel, wiewohl weniger als ein Prozent des
Umsatzes, brachten große Summen. Dazu wurden Wein, Salz,
Fleisch, Öl und andere Lebensmittel kräftig besteuert. Das be-
günstigte die Oberschicht und trieb die Kosten der Lebenshal-
tung bei unteren Bevölkerungsschichten in die Höhe. Außeror-
dentliche Aufwendungen, vor allem Kriegskosten, wurden
bereits seit dem 12. Jahrhundert durch Zwangsanleihen finanziert, die jeder nach der Höhe seines Vermögens zu kaufen ge-

141

zwungen war. In Friedenszeiten wurden die Anleihen dann zumindest teilweise wieder zurückgezahlt. Im Jahre 1262 richtete Venedig dann eine konsolidierte Staatsschuld ein, die später *monte vecchio* genannt wurde. Dieser Schuldenfonds, der erste seiner Art überhaupt, zahlte auf alle Staatsanleihen fünf Prozent jährlich aus. Allerdings wurde die Staatsschuld auch weiterhin getilgt, wann immer die öffentlichen Einnahmen dies erlaubten. Kriege ließen die Staatsschuld jedoch immer höher steigen. Ende des 13. Jahrhunderts hatte Venedig 500 000 Dukaten Schulden, nach dem mißglückten Abenteuer des Krieges um Ferrara bereits mehr als eine Million. Da Venedig stets und nur in höchsten Krisenzeiten mit etwas Verspätung Zinsen zahlte, wurden die Staatsanleihen eine beliebte Geldanlage, für die ein öffentlicher Markt bestand. Als der *monte vecchio* Mitte des 15. Jahrhunderts nicht mehr als ausreichend erschien, gründete man den *monte nuovo* als neuen Fonds. Mitglieder der Oberschicht verwendeten die Anleihen als Alterssicherung, Scuole und geistliche Institute als Geldanlage, Banken als Rücklage. Selbst auswärtige Potentaten legten ihr Geld diskret in venezianischen Staatsanleihen an, um ihr Vermögen vor den Fährnissen der Tagespolitik zu sichern. Freilich schwankten die Kurse der Anleihen stark, wenn Venedig in politische Schwierigkeiten geriet. Der Krieg um Chioggia, die Kriege unter Francesco Foscari gegen Mailand und vollends die Katastrophe von Agnadello brachten Kurseinbrüche. Im Jahre 1509 stürzten die Kurse wegen der Niederlagen von 102 auf 40 ab, Girolamo Priuli beklagte die herben Verluste seiner Bank durch diese Entwicklung. Insgesamt zeigt der Markt der venezianischen Staatsanleihen jedoch ein hohes Maß an Vertrauen in die Stabilität der Verfassungsstrukturen Venedigs an.

Der Hort der Gerechtigkeit

Daß Venedig der Herrschaft des Rechts zum Durchbruch verholfen habe, gehört, zu den festen Überzeugungen des venezianischen Adels. Und in der Tat waren die Grundsätze der Gerichtsbarkeit für ihre Zeit bemerkenswert. Vor dem Gesetz machte man keinen Unterschied nach Rang und Stand. Das einzige Vorrecht eines Adligen war es, daß er im Ernstfall nicht zu ebener Erde auf der Piazzetta, sondern auf der Loggia des Palastes zwischen den beiden roten Säulen hingerichtet wurde. Die Justiz wurde mit Sorgfalt und im großen und ganzen gerecht geübt. Die Richter verfuhren sachlich und relativ human, solange nicht Staatsinteressen gefährdet waren. Der einzelne brauchte als Angeklagter nicht die Launen eines tyrannischen Richters zu fürchten, wie das in anderen Städten der Zeit der Fall war. Der Dogenpalast als Sitz des Rechts war mit zahlreichen Allegorien der Gerechtigkeit geschmückt. Neben der Iustitia (vgl. Abb. 8 und 22) finden sich Figuren des Aristoteles, Solon, Scipio, Numa Pompilius, Moses und Traian. Gleich bei der Porta della Carta ziert das Urteil Salomons eine Ecke des Palastes. Und selbst der Bucintoro des Dogen, das Prunkschiff für besondere Gelegenheiten und hohe Feste, trug am Bug die Figur der Iustitia.

Einige Besonderheiten kannte das venezianische Recht freilich. Die größte Eigentümlichkeit war dabei ohne Zweifel die Tatsache, daß die Richter allesamt Wahlbeamte aus dem Adel waren, nach deren Vorkenntnissen nicht gefragt wurde. Gelehrtes Recht war deshalb eher in den Reihen der Notare zu suchen. Trotzdem hatte die Justiz gerade in privatrechtlichen Fragen einen hohen Stand, da hier Kaufleute aus ihrer Praxis die Gegebenheiten gut kannten. Eine weitere Besonderheit war dann ein ausgesprochen komplizierter Instanzenweg. Allein für die Stadt selbst waren elf städtische Gerichtshöfe als erste Instanz tätig, über die die Signoria als Revisionsgericht wachte. Appellationsgericht war auch die Quarantia, die man im 15. Jahrhundert in drei Kurien aufteilte. Wenn der Rat der Zehn fand, die Sicherheit des Staates sei betroffen, so konnte er jedes Verfahren an sich ziehen, und zuletzt konnte sogar der Große Rat sich zum Gericht erklären. Die ersten Instanzen arbeiteten schnell und unparteiisch, doch konnte manches harsche Verdikt danach noch abgeändert werden. Und dabei spielten dann nicht selten auch politische Gründe und familiäre Rücksichten eine Rolle. Schlugen alle Bemühungen fehl, blieb noch der Gnadenantrag bei der Signoria. Gerade auf diesem Wege hat man manches Verfahren niedergeschlagen, sobald sich die Wogen der Empörung erst einmal gelegt hatten. So kamen glücklos oder ungeschickt agierende Befehlshaber meist glimpflich davon, nachdem in der ersten Erregung ihr Kopf gefordert worden war.

Das Selbstverständnis des venezianischen Staates drückt sich am besten in dem Gerechtigkeits-Triptychon aus dem Jahre 1421 aus (Abb. 28). Jacobello del Fiore, dessen Verdienst es war, daß nun auch die Malerei Ausdruck der Hoheit und Gewalt des venezianischen Staates wurde, war bereits seit längerem als Staatsmaler mit festem Gehalt beschäftigt. Das großflächige Werk war für den Gerichtshof der *giudici del proprio* bestimmt, denen unter anderem die Strafgerichtsbarkeit in der Stadt Venedig übertragen war. Der Mittelteil dieser altarähnlichen Arbeit ist eine Frauengestalt, deren Rolle als Madonna, Iustitia und Venetia absichtsvoll unklar bleibt. Schwert und Waage deuten auf die Gerechtigkeit, die beiden Löwen auf die Verkörperung der Stadt,

Abb. 28
*Jacobello del Fiore, geboren wohl um 1370, war ein angesehener Maler und wohlhabender
Mann. Er arbeitete für die Signoria im Dogenpalast und bezog dafür ein hohes Gehalt, das allerdings wegen erhöhter Staatsausgaben um die Hälfte gekürzt wurde. Seine Werke im Dogenpalast
sind leider zugrunde gegangen, doch das Triptychon, das sich heute in der Accademia befindet,
gibt uns einen Eindruck von seiner Kunst und seiner Farbigkeit. Vor dem nun nicht mehr goldenen, sondern farbigen Hintergrund entfalten sich imposante Figuren, eine schöne junge Iustitia in
rotem Mantel, von zwei aufmerksamen Löwen begleitet, hält Schwert und Waage.*

aber auch auf den Thron Salomos, und der Erzengel Gabriel
rechts auf die Verkündigung an Maria. Die beiden Erzengel verstärken diese Interpretation. Gabriel ist der Verkünder der Geburt Christi an die Jungfrau und des Friedens unter den Menschen. Hier bittet er die Gestalt in der Mitte, als Führerin der
Menschen durch die Finsternis zu walten. Michael auf der linken
Seite ist der Friedensengel der christlichen Liturgie schlechthin,
dessen Kampf mit dem Drachen seit jeher Zeichen des Kampfes
zwischen Gut und Böse gewesen ist. Die Inschrift weist auf das
Ende der Tage und das Jüngste Gericht hin.

Von Venedig als Hort der Gerechtigkeit war die Welt außerhalb der Lagune nicht unbedingt überzeugt, ging doch im Zweifelsfall Politik vor Recht. Die Art, wie man die della Scala um ihr
Vermögen brachte, wie man die Carrara oder den Carmagnola
vom Leben zum Tode beförderte, sprach nicht gerade für die
Macht der Iustitia in Venedig. Den bissigsten Kommentar zu
diesem Thema lieferte Papst Pius II.: »Was scheren sich Fische
um das Gesetz? Und wie unter wilden Tieren Meerestiere die
geringste Intelligenz haben, so sind unter den menschlichen We-
sen die Venezianer die am wenigsten Gerechten und am wenigsten fähig zur Menschlichkeit. Dies ist natürlicher Weise so, denn
sie leben auf dem Meer und verbringen ihr Leben auf dem Meer;
sie verwenden Schiffe statt Pferde; sie sind weniger Gesellen von
Menschen als von Fischen und Herden von Meeresungeheuern«.

Der Handel

»Die Waren fließen aus dieser edlen Stadt wie das Wasser aus den Quellen. Von überall kommen Waren und Kaufleute, um nach Wunsch einzukaufen und ihre Einkäufe in ihr Heimatland schaffen zu lassen«. Knapper als in dieser Aussage des 13. Jahrhunderts läßt sich die Stellung Venedigs im internationalen Handel nicht ausdrücken. Dabei war es die Natur gewesen, die die Lagunenbevölkerung von Anfang an zum Kaufmannsberuf gezwungen hatte. Die Inseln eigneten sich nicht zum Anbau von Getreide, weshalb dieses Grundnahrungsmittel importiert werden mußte. Dafür lieferten die heimischen Salinen ausreichend jenen Konservierungsstoff, ohne den niemand auskommen konnte. Salz gegen Lebensmittel, das war der Tauschverkehr der ältesten Zeit. Das Glück, als byzantinische Untertanen im Nachfolgestaat des Römischen Reiches rund ums Mittelmeer nicht als Ausländer zu gelten, wies den Venezianern dann weitere Räume und größere Geschäfte: Gewürze, Seide und andere Kostbarkeiten importierten sie ins Abendland und wurden als Vermittler der Schätze des Orients schnell in ganz Europa bekannt. Freilich hatte der Handel auch seine finstere Seite, denn der venezianische Kaufmann war als Sklavenhändler international eine bekannte Erscheinung. Waffenhandel mit den arabischen Feinden der Christenheit brachte schon bald das Papsttum auf den Plan, ohne daß dieses freilich dauerhaft hindernd eingreifen konnte. So gehörte der Venezianer bereits in den dunklen Zeiten des Frühmittelalters zu jener Handvoll internationaler Kaufleute, die trotz aller Gefahren die Küsten des Mittelmeers miteinander in Verbindung brachten.

Als dann in Europa zwischen 1000 und 1300 ein einzigartiger Wirtschaftsboom einsetzte, der nicht zuletzt mit dem neuen Städtewesen das Abendland gründlichst veränderte, gehörten die venezianischen Kaufleuten zu denjenigen, die daran an erster Stelle verdienten. Sie mußten keine neuen Märkte erobern, nur Altes bewahren. Im Byzantinischen Reich waren sie die potentesten und präpotentesten Marktbesucher, bis sie 1204 das ganze Reich zu ihrem höchsteigenen Absatzmarkt machten. Die Gewürze Indiens und die Kostbarkeiten der Levante holte man aus Alexandrien, gern lief man die Gestade des Heiligen Landes an. Bereits im 12. Jahrhundert reichten die Handelsverbindungen bis an die Küsten der Berberei an den Küsten Nordafrikas, und

145

einzelne wagten sich bis zu den Säulen des Herkules, wo an den Wogen des Atlantik die antike Welt zu Ende gewesen war.

Das große Verdienen begann freilich mit der Eroberung von Konstantinopel. Nun saßen die Venezianer im Mittelmeer an allen ihnen wichtigen strategischen Punkten, um mit ihrer Flotte die eigenen Handelsschiffe zu sichern. Es begann die große Expansion, der nur die Konkurrenten aus den italienischen Seestädten Einhalt gebieten konnten. Freilich gab es ein stetes Auf und Ab der Konjunktur, und Seekriege haben oft genug sicher geglaubten Gewinn zunichte gemacht. Dennoch wurden die Venezianer erst reich und dann sehr reich, was sie auch unbekümmert aller Welt kundtaten. Als dann nach dem Chioggiakrieg Genua als Konkurrentin um die Vorherrschaft weitgehend ausfiel, war die Stellung Venedigs im internationalen Handel mit niemandem mehr zu vergleichen. Bis die Entdeckung des Seeweges nach Indien neue Möglichkeiten schuf, war der Rialto der Knotenpunkt des Mittelmeerhandels.

Die Herren des Goldes der Christenheit

Während die führende Stellung unserer Stadt im Austausch zwischen Orient und Okzident klar hervortritt, lassen sich leider kaum Zahlen nennen, um Umsatz und Warenströme deutlicher zu machen. Freilich hat venezianischer Kaufmannsgeist hier früher als anderswo dazu gedrängt, Politik in Zahlen zu fassen. Zölle, Staatsschuld und Rechnungslegung der Behörden haben dazu geführt, daß Venedig bereits im 15. Jahrhundert über eine Art Budget verfügte. Welche Rolle Zahlen für die Rechner vom Rialto spielten, zeigt jene Bilanz seines Lebens, die 1423 der Doge Tommaso Mocenigo auf dem Totenbett seinen Räten vorlegte: »Meine Herren! Ich habe nach Ihnen allen schicken lassen, weil der Herr mir diese Krankheit gegeben hat, die das Ende unserer Pilgerfahrt bedeutet... Ich teile Ihnen mit, daß wir in unserer Zeit vier Millionen Staatsanleihen getilgt haben, jenes Darlehen, das von der Kammer für den Krieg mit Padua, Vicenza und Verona ausgegeben wurde, so daß sich unsere Staatsschuld auf sechs Millionen beläuft. Außerdem haben wir darauf gedrängt, daß jedes halbe Jahr auf die Staatsschuld Zins gezahlt wurde und alle Behörden und Regierungsämter und alle Ausgaben des Arsenals und was immer wir sonst noch geben müssen, und so ist es geschehen. Weil außerdem Friede herrschte, hat unsere Stadt jedes Jahr zehn Millionen Dukaten Kapital auf Handelsreisen in alle Welt geschickt, mit Rundschiffen, Galeeren und anderen Schiffen, so daß sowohl bei der Ausfuhr wie bei der

Einfuhr nach Venedig zwei Millionen Dukaten verdient wurden, so daß beides vier Millionen ausmacht. Ihr habt gesehen, auf See sind dreitausend Schiffe von 10 bis 200 Tonnen, die 17 000 Seeleute Besatzung haben. Ihr habt gesehen, daß wir 300 Rundschiffe haben mit 8 000 Mann Besatzung. Ihr habt gesehen, daß jedes Jahr 45 große und kleine Galeeren mit 11 000 Seeleuten ausfahren. Ihr habt gesehen, daß wir 3 000 Schiffszimmerleute haben und 3 000 Kalfaterer, Färber von Seide, Wolle und Baumwolle sind 16 000. Ihr habt gesehen, daß sich die Vermögensschätzung für die Häuser auf 750 000 beläuft und die jährliche Miete auf 500 000. Es gibt 1 000 Adlige, deren jährliches Einkommen 700 bis 4 000 Dukaten beträgt. Ihr habt gesehen, daß die Einkünfte Venedigs sich auf 774 000 belaufen, diejenigen der Terraferma auf 464 000 und vom Seereich 376 000. Ihr habt gesehen, wie unsere Adligen und Cittadini leben. Deshalb dränge ich euch, betet zur Allmacht des Herrn, der uns inspiriert hat, auf diese Weise Friede zu halten, und folgt diesem und dankt ihm. Wenn ihr diesem Rat folgt, werdet ihr die Herren des Goldes der Christenheit sein und alle Welt wird euch fürchten und euch Ehrfurcht erweisen... Folgt dem, was ihr vorgefunden habt, und selig werdet ihr und eure Söhne sein! Ihr habt gesehen, daß unsere Stadt jährlich 1 200 000 Dukaten Gold schlägt. Vom Silber Mezanini, Groschen und Solidi für 800 000 Dukaten im Jahr, von denen im Jahr 5 000 Mark nach Ägypten und Syrien gehen. In die Orte der Terraferma gehen jedes Jahr Mezanini und Soldini für 100 000 Dukaten. In das Seereich gehen an Soldi und Groschen jährlich 50 000 Dukaten. Nach England gehen jedes Jahr Gelder für 100 000 Dukaten und der Rest bleibt in Venedig. Ihr habt gesehen, daß die Florentiner jedes Jahr 16 000 Tuche feinster, feiner und mittlerer Qualität schicken. Und wir schicken sie nach Apulien, ins Königreich Neapel, Sizilien, Katalonien, Spanien, die Berberei, Ägypten, Syrien, Zypern, Rhodos, die Romania, Kreta, Morea und Lissabon und jede Woche schicken die Florentiner für 7 000 Dukaten, was im Jahr 150 000 Gewinn ausmacht. Und sie kaufen französische Wolle und katalanische, Karmesin, Weizen, Seide, Wachs, Gold, Silberfäden, Zucker, Rohsilber, alle Art von Gewürzen, Alaun, Indigo, Häute und Edelsteine mit großem Gewinn für uns. So soll es jede Generation auf dieselbe Weise machen: Wenn Ihr dies auf jenem Stand bewahrt, den ihr gefunden habt, werdet Ihr allen überlegen sein. Gott der Herr lasse Euch gut erhalten, regeln und regieren. Amen«. Es ist dies die Rede eines Kaufmanns, der in seiner letzten Stunde um seine Friedenspolitik besorgt ist. Mag man auch die Genauigkeit einzelner Angaben bezweifeln, daß Venedig eine riesige Flottenmacht befehligte, kann kaum in Frage gestellt werden. Keine andere Stadt war in der Lage, derartige Umsätze zu tätigen, der Handel war Grundlage von Reichtum, Macht und Ansehen, Störungen des Warenaustauschs ließen sich überall in Europa spüren.

Der Rialto

Grundlage dieser einzigartigen Stellung war eine Stapelpolitik, wie sie derart rüde keine andere Handelsstadt des Mittelalters exekutiert hat. Der Seehandel war das exklusive Unternehmen der besseren Kreise Venedigs. Deutsche, Italiener, Flandrer, Engländer und Franzosen, keiner durfte je ein venezianisches Schiff als Kaufmann betreten. Als zahlender Passagier zu den Heiligtümern Jerusalems waren sie alle willkommen, als Händler hatten sie ihre Waren sofort abzuliefern. Aber auch aus der Romania und der Levante mußte jedes venezianische Schiff seinen Heimathafen anlaufen. Von dort gingen dann die Transporte nach Oberitalien, ins westliche Mittelmeer, an die Atlantikküste und nach Flandern ab. Dies brachte nicht nur Zolleinnahmen wie einen warmen Regen in die Regierungskassen, es erleichterte auch den Behörden die Kontrolle über den Warenverkehr. Mit rabiaten Vermögensstrafen und hohen Belohnungen für Denunzianten hielt man das System erfolgreich aufrecht. Venedig war alles andere als ein Freihafen, und von der Freiheit der Meere hielt man nur viel, wenn man selbst gegen Restriktionen protestieren wollte.

So wie San Marco mit dem Palast das Regierungszentrum der Stadt war, so der Rialto das Geschäftszentrum. Hier liefen die internationalen Warenströme zusammen. Die Kirche San Giacomo di Rialto galt als die älteste Kirche Venedigs, sie dürfte ins 7. oder 8. Jahrhundert zurückreichen. Eine Inschrift des 12. Jahrhunderts deutet die Gefährdungen der Kaufmannsseele an: »Dein Kreuz, oh Christus, sei die Rettung dieses Ortes; daß in der Umgebung dieser Kirche das Gesetz des Kaufmannes Recht sei, das Gewicht richtig und die Verträge ehrenhaft«. Einen detailreichen und lebendigen Eindruck vom Leben und Treiben vermittelt ein Bild, das Vittore Carpaccio 1494/95 für die Scuola Grande di San Giovanni Evangelista gemalt hat (Abb. 29). Das Thema des Bildes, die Heilung eines Besessenen durch die Kreuzreliquie, hat der Maler aus dem Zentrum seines Werks nach links gerückt, so daß die Geschäftigkeit der Gesellschaft die Aufmerksamkeit des Betrachters in Beschlag nimmt. Ort der Handlung ist die Loggia des Palastes des Patriarchen von Grado, der hier in der unmittelbaren Nachbarschaft der Kirche von San

Abb. 29
In seinem 1494 datierten Gemälde »Der Patriarch von Grado heilt einen Besessenen«, das Vittore Carpaccio für den Zyklus der Kreuzwunder der Scuola Grande di San Giovanni Evangelista ausführte, leitet er uns mitten in das belebte Geschäftszentrum der Stadt. Das eigentliche Wunder ist in die linke obere Ecke gerückt, unser Augenmerk wird auf die Vielfalt der Menschen und der Architektur gelenkt. Im Vordergrund drängt sich eine Gruppe von Bürgern, die jungen geputzten Herren von einer Compagnia della Calza ähneln in ihrem Aufzug den schmucken Gondolieri, vor ihren Geschäftslokalen sitzen die Inhaber. Fässer werden getragen – wir befinden uns ja schließlich am Ufer der Weinhändler. Das Wirtshausschild lädt zur Rast in den »Stör«. Am oberen Rand des Bildes geht das Leben weiter, die Wäsche hängt an langen Stangen zum Trocknen, ein Handwerker repariert mit Unterstützung seines Gehilfen ein Dach, eine Frau klopft hoch oben auf ihrer Altana einen Teppich aus – alle diese realitätsnahen Szenen sind wichtige Bestandteile des Bildes, die die historische Authentizität des Ereignisses unterstreichen sollen.

Silvestro residierte. In der Entwicklung der Malerei nimmt dieses Bild einen bedeutenden Rang ein: Wir haben hier eines der frühesten perspektivisch konstruierten Stadtbilder vor uns, das über die Rolle des Versatzstückes hinaus eigenes Gewicht gewinnt. Erstaunlich ist der Reichtum an Einzelheiten, der die

De' Barbari zeigt uns die mächtige hölzerne Rialtobrücke, rechts davon den Fondaco dei Tedeschi mit seinen zwei großen Innenhöfen. Wo ein Stück weiter oben an der Biegung des Kanals der Rio dei Santi Apostoli mündet, befindet sich die Ca' Da Mosto. Die linke Kanalseite ist das Ufer der Weinhändler, Schauplatz bei Carpaccio. Gut zu sehen ist der Palazzo dei Camerlenghi und links davon der Campo San Giacomo di Rialto.

Illusion einer naturalistischen Darstellung erweckt. Gleichwohl verändert der Meister die Stadtansicht zu einer Bühne, welche es ihm ermöglicht, die adlige Gesellschaft Venedigs darzustellen. Das tägliche Treiben ist aus dem Bild verbannt, eine feiertäglich geputzte Menge bevölkert Ufer und Kanal.

Ansonsten aber zeigt das Bild das Geschäftszentrum so, wie es sich am Ende des 15. Jahrhunderts dem Betrachter darstellte, bevor der Fondaco dei Tedeschi abbrannte, die Brücke einstürzte und auch die Insel Rialto von einem Brand verheert wurde. Es hat durchaus seinen Reiz, dieses Bild vom Rialto dem ältesten venezianischen Stadtführer aus dem Jahre 1493 gegenüberzustellen. Marin Sanudo, der adlige Kenner seiner Heimatstadt, füllt das Bild mit Leben: »Dann kommt man zur Brücke von Rialto, die erstmals im Mai 1458 so errichtet wurde, mit allen Geschäften, wie man sie jetzt trifft. Diese vermietet man für ziemlich viele Dukaten, da sie sich in guter Lage befinden. Diese Brücke wird in der Mitte von Ketten gehalten, die man hochziehen und damit Venedig in zwei Teile teilen kann. Kommt ein edler Herr in diese Stadt, fährt dort der Bucintoro mit dem Dogen und der Signoria durch, da dieser meistens im Haus des Herzogs von Ferrara wohnt, am Canal Grande in der Pfarrei San Giacomo dell'Orio. Weil man dazu die Brücke passieren muß, wird sie für diesen Tag hinaufgezogen. Die heutige Brücke aus Holz wurde am 11. Juli 1472 fertiggestellt, nachdem sie am 6. September 1471 begonnen worden war«. Bereits im 13. Jahrhundert hatte eine Holzkonstruktion eine ältere Schiffsbrücke ersetzt und so zum Zusammenwachsen der Stadtteile entscheidend beigetragen. Auf dem Bild sehen wir dort, wo sonst das Geschäftsleben blühte, die Mitglieder der auftraggebenden Scuola in feierlicher Prozession in Richtung des Sestiere San Polo durchziehen.

»In diesem Stadtteil liegt die Insel Rialto, sozusagen der reichste Platz der ganzen Welt. Als erstes ist am Kanal der Getreidespeicher, groß und wohlgefüllt, mit zwei Toren und zahlreichen Läden, wo die Signori del Frumento zuständig sind... Kommt man an die Riva del Ferro, wo das Eisen verkauft wird, gelangt man, am Ende der Rialtobrücke, zur öffentlichen Waage. Hier werden alle Waren, die zum Verkauf gelangen, gewogen und für Zoll und Umsatzabgaben Buch geführt. Hier befindet sich das eigentliche Rialto, ein kleiner Platz, wo am Morgen und nach dem Mittagessen alle zusammenkommen. Und es werden große Geschäfte getätigt mit einem Wort: ›Ja‹ oder ›Nein‹. Hier finden sich auch amtliche Makler in großer Zahl«. Ohne diese Makler, staatliche Vermittler, durfte niemand ein Geschäft abschließen, was eine wirkungsvolle Kontrolle der Geschäfte des einzelnen durch den Staat bedeutete. Auch Sabellico rühmt die »ruhige« Abwicklung der Geschäfte. Der angesehene Händler agiert weder mit erhobener Stimme noch lebhafter Gestik. Markttreiben im herkömmlichen Sinn ist am Rialto also verpönt. Von diesem Treffpunkt der venezianischen Großhändler läßt das Bild nur die Loggia des dreistöckigen Palastes der Camerlenghi direkt an der Brücke erkennen, ein Neubau des Jahres 1464. Vor diesem Arbeitsfeld der venezianischen Kaufleute deutet der Maler auf der Riva del Vin unter den Arkaden die Internationalität des Marktes dadurch an, daß er verschiedene Ausländer unter die Menge mischt: zwei Orientalen mit hellem Turban, vor ihnen ein Mann mit halblangem, pelzverbrämtem Mantel, ein Barett auf dem Kopf. Bei ihm dürfte es sich um einen Deutschen handeln. Links im Vordergrund stehen zwei Männer in langen Brokatmänteln mit schwarzen Hüten, wie sie bei Armeniern und Griechen Brauch waren. Vor den Häusern warten Geschäftsleute auf Kunden, die von dem über ihnen stattfindenen Wunder wenig beeindruckt sind. Handel, Geldwechsel und Bankgeschäfte finden hier statt. Damals gab es vier Geschäftsbanken: die adligen Pisani und Lippomano und die bürgerlichen Garzoni und Agostini. Ihre Buchführung war staatlich konzessioniert, weshalb der venezianische Kaufmann bei ihnen seine Konten führte. Ihre Bücher hatten vor Gericht die Glaubwürdigkeit der Urkunde eines Notars. Die Kassen des Staates führten die Camerlenghi, deren Sitz nicht von ungefähr hierher inmitten der Kaufleute verlegt worden war. »Am Rialto befindet sich das Amtsgebäude der Camerlenghi di Comun, ein Neubau mit istrischem Stein und Diamantquadern geschmückt. Und hier bewahrt man in zahlreichen eisernen Truhen den Schatz von San Marco auf, die Staatseinkünfte. Und alle Beamten sind gehalten, die Gelder abends hier abzuliefern. Unterlassen sie es und wird es aus ihren Amtsstuben geraubt, sind sie zu Schadenersatz verpflichtet. Tragen sie aber das Geld hierher und es wird geraubt – was ein Ding der Unmöglichkeit ist – trägt den Schaden der Staat. Es gibt nämlich zwei Wachoffiziere, von denen stets einer hier mit zahlreicher Mannschaft übernachtet. Diese schicken nachts immer Wachen mit Lichtern umher, damit keiner einbricht oder Schaden auf der Insel Rialto anrichtet, da hier große Werte gelagert sind«. Die Rialtobrücke und die umliegenden Pfarreien wurden zu einem Stadtteil mit möglichst vielen kleinparzelligen Verkaufsräumen ausgebaut, die ein Maximum an Mieten und Einnahmen erbringen sollten. Die Kirche San Bartolomeo war vollständig mit Geschäftshäusern und Buden umbaut, 1470 überlegte der Senat sogar die Verlegung der Kongregation von San Salvatore an den Stadtrand, um neue Gewerbeflächen zu schaffen.

»Auf der Insel Rialto bezahlen die meisten Gewölbe und Warenlager, deren Zahl ziemlich groß ist, ihre Mieten an San Marco. Und von jedem kleinen Lokal auf Rialto zahlt man eine hohe Miete, nicht nur für Magazine, sondern auch Personen, die Ladengeschäfte mieten. Und es gibt Lokale, die circa 100 Dukaten Miete zahlen, und dabei kaum zwei Schritt lang und breit sind. Daß die Geschäfte dort sehr teuer sind, können wir Sanudo bezeugen, weil wir am neuen Fischmarkt ein Gasthaus haben, das ›Della campana‹ (Zur Glocke, Anm. d. Verf.) genannt wird, ein kleines Lokal zwischen allen unseren Ladengeschäften, und trotzdem holen wir aus diesem Winkel mehr als 800 Dukaten Jahresmiete heraus, wobei eine so große Miete ein Wunder ist. Und weil die Lage gut ist, zahlt die Gaststätte allein tatsächlich 250 Dukaten, was mehr ist als im schönsten Palast der Stadt«. Rings um Rialto gab es zahlreiche Wirtshäuser, von denen einige von Deutschen und Holländern betrieben wurden oder Oberitalienern als Treffpunkt dienten. Carpaccio hat auf seinem Bild das sprechende Aushängeschild des bekannten Gasthauses »Lo Sturione« (Zum Stör) verewigt.

Ganz nahe am Herzstück venezianischen Geschäftslebens am Rialto liegt der Fondaco dei Tedeschi, das Kaufhaus der deutschen Kaufleute. Leider gibt der Maler davon nur eine Kante am rechten Bildrand wieder. Wie keiner anderen große Hafenstadt des Mittelmeers war Venedig durch die Geographie der Absatzmarkt Zentraleuropa aufgegeben. Im nördlichen Adriabogen gelegen, dehnt sich das flache Hinterland der oberitalienischen Ebene aus, ohne dem Verkehr ein Hindernis in den Weg zu stellen. Doch auch der Übergang über die europäische Schranke der Alpen ging von der Lagune aus verhältnismäßig leicht vonstatten. Ganz im Osten gelangte man über den Karst nach Ungarn und zu den Bergstädten der Slowakei mit ihren Metallvorkommen. Der Weg durch das Kanaltal nach Villach erschloß das Silber Kärntens und das Eisen der Steiermark, um dann im weiteren Verlauf über Wien und Krakau an die Ostsee zu führen. Die Tauernpässe öffneten den Weg von den oberdeutschen Zentren über Salzburg nach Süden. Der Brenner war ein relativ bequemer Weg, um von Nürnberg oder Augsburg in die Lagunenstadt zu gelangen. Seit Baumaßnahmen des 13. Jahrhunderts den Weg über den Gotthard für Lasttransporte geöffnet hatten, erlangte die Strecke von Mailand über Basel und das Rheintal zu den Tuchzentren Flanderns internationale Bedeutung. Alle diese Wege trafen sich dann am Rialto, wo der große Austausch der Waren zwischen Orient und Okzident stattfand.

Um diesem Handel einen sicheren Hort zu geben und gleichzeitig allen Verkehr überwachen zu können, hatte Venedig um das Jahr 1225 ein deutsches Kaufhaus errichtet. Das Modell dieser neuen Einrichtung kannten die Venezianer nur allzu gut: Bereits der Name ist dem Arabischen entnommen, und die Regeln des täglichen Betriebs waren diejenigen, die man aus dem venezianischen Fondaco in Alexandrien kannte. Jeder Kaufmann war verpflichtet, im Fondaco Wohnung zu nehmen. Handel wurde unter Aufsicht einer Staatsbehörde und mittels Einschaltung eines öffentlichen Maklers, des Sensals, betrieben. Persönliche Geschäftsabwicklung unter den Kaufleuten war bei strenger Strafe verboten. So entwickelte sich der Fondaco dei Tedeschi zu einem höchst gewinnbringenden Unternehmen des Fiskus, über das ein bedeutender Anteil des gesamten Warenumsatzes lief. Als Ausgleich für diese Zwangsmaßnahmen überließen die Venezianer ihren deutschen Partnern das Geschäft nach Norden; ihnen genügten der Seehandel und die Einnahmen aus den Abgaben.

Der venezianische Handel war ein ertragreiches Unternehmen, über dessen Wohlergehen die Staatsbürokratie wachte. Was zu kontrollieren war, wurde beaufsichtigt. Handelsfreiheit war ein Fremdwort. Und so hat die venezianische Oberschicht auch stets darauf geachtet, daß nur ja kein Fremder sich in den exklusiven Zirkel der Kaufmannschaft einschleichen konnte. Nicht jedermann, der das Bürgerrecht besaß, durfte deswegen auch schon in den Seehandel investieren. Der kleine Mann besaß das Bürgerrecht *de intus*, das ihm Rechte in der Stadt selbst gab, Nobili und Cittadini dagegen hatten das Recht *de intus et extra*, das allein die Teilhabe an den Handelsprivilegien garantierte. Man hat zu Recht bemerkt, daß die Kaufmannschaft in Venedig keine eigene Korporation besaß, weil dort der Staat selbst diese Vereinigung war. Venedig betrieb Politik im Sinne seiner Händler und in der Überzeugung, daß eine Politik, die dem Kaufmann nütze, auch zum Wohle aller sei. So konnte Girolamo Priuli auch im Gedenken an seinen Vater schreiben: »Mein Vater, der stolz auf sein Heimatland und seine Freiheit war, suchte Tag und Nacht nach Wegen, um Geld zu machen... Geschäfte sind etwas Gutes für die öffentliche Wirtschaft«. Daß Handelsgeschäfte als die bevorzugte Möglichkeit galten, um als venezianischer Adliger Geld zu verdienen, zeigt auch eine sehr eigenartige Institution. Jedes Schiff wurde von Staats wegen dazu gezwungen, einige Plätze und einen Teil des Laderaums für verarmte Adlige zu reservieren. Sie fuhren auf den Schiffen mit und dienten im Ausgleich dafür als bewaffnete Schutzmannschaft.

Gerade in der Frühzeit war das Leben als Kaufmann mit vielerlei Gefahren verbunden, da man in aller Regel mit seinen Waren über das Meer reiste. Noch im 13. Jahrhundert war deshalb der reisende Kaufmann den Seeleuten, die auf dem Schiff ihren Dienst taten, nicht unähnlich. Bereits im Bericht von der Überführung der Gebeine des heiligen Nikolaus nach Venedig kommt das Selbstverständnis als Kaufmann und Seefahrer deutlich zum Ausdruck. Als das Schiff in einen Sturm gerät, erscheint der Heilige und fragt, wer die Schiffer seien. Diese antworten: »Wir sind Venezianer und wegen unseres Handels durchstreifen wir wie unsere Väter alle Länder«. Das Geld für seine Unternehmungen besorgte er sich in aller Regel durch die Partnerschaft, die in Venedig *colleganza*, in Genua aber *commenda* hieß. In einem solchen Kontrakt wurde das Handelskapital gesammelt und die Beteiligten, der Kapitalgeber und der reisende Unternehmer, nach festem Schema am Gewinn beteiligt. Im 13. Jahrhundert wurde es allgemein üblich, daß der Kapitalgeber die gesamte Investition trug und dafür 75 Prozent des Gewinns erhielt. Die Gewinnmöglichkeiten waren hoch, doch die Gefahren ebenfalls. Bevor sich der Adel am Beginn des 14. Jahrhunderts von der übrigen Bevölkerung abschottete, kannte jede Generation die

Neureichen, die nach einem Aufstieg im Seehandel in die Ratsstuben drängten. Aber eben auch die reichen Führer des Staates, die mit ihren politischen Ämtern und Aufgaben beschäftigt waren, hatten beträchtliche Teile ihres Vermögens durch Partnerschaften im Seehandel angelegt. Dazu waren gerade auch die großen Familien als Reeder und Ausrüster von Schiffen tätig. Auf irgendeine Art waren deshalb alle führenden Familien im Seehandel engagiert. Den Gegensatz zwischen den Interessen der Landbesitzer und denen der Seehändler, wie er etwa in Genua die Atmosphäre vergiftete, kannte Venedig nicht.

Um das Jahr 1300 herum haben neue Methoden das gesamte Geschäftswesen revolutioniert. Die Expansion des Mittelmeerhandels war vorbei, die Routen vorgegeben und die Verbindungen wurden seit Generationen gepflegt. In dieser Situation brauchte der Kaufmann nicht mehr neue Märkte und Chancen erkunden, Käufer und Lieferanten suchen oder seine Waren schützen. Landsleute gab es in jedem halbwegs bedeutenden Hafen rund ums Mittelmeer, so daß man mit Kommissionären arbeiten konnte, ohne selbst stets auf Fahrt zu sein. Natürlich war man auch jetzt noch unterwegs, und gerade die Jugend wurde zum Lernen in fremde Länder geschickt. Daß die Vertreter einer Familie an jedem wichtigen Zielort zu finden sein mußten, war ein Grundsatz der neuen Geschäftsorganisation. Erst wenn die familieninterne Struktur nicht ausreichte, stellte man Personal gegen Gehalt oder auf Kommission an oder gründete mit einer anderen Familie ein Gemeinschaftsunternehmen. Aus dem fahrenden Händler der Frühzeit war nun der seßhafte Kaufmann geworden, der seinen Betrieb von zuhause aus führte. Das freilich hatte eine ganze Reihe von Voraussetzungen, ohne die eine derartige Geschäftsführung unmöglich war. Ohne Schreiben und Lesen war es nicht denkbar, Geschäfte zu machen. Um zu disponieren, benötigte man Informationen, die man von seinen Partnern ständig erwartete. Wenn diese tätig werden sollten, brauchten sie Instruktionen. Kurzum, ein ständiger Fluß von Briefen mußte das Kontor erreichen und aus diesem in alle Welt versandt werden. Darüber hinaus kontrollierte der Kaufmann seine Geschäfte mittels doppelter Buchführung. Diese neue Methode, die Belege zu gruppieren und zu überprüfen, erleichterte die Kontrolle der Beauftragten. Waren die Bücher ordentlich geführt, hatte der Kaufmann stets einen Überblick über Aktiva und Passiva. Zwar hat Venedig diese Technik nicht erfunden, doch gehen einige Traditionen auf den Rialto zurück. Die Gegenüberstellung von Soll und Haben in parallelen Spalten ist eine davon. Die Rechenmeister, die in Venedig ihre Dienste anboten, sorgten dann dafür, daß die Art der Buchungen zwischen Journal und Hauptbuch, Geld- und Warenkonten auf einheitliche Weise vorgenommen wurden. Nur mit diesen neuen Techniken war es möglich, auf zahlreichen Märkten gleichzeitig präsent zu sein, ohne völlig den Überblick zu verlieren. Voraussetzung für diese Art des Handelns war außerdem eine Organisation des Schiffsverkehrs, welche die Beförderung der Waren ohne Begleitmannschaft sicherstellte. Hier war der staatliche Schiffsschreiber wichtig, dessen Rolle bereits die Gesetze des 13. Jahrhunderts regeln. Er hatte als Amtsperson genau Buch zu führen über die Ladung, ihre Herkunft und ihre Bestimmung. So konnte der Kaufmann sicher sein, daß sein Eigentum nicht verschwand. Wollte der Unternehmer an fernen Orten Zahlung leisten, konnte er dies nun bequem mit dem Wechselbrief tun. Die Anweisung einer Geldsumme, ohne das Edelmetall auch transportieren zu müssen, war eine Grundvoraussetzung dafür, daß der Handelsverkehr überhaupt funktionieren konnte. Schließlich hat das Bedürfnis nach Sicherheit auch noch die Seeversicherung hervorgebracht. Gegen die Bezahlung einer Prämie erklärte sich der Versicherer bereit, dem Kaufmann bei Verlust durch Schiffbruch oder Piraterie die Ladung des Schiffes zu ersetzen. Auch dieses Geschäft haben nicht selten die großen Kaufleute nebenbei betrieben. Dabei hat man die Galeerenfahrten in Venedig allgemein kaum versichert, galten doch die Geleitzüge als unangreifbar. Die freie Schiffahrt von Hafen zu Hafen hingegen hat man gerne mit den neuen Methoden vor Verlusten bewahrt.

Daß der Kaufmann zuhause saß und schrieb, ist freilich nur die halbe Wahrheit in Venedig. Die Arbeiten im Kontor stellten nur einen Teil seiner Beschäftigung dar. Morgens ging der Kaufmann an den Rialto, tauschte Nachrichten aus, machte Geschäfte und ließ die dafür zu leistenden Zahlungen bei den Geschäftsbanken umbuchen. Es war also ein vertrautes Bild, das Vittore Carpaccio mit der Szene der Berufung des Matthäus eingefangen hat (Abb. 30). Jesus, umgeben von seinen Jüngern, fordert Matthäus auf, seine Zollstation zu verlassen und ihm nachzufolgen. Nun ist aber diese Zollstation ein Kontor, wie es die Geschäftsbanken am Rialto damals besaßen. Auf dem *banco* liegen Teppiche, und im Hintergrund werden in Stecktaschen die Geschäftsbriefe verwahrt. Vor diesem Laden stand der Kaufmann jeden Morgen, um seine Zahlungen zu regeln. Was er hier hörte und sah, veranlaßte ihn, seine Instruktionen abzufassen, zu kaufen oder zu verkaufen. Ohne diese Nachrichtenquelle war er hilflos.

Die eigentliche Schreibarbeit und Verwaltung der Firma erledigte der Kaufmann freilich in seiner Wohnung. Während am Ende des 15. Jahrhunderts die meisten Waren in den Magazinen am Rialto lagerten, wurde in früherer Zeit der Familienpalast in

Abb. 30

»Die Berufung des heiligen Matthäus« malte Vittore Carpaccio 1502 für die Scuola di San Giorgio degli Schiavoni. Die Zollstation ist mit hochklappbaren hölzernen Läden zu öffnen und zu schließen, tagsüber wird der Geschäftstisch mit Teppichen belegt. Die Rückwand des Lokals ist mit geprägtem Leder verkleidet, ein Bord und Taschen an der Wand zur Aufbewahrung von Schriftstücken vervollständigen die Einrichtung. Die Szene ist vielleicht in jenen festungsähnlichen Gebäudekomplex in der Pfarrei San Geremia verlegt, wo sich eine nicht mehr benutzte Gießerei befand und in dem 1516 das Judenviertel eingerichtet werden sollte. In dem Mann links hinter Matthäus kann man wohl Sebastiano Michiel erkennen, den Prior der Johanniter, der uns schon bei der Prozession auf der Piazza (Abb. 19) und bei Carpaccio (Abb. 29) begegnete.

seinem Untergeschoß als Warenlager mitgenutzt. Diese Funktion wird besonders deutlich in den älteren Palazzi des Typus der Casa Fondaco, wie er etwa in der Ca' Da Mosto zu sehen ist (Abb. 31). Der Portikus an der Wasserfront, der für diese Art des Wohnhauses typisch ist, sollte das Heranführen der Waren erleichtern. Später hat man allgemein ein zentrales Wassertor für das Anlegen der Gondeln gebaut, das eher zu repräsentativen Zwecken diente. Während die beiden oberen Geschosse Umbauten des 17. und 18. Jahrhunderts sind, sind Erdgeschoß und *piano nobile* schöne Beispiele eines Palastes der vorgotischen veneto-byzantinischen Epoche. Die Datierung der Einzelelemente ist schwierig, da besonders beim Reliefschmuck anzunehmen ist, daß Teile eines Vorgängerbaus und Spolien aus dem nahen Altino und Aquileia mitverwendet wurden. Sicherlich ist der Palast erst nach dem Stadtbrand von 1105 entstanden und gehört vermutlich dem 13. Jahrhundert an. Im 14. Jahrhundert sind dann noch einmal Umbauten vorgenommen worden. Am Schmuck des Palastes wird deutlich, daß die Profanarchitektur in enger Verbindung mit den Kirchenbauten wie San Marco stand, die offiziell tätigen Künstler auch für Privatbauten engagiert wurden. Die Pateren, dekorative Steinplatten mit Tier- und Pflanzenmotiven, sind byzantinisches Erbe. Allerdings läßt sich nur schwer feststellen, was davon Beutegut aus der Romania, was italienische Spolien und was traditionsverbundene venezianische Kopien sind. Die Symbolik entstammt zumeist dem christlich-spätantiken Bereich. Die beiden Pfauen, die aus einem Brunnen trinken, ein Motiv, das uns in der Stadt immer wieder begegnet, symbolisieren das ewige Leben. Das Fleisch der Pfauen galt in den Bestiarien als unverweslich, während das Wasser das durch die Taufe vermittelte ewige Leben bedeutete. Das Rebenmotiv auf dem Fries ist als Symbol des »guten Weinstocks« nach dem Johannesevangelium zu sehen. So weist auch der Palastbau deutlich christliche Motive auf, wie man sie eigentlich vor allem an Kirchenbauten erwarten würde. Daß die Schaufronten venezianischer Palazzi völlig aus dem Rahmen damaliger Profanarchitektur fallen, ist der Lage der Stadt zu verdanken. Da Venedig durch seine Lage im Wasser sicher war, mußten die Bauwerke keine Wehrzwecke erfüllen. Die seit dem 13. Jahrhundert übliche Fassade mit ihren offenen Arkaden unterscheidet sich deshalb von allem, was man sonst in Italien kennt. Der Palastbau knüpft, wohl vermittelt durch Ravenna und Konstantinopel, an spätantike Traditionen an. Im Spätmittelalter gehörte dieser Palast der Adelsfamilie Da Mosto, deren Mitglieder als Kaufleute tätig waren. Hier wurde auch der berühmteste von

ihnen, Alvise Da Mosto (1432-1488) geboren, der für den portugiesischen Prinzen Heinrich den Seefahrer Entdeckungsreisen entlang der afrikanischen Atlantikküste unternahm. In der Neuzeit schließlich wurde der Bau als Hotel genutzt, der »Leon Bianco« galt als vornehmes Logis, in der auch Monarchen residierten. Die Schaufronten der venezianischen Palazzi am Canal Grande, wie sie seit dem 13. Jahrhundert entstanden, ließen diesen nach und nach zur repräsentativen Handels- und Prunkstraße Venedigs werden.

Es wäre freilich irreführend, wenn man bei den venezianischen Handelsunternehmen nur an den Kaufmann denken würde. Venedig war auch eine führende Seemacht der christlichen Welt, die ohne einen hohen Standard im Schiffbau und in der Kunst der Seefahrt nicht denkbar gewesen wäre. Als sich die Ritter des vierten Kreuzzugs nach Venedig wandten, taten sie dies auch in der Gewißheit, hier die Meister der Technik und der Zimmermannskunst vor sich zu haben, die überhaupt zu einem solchen Unternehmen in der Lage waren. Sowohl der Schiffbau wie auch die Seefahrt erforderten Tausende von erfahrenen Arbeitern, ohne die eine Stadt wie Venedig nicht lebensfähig gewesen wäre. Bis zum Ende des 13. Jahrhunderts war das typische Handelsschiff Venedigs ein Zweimaster mit dreieckigen Lateinsegeln, zwei Decks und Aufbauten an Bug und Heck und wurde wie in der Antike durch ein Seitenruder gesteuert. Die Normalgröße eines Handelsschiffes belief sich auf etwa 200 Tonnen. Dies erscheint heute winzig, doch zeigt auch die Größe späterer Schiffe wie der Santa Maria des Kolumbus (weniger als 100 Tonnen) oder der Mayflower (etwa 180 Tonnen), daß dies beachtliche Leistungen der Technik waren. Nur die größten Häfen des Mittelmeers konnten derartige Schiffe ausrüsten. Vereinzelt baute man auch Schiffe bis 500 Tonnen, wie die berühmte Roccaforte, mit der Venedig im 13. Jahrhundert die Zeitgenossen beeindruckte. Natürlich verfügte man auch über kleinere Segler, doch waren diese sowohl im Verhältnis von Ladung und Besatzung ungünstiger als auch stärker den Unbilden der Witterung ausgesetzt. Ein solches einfaches Rundschiff zeigt ein Mosaik des 13. Jahrhunderts in der heutigen Capella Zen in San Marco (Abb. 32). Es zeigt in Ansätzen einen Heckaufbau und vor allem den typischen, nach vorne geneigten Mast mit dem Lateinsegel, wie ihn damals die Handelsschiffe verwendeten. Wohin der heilige Markus segelte, mußte nach der Abbildung jedem venezianischen Fahrensmann klar sein: Der Leuchtturm von Alexandria, eines der Weltwunder der Antike, dürfte wohl allen bereits einmal als Navigationsmarke am Horizont erschienen sein. Die Markuslegende mit ihren Fahrten auf dem Mittelmeer bildete den willkommenen Anlaß, den eigenen Lebensraum darzustel-

Abb. 31
Der ursprünglich nur zweistöckige, dafür im Erdgeschoß mit fünf Arkadenbögen
versehene Palazzo Da Mosto stammt vermutlich aus dem 13. Jahrhundert. Das
vornehme Kaufmanns-Logis nahe beim Geschäftszentrum Rialto zeigt uns auch
de' Barbari (Abb. auf S. 150).

len. Daß man auf den Mosaiken keine Galeeren darstellte, hatte
mit deren Funktion in der frühen venezianischen Schiffahrt zu
tun. Bis zum Ende des 13. Jahrhunderts finden nämlich die
Galeeren in der Handelsschiffahrt kaum Verwendung. Sie sind
die typischen Kriegsschiffe der Zeit, den Rundschiffen an Ge-
schwindigkeit und Manövrierfähigkeit überlegen, ohne freilich
deren Seegängigkeit zu besitzen. Man baute in aller Regel Bire-
men, bei denen auf jeder Bank zwei Mann saßen und jeder ein
eigenes Ruder führte. Auch die Galeere hatte eine Lateinbesege-
lung, um günstige Winde ausnützen zu können. Für den Handel

konnte sie nur eingesetzt werden, wenn der Wert der Ladung den Aufwand rechtfertigte. Da die Ruderer freie Seeleute waren, die gegen Heuer ihren Dienst versahen, kam der Einsatz einer Galeere sehr teuer. Dazu mußte das Schiff auch immer wieder einen Hafen anlaufen, um Proviant und vor allem Wasser aufzunehmen.

In diese schon traditionelle Ordnung der Schiffahrt kam im Jahrhundert zwischen 1250 und 1350 Bewegung. In diesen hundert Jahren veränderten sich die Schiffstypen, die Navigation und die Besatzung der Schiffe völlig. Dies alles war jedoch nur möglich, weil sich inzwischen die Märkte eingespielt hatten und die steigende Nachfrage nach einem intensiveren Handelsverkehr verlangte. So fand die Veränderung des Handelsbetriebs eben zu jener Zeit auch in der Schiffahrt ihre Entsprechung. Ab den neunziger Jahren des 13. Jahrhunderts beschäftigten sich die venezianischen Räte intensiv mit dem neuen Brauch, für die Handelsfahrten Galeeren einzusetzen. Dies waren allerdings nicht mehr die Zweiruderer des 13. Jahrhunderts, da dieser Schiffstyp überhaupt nicht wirtschaftlich als Handelsschiff betrieben werden konnte. Es sind Triremen, die nicht nur einem dritten Ruderer Platz auf der Bank, sondern auch einen geräumigeren Ladeplatz boten. Ab etwa 1320 ist der neue Typ der Kaufmannsgaleere ausgereift, der bald für die großen Geleitzüge das am häufigsten anzutreffende Frachtschiff bilden sollte. Es faßte etwa 150 Tonnen Ladung bei 200 Mann Besatzung. Freilich darf man nicht annehmen, daß eine vollgepackte Kaufmannsgaleere noch hätte von Menschenkraft gerudert werden können, sie war auf günstige Winde angewiesen. Aber die Ruderer waren nötig, denn sie konnten das Schiff auch bei ungünstigen Winden aus dem Hafen bringen, bei Windstille ein langsames Vorwärtskommen ermöglichen oder aber das Kreuzen unterstützen. Außerdem ließ sich eine Galeere wegen ihrer schlanken Bauweise auch schneller segeln. Dies alles zusammen bewirkte, daß die Kaufmannsgaleere besser in der Lage war, ihren Fahrplan einzuhalten, was für die Kalkulation an Land wichtig war. Daneben veränderten sich auch die Rundschiffe grundlegend. An die Stelle des alten zweimastigen Lateiners trat die Kogge (vgl. Abb 1 und 37), die in Nordeuropa entwickelt worden war. Sie hatte ein Heckruder, wie wir es heute kennen, und vor allem eine Rahtakelung. Zweck dieser neuen Technik war es, mit weniger Mannschaft segeln zu können als bei den herkömmlichen Typen des Mittelmeerschiffs. Eine Kogge benötigte gegenüber einem Lateiner nur noch die Hälfte der Besatzung. Schnellere und pünktliche Galeeren und kostengünstigere Rundschiffe verbesserten also die Kalkulation des Seehandels ganz entscheidend.

161

Noch wichtiger wurden freilich die Navigationstechniken, denn sie führten dazu, daß das Kapital im Seehandel doppelt so schnell umgeschlagen werden konnte wie noch im 13. Jahrhundert. Wie in der Antike war es im Mittelmeer auch im Hochmittelalter üblich, während des Winters die Schiffahrt völlig einzustellen. Zum einen bedrohten Stürme die Schiffe, zum anderen aber versagte die Navigation, die sich nach dem Verlauf der Küste und nach den Sternen orientierte, bei Nebel und geschlossener Wolkendecke völlig. Es bestand die Gefahr, daß sich das Schiff hoffnungslos verirrte. Hier setzten die Neuerungen an. Seit dem 13. Jahrhundert verfügte der Seemann über Hafenbeschreibungen, denen er nicht nur die Besonderheiten der Häfen, sondern auch Kurs und Entfernung zu anderen Zielen entnehmen konnte. Ab 1270 ging man dann dazu über, diese Angaben auf eine Karte zu übertragen, deren Gitternetz die Kalkulation der Kurse erlaubte. Diese Portolankarten sind die ersten maßstabgerechten Karten der Weltgeschichte überhaupt. Durch exaktes Vermessen der Entfernungen und Landmarken entstand ein Bild des Mittelmeerraums, das die Landformen genau wiedergab. Nun hätten die neuen Seekarten wenig genützt, wenn nicht gleichzeitig der Seekompaß in Gebrauch gekommen wäre, der die genaue Ermittlung des Kurses erlaubte. Als dritte Erfindung ist die Koppeltafel zu nennen, mit deren Hilfe der Navigator einen Zickzackkurs auf eine gerade Linie zurückführen konnte. Damit war die Navigation auf völlig neue Weise möglich. Schlechte Sicht konnte den Schiffsbetrieb nicht mehr stören, der Winter hatte seine Schrecken verloren. Das hatte unmittelbare Konsequenzen für den Handelsbetrieb. Die Fahrt in die Romania oder die Levante war jetzt zweimal im Jahr möglich. Wenn man bereits im Januar oder Februar abfuhr, war man im Frühsommer zurück, so daß noch eine weitere Hin- und Rückfahrt bis zum Spätherbst möglich wurde. Bisher hatte der Abfahrtstermin im Herbst die Seeleute dazu gezwungen, jenseits des Meeres Winterquartier zu beziehen. Billigere Frachtraten durch neue und sparsame Schiffe und die zweimalige Fahrt über das Mittelmeer in jedem Jahr brachten dem Kaufmann erhebliche Gewinne.

Die Beteiligung an der Seefahrt war ein freier Beruf, dessen Ausübung keine Zunft hinderte. Da den Matrosen auf den Handelsschiffen auch ein Anteil am Frachtraum zugestanden wurde, waren diese in der Tat dem reisenden Kaufmann nicht ganz unähnlich. Dazu hatten sie immer in Bewaffnung zu erscheinen, so daß sie auch über ein gewisses Ansehen als Krieger verfügten. Noch bis zur Mitte des 14. Jahrhunderts gelang es Venedig üblicherweise, in der Stadt selbst die Besatzungen für die Kriegsflotten auszuheben, was ein deutliches Zeichen dafür ist, daß die

Abb. 32
Das Mosaik aus dem 13. Jahrhundert zeigt uns den heiligen Markus auf dem Weg nach Alexandrien, auf dem Bild ist er schon beim Leuchtturm an den Gestaden Nordafrikas angelangt. Waren die frühesten Markuszyklen links und rechts des Presbyteriums und hoch oben angebracht, so fügte man nun einen an besser sichtbarer Stelle hinzu: Zwölf Szenen bebildern das Tonnengewölbe der Vorhalle an der Südwestecke, wo sich einer der Haupteingänge der Markuskirche befand. Zudem wurde die Legende auch modifiziert, man legte mehr Gewicht auf die Verkündigung durch den Engel und fügte die apparitio hinzu. Erst am Anfang des 16. Jahrhunderts wurde die Portalvorhalle in den heutigen Kapellenraum umgewandelt und das Grabdenkmal des Kardinals Giambattista Zeno, einem Neffe des aus Venedig stammenden Papstes Paul II., errichtet.

Seeleute einen erheblichen Teil der Bevölkerung stellten. Dies änderte sich während des 14. Jahrhunderts, hervorgerufen durch die Neuerungen im Geschäftswesen und in der Schiffstechnik. Auf den Schiffen fehlten die Kaufleute, die nun von zuhause aus ihren Geschäften nachgingen. Die neuen Schiffstypen benötigten nur einige nautisch und technisch versierte Offiziere und Matrosen. Für die Bewaffnung des Schiffes schließlich brauchte man hochgerüstete Armbrustschützen. Alle diese Spezialisten wurden gut bezahlt und genossen hohes Ansehen, während die einfachen Matrosen und Galeerenruderer zu reinen Hilfsarbeitern wurden. Sie waren schlecht bezahlt und bildeten ein Proletariat, dessen Verarmung Revolten befürchten ließ. Die Pest um die Mitte des 14. Jahrhunderts änderte dann die Lage er- 163 neut. Durch den Schwarzen Tod brachte man in Venedig nicht mehr genug Leute auf, um die Schiffe überhaupt bemannen zu können. Zusätzlich erschwert wurde die Lage dadurch, daß der allgemeine Mangel an Arbeitskräften den schlechtbezahlten und gefährlichen Beruf eines Seemanns nicht attraktiv erscheinen ließ. So behalf man sich in großem Umfang mit dalmatinischen Seeleuten, die von venezianischen Offizieren geleitet wurden. Ohne diese Fremdarbeiter konnte die venezianische Handelsflotte nicht betrieben werden, ohne sie war auch kein Seekrieg möglich. Die Seeleute in Venedig wohnten zumeist im Stadtteil Castello, wo auch die Arbeiter des Arsenals ansässig waren. Das Bild »Die Erscheinung der Gekreuzigten vom Berge Ararat in der Kirche Sant'Antonio in Venedig«, das aus der Werkstatt des Vittore Carpaccio stammt, zeigt das Innere einer kleinen Kirche aus diesen Arbeitervierteln (Abb. 33). Es erzählt die Geschichte des Priors Francesco Antonio Ottoboni, der aus Furcht vor der Pest die Zehntausend Märtyrer angerufen hatte, die ihm darauf im Traum erschienen. Im Kirchenschiff finden sich als Votivgaben Schiffsmodelle, zwei Rundschiffe und eine Galeere, die wohl von gläubigen Seeleuten gestiftet worden sind.

In Castello, in der Nähe des Arsenals, wohnten auch die meisten Handwerker, die mit dem Bau und der Reparatur von Schiffen beschäftigt waren. Dabei war es nun keineswegs so, daß alle Schiffe oder auch nur die meisten im Arsenal gebaut worden wären. Überall in der Stadt und auf zahlreichen Laguneninseln wurden Schiffe zusammengezimmert (vgl. Abb. 1). Bis man zu Beginn des 14. Jahrhunderts das neue Arsenal errichtete, hatte dies vor allem als Lagerplatz für Schiffsausrüstungen gedient. Dann baute man im Arsenal den neuen Typ der Handelsgaleere und kleinere Kriegsgaleeren, während man die Koggen und anderen Rundschiffe außerhalb dieser staatlichen Werkstätten privat bauen ließ. Freilich war es den Spezialisten im Arsenal nicht erlaubt, für Fremde tätig zu werden. Die venezianische Schiffsbaukunst blieb für die eigenen Bürger reserviert, ja sogar der Verkauf von Schiffen an Ausländer war streng verboten, solange die offizielle Kommission zur Sicherheit der Handelsfahrten den auslaufenden Frachter noch als seetüchtig einstufte. Der Staat gab für die einzelnen Schiffstypen bestimmte Grundanforderungen vor, darüber hinaus jedoch war die Konstruktion den Zunftmeistern freigestellt. Freilich mußte jedes Schiff vor dem Auslaufen auf seine Seetauglichkeit geprüft werden und erhielt eine staatliche Marke an die Linie, bis zu der die Beladung reichen durfte. Für schludrige Arbeit konnten die Kalfaterer, die Handwerker, die für die Abdichtung der Schiffe verantwortlich waren, auch haftbar gemacht werden. Dennoch hielt sich der Staat mit seinen Vorschriften zurück, da man im allgemeinen mit der Leistung der Schiffsbauzünfte zufrieden sein konnte. Es waren die Meister selbst, die streng auf die Einhaltung der Zunftnormen achteten. Geleitet wurde der Bau eines Schiffes von einem Werkmeister, der sich eine geeignete Mannschaft von notwendigen Handwerksmeistern, Schiffszimmerleuten, Kalfaterern, Schmieden, Rudermachern und Trägern aussuchte, die dann mit ihren Gesellen und Lehrlingen die Arbeit gegen die Zahlung eines Wochenlohns erledigten. Hierin unterschied sich die Arbeit im Arsenal nicht von einer privaten Werft. Allerdings wurde das Arsenal von einem Admiral geleitet, der freilich weniger auf den Schiffsbau zu achten hatte. Seine Aufgabe war die Ausrüstung der Schiffe, denn eine Handelsgaleere verließ vollständig ausgerüstet mit Segeln, Tauen und Rudern das Arsenal. Neben dem Arsenal lag die Tana, die staatliche Seilerstätte. Hier wurde Hanf, zumeist aus der Gegend von Bologna, früher auch aus Tana am Asowschen Meer, zu Schiffstauen verarbeitet. Ohne diese zahlreiche Handwerkerschaft, die für steten Nachschub der

Die Kirche Sant' Antonio Abbate, die einst auch das Grabdenkmal des stolzen Siegers über die Genuesen, Vettor Pisani, beherbergt hatte, mußte samt dem ausgedehnten Spitalskomplex zu Ende der Republik den Plänen zur Schaffung städtischer Parkanlagen weichen. Bedenkt man die abgeschiedene Lage am Stadtrand, erscheint es nicht unmöglich, daß das Kloster von der grassierenden Seuche verschont blieb.

Abb. 33
Nach seinem innigen Gebet um die Bewah-
rung des Klosters Sant'Antonio di Castello
vor der Pest fiel Prior Francesco Ottoboni in
tiefen Schlaf. In einem lebhaften Traum
hörte er Lärm, dann flogen die Kirchentüren
auf, herein schritten die 10 000 Märtyrer
vom Berge Ararat, geistliche Gesänge auf
den Lippen. Vor ihrem Anführer in Ornat
und Mitra, wohl dem heiligen Petrus,
knieten sie nieder und empfingen den Segen.
Nachdem dieses Wunder sich ereignet hatte,
wurde auch wirklich kein Ordensbruder
Opfer der Seuche. Der Prior ließ aus Dank-
barkeit einen Altar errichten. Das Gemälde
aus der Schule des Carpaccio zeigt uns den
Prior vor dem Altar des heiligen Antonius
Abbas knien und staunend den Vorgängen
folgen. Wir befinden uns in einer gotischen
Kirche, die von einem prächtigen Lettner
unterteilt ist. Das modernste Ausstattungs-
stück bildet der vom Prior gestiftete Renais-
sancealtar, der 1512 geweiht worden war.
Vollständig war die Votivgabe erst 1515, als
Vittore Carpaccio eine Tafel mit dem
Martyrium der 10 000 gemalt hatte, das
sich heute auch in der Accademia befindet.
Die hier festgehaltene Ölbergszene befand
sich vielleicht zwischen 1512 und 1515
in dem Marmorrahmen.

venezianischen Handelsflotte sorgte, wäre die Seemacht Venedig
nicht denkbar gewesen. Das Arsenal wurde auch vornehmen
Fremden gezeigt, um Eindruck zu machen und Stärke zu demonstrieren. Commynes berichtet: »Dann ließen sie mir noch ihr
Arsenal zeigen, wo sie ihre Galeeren haben und alles anfertigen,
was sie für ihre Flotte nötig haben, die heute die schönste auf der
ganzen Welt ist; sie war und ist nämlich am besten gerüstet«.
    Am Hauptportal von San Marco finden sich die wichtigsten
Gewerbe der Stadt, darunter auch die Schiffszimmerleute
166 (Abb. 34), dargestellt. Die Figuren des 13. Jahrhunderts sind

einzigartig, stellen sie doch, losgelöst von allen religiösen und
enzyklopädischen Traditionen, die Arbeit des Menschen dar.
Daß weitere Zyklen dieser Art auf den achtseitigen Kapitellen
der Erdgeschoßloggia am Dogenpalast und an den Sockeln der
zwei Säulen auf der Piazetta zu finden sind, zeigt, welch zentrale
Rolle im Denken Venedigs das Arbeitsleben der Handwerker
spielte. Sonst kannte man in der christlichen Kunst vor allem
den Zyklus der Monatsbilder mit den Tierkreiszeichen und den
jahreszeitlich bedingten Arbeiten. Diese finden sich auch an San
Marco, aber die unbekannten Künstler gingen weiter. An franzö- 167

sischen Kathedralen der Zeit finden sich Darstellungen der sieben freien Künste, denen die mechanischen Künste gegenüberstehen. Man hat sich hier also deutlich von der abendländischen Tradition abgewandt, die seit Martianus Capella gewohnt ist, die edlen freien Künste hoch über die verachtete körperliche Arbeit zu stellen. Wie diese liebevolle Darstellung der typischen venezianischen Handwerksberufe zu verstehen ist, lehren auch die benachbarten Mosaiken der Vorhalle. Der Turmbau zu Babel symbolisiert dabei die fluchwürdige, der Bau der Arche Noah die segensreiche Arbeit. Hier wird an die Arbeit des Menschen gedacht, der seit der Vertreibung aus dem Paradies im Schweiße seines Angesichts sein Brot essen soll. Seine tägliche Mühe ist die Konsequenz des Sündenfalls, eine selbstverschuldete Notwendigkeit. Allerdings kann der Mensch auch allein durch die Arbeit sein Dasein erträglich gestalten. Und zudem bringt die Arbeit den Menschen Gott näher, denn auch der Herr hat während der

Abb. 34
Nicht von ungefähr beginnt die Folge der Handwerkerreliefs, die sich über den Bogen des Mittelportals von San Marco hinzieht, mit dem Schiffbau. Immer wird ein Meister dargestellt, begleitet von jungen Männern, denen er sein Können weitergibt. Meist ist er der einzige, der eine Kopfbedeckung und feste Schuhe trägt, sein Gewand ist länger als der Kittel der Burschen. Bei den Schiffbauern arbeiten drei junge Gehilfen mit, jeder ist mit einer bestimmten Aufgabe betraut. Der Meister und ein Geselle schnitzen einen verzierenden Fries, ein Jüngling hantiert mit einem großen Bohrer. Der Bogen stellt auch noch die Weinverkäufer vor, den Bäcker, Metzger und Milchhändler, die Maurer, Schuster, Küfer, Zimmerleute, Schmiede, den Barbier und Zahnzieher und als Gegenstück zu den Schiffbauern die Fischer.

Erschaffung der Welt gearbeitet. Als Bestimmungsmerkmal des Menschen zwischen Sündenfall und Jüngstem Gericht hat die Darstellung der Tätigkeit des Menschen seinen Platz an der Kirchenfassade. Und erst in diesem Denkzusammenhang kann dann die Arbeitswelt zum Thema eines Kirchenportals werden. Dabei wird mit dem Beruf des Schiffszimmermanns eine Tätigkeit gewählt, die jedem Venezianer aufs beste vertraut sein mußte.

Über jede Form des Handels wachte der Staat, der sich freimütig dazu bekannte, daß seine vornehmste Aufgabe sei, seinen Bürgern profitable Geschäfte zu ermöglichen. Dazu dienten zunächst einmal die zahllosen Privilegien und Rechtsbriefe, die man sich von fremden Herrschern ausstellen ließ. Dazu waren aber auch die vom Staat gebauten Galeeren gedacht, die man für die jährlichen Fahrten an den Meistbietenden unter den Mitgliedern des venezianischen Patriziats versteigerte. Hier traten dann zum Bieten regelmäßig Konsortien an, die aus den vornehmsten Familien der Stadt besetzt waren. Und schließlich regelte der Senat in umfassendem Sinne den Handelsverkehr. In den Sitzungen wurde beschlossen, wann die Geleitzüge zu gewissen Zielen abfahren sollten, hier wurden die Häfen genannt, die unterwegs anzulaufen waren, hier bestimmte man die Zahl der mitfahrenden Schiffe. Während das 13. Jahrhundert noch wenige Regeln der Handelsschiffahrt kannte, wurde diese zu Beginn des 14. Jahrhunderts staatlich organisiert. Seither gab es die freie Schiffahrt, die vor allem von den Koggen und den anderen Rundschiffen betrieben wurde, und das System der staatlichen Geleitzüge, die aus Kaufmannsgaleeren zusammengesetzt waren. Hauptzweck dieser Verbände war es, die Gefährdung durch Piraten oder andere Feinde zu mindern, da die reichen Ladungen Gesindel jeder Art anzogen. Fuhren die Schiffe dagegen im bewaffneten Verband, war das Risiko gering. Dazu kam, daß jedes einzelne Schiff der Flotte weniger bewaffnete Begleitmannschaft brauchte, da sie zusammen eine gewaltige Streitmacht bildeten. Auch dies senkte die Kosten für den Kaufmann. Freilich machte dieses aufwendige System nur auf den Hauptlinien des Handels Sinn, wo zahlreiche Kaufleute ihre Waren transportierten. An Nebenschauplätzen erhielten die Galeeren nur Anweisung, immer gemeinsam zu segeln, um das Risiko gering zu halten. Die Hauptdestinationen aber liefen ganze Flotten unter einem staatlichen Capitano an, dessen Befehl alle Schiffsführer zu gehorchen hatten. Waren die Zeiten unsicher, bekamen die schweren Kaufmannsgaleeren noch kleine Kriegsgaleeren als Geleitschutz beigegeben. Die Flottenfahrpläne des venezianischen Senats waren ein Kunstwerk. Da die Galeeren zwar auch vom Wind abhängig, jedoch beweglicher als die Rundschiffe waren, konnten die Senatoren Fahrpläne aufstellen, die nicht reinem Wunschdenken entsprangen. Politische Gegebenheiten, die bekannten Windverhältnisse im jeweiligen Fahrtgebiet und die Koordination der verschiedenen Flotten fanden Eingang in die Beschlüsse. Außerdem achtete der Senat, dessen Mitglieder ja selbst in der Seefahrt erfahrene Fernkaufleute waren, auch darauf, daß nach dem Anlanden und dem Verkauf der Ware möglichst bald wieder Chancen zur Investition gegeben waren.

Unter den Geleitzügen hatte zunächst die *Muda di Romania* besondere Bedeutung, die Griechenland, Konstantinopel und das Schwarze Meer aufsuchte. Seit es nach der Rückeroberung Konstantinopels durch die Griechen in diesen Gewässern mit der eigenen Vormachtstellung vorbei war, schickte man diese Flotte aus Sicherheitsgründen ständig als Kriegsgeschwader aus. Ausserdem mußte man sich hier in besonderem Maße der genuesischen Konkurrenz erwehren, was in der Praxis bedeutete, daß beide Seiten Beute machten, wann immer sich Gelegenheit bot. Während die Überlegenheit Venedigs in diesem Teil des Mittelmeers bis 1261 unbestritten war, mußte man sich das Geschäft später mit anderen teilen. Zwar war der venezianische Kaufmann schon recht bald nach der Eroberung durch Michael Palaiologos wieder in der Hauptstadt präsent, doch mit der einstigen Weltstellung Konstantinopels war es vorbei. So entstand den Venezianern kein allzu großer Schaden daraus, daß gegenüber der Stadt, in Pera, eine riesige genuesische Handelsniederlassung heranwuchs. Überhaupt beherrschte Genua die obere Romania mit der Residenz, während den unteren Teil mit Kreta Venedig für sich reklamierte. Sowohl in Griechenland wie auch in Konstantinopel sammelte der Geleitzug diejenigen Güter ein, die unzählige kleine Schiffe aus zahlreichen Häfen herbeigeschafft hatten. Doch Konstantinopel war nicht mehr die reichste Stadt der Christenheit. Weit wichtiger hingegen war die Fahrt ins Schwarze Meer, wo die Schätze des Ostens lockten. Solange die Schwarzmeerfahrten andauerten, waren die abendländischen Kaufleute vor Erpressungen ihrer arabischen Lieferanten sicher. Denn alle Schätze, die Indien und der ferne Osten liefern konnten, boten die Mamlukenherrscher in Ägypten und Syrien feil, aber eben auch der mongolische Khan von Persien. Zwar bekannten sich beide Dynastien zum Islam, doch hinderte sie das nicht an einer erbitterten Handelskonkurrenz. Gerade die Handelsroute nach Alexandria war jedoch aus politischen Gründen besonders gefährdet. Solange die Kreuzfahrerstaaten im Heiligen Land bestanden, waren die ägyptischen Herrscher ihre erbitterten Feinde und damit in den Augen der Zeitgenossen auch Feinde der Christenheit. Immer wieder hat der Papst den Handel mit den Ungläubigen verboten, ohne freilich etwas ausrichten zu

Abb. 35
Der Turbarträger ist einer der »Mohren« auf dem Campo dei Mori. Er stammt wohl aus dem 13. Jahrhundert und schmückt die Vorderseite des Hauses. Auch dieses Viertel am Rande der Stadt war ein günstiger Standort für Kaufleute, befand sich doch unweit der Flößereihafen, wo das begehrte Holz aus den Bergen des Hinterlandes angelandet wurde.

können. Da bot sich dann die Schwarzmeerküste als lohnende Alternative an. Im Jahre 1319 schloß Venedig einen Vertrag mit dem griechischen Kaiser von Trapezunt und baute dort eine stark befestigte Niederlassung. Von hier ging eine Handelsroute zur persischen Hauptstadt Täbris und weiter bis nach Hormuz. Zu den Gewürzen gesellten sich bald Seidenstoffe, Perlen, Indigo und Brokatstoffe, so daß ein lebhafter Handelsverkehr entstand. Seit 1322 zweigte von dieser Hauptroute der *Muda di Romania* ein Seitenzweig ab, der an die Nordufer des Schwarzen Meeres nach Soldaia auf der Krim und weiter bis nach Tana führte. Hier lockte vor allem der reiche Sklavenmarkt zu guten Geschäften.

Der Handel mit Ägypten ist bereits angesprochen worden. Hierher gelangten die Gewürze Indiens und des fernen Ostens auf dem billigen Seeweg. Und eben hierher sollte nach dem Willen des Papstes möglichst überhaupt kein Handelsverkehr führen. Wenigstens die Lieferung von Metallen und Holz wollte man verbieten, denn diese knappen Rohstoffe wurden vor allem für die Aufrüstung gegen die Christen im Heiligen Land verwendet. Freilich half dies alles wenig. Zogen politische Stürme am Horizont herauf, fiel die *Muda* nach Alexandria aus, man behalf sich dann mit weniger exponierten Ersatzhäfen. Wie bedeutend Alexandria war, erhellt die Tatsache, daß Venedig gleich zwei Fondachi dort unterhielt, da einer die Menge der Kaufleute gar nicht fassen konnte. Daß man mit dem päpstlichen Verbot zu leben imstande war, zeigen Vorgänge des Jahres 1322. Damals kam ein Gesandter des Papstes nach Venedig, um die Einhaltung der Handelsverbote zu kontrollieren. Er exkommunizierte zahlreiche Nobili, darunter auch die Prokuratoren von San Marco und verlangte für die Lösung des Bannes hohe Strafgelder. An diesem Punkt schritt dann die Regierung ein und bremste den übereifrigen Geldsammler. Immerhin wurde dann über zwanzig Jahre lang kein Geleitzug mehr nach Ägypten entsandt. Als aber seit der Mitte des 14. Jahrhunderts die aufstrebende Macht der Türken dem Papsttum die größere Gefahr schien, verlor das Oberhaupt der Christenheit Ägypten aus den Augen. Von da an blühte der Handel bis zum Ende des 15. Jahrhunderts.

Gegen diese Hauptlinien waren die übrigen Geleitzüge des Mittelmeers eher zweitrangig oder als Ausweichroute für den Ägyptenhandel gedacht. Dies galt vor allem für die *Muda al trafego*, die Tunis, Tripolis, manchmal Alexandria, Beirut und Zypern anlief. Ihre vom Senat bestimmten Zielhäfen wechselten ständig. Auch die Linienfahrt nach Beirut war öfters unterbrochen. Alternativhafen für den ertragreichen aber verbotenen Handelsverkehr war zum einen Tunis, wo man sich mit ägyptischen Waren eindecken konnte. Zum anderen aber waren es die kleinen Vorposten der Christenheit in der Levante, die den Fall des Heiligen Landes überlebt hatten. Im Königreich Kleinarmenien, das zwischen Osmanen und Mamluken eingeschlossen war, blühte der Handel in der ersten Hälfte des 14. Jahrhunderts. In das christliche Lajazzo wurden die Güter der Karawanenzüge geliefert und dort von den Einheimischen an die italienischen Händler weiterverkauft. Als der Stern dieses Reiches sank, übernahm das Königreich Zypern diese Rolle. Der venezianische Kaufmann blieb auf der Insel und ließ sich die Waren aus den Häfen des nun islamischen Heiligen Landes herbeischaffen. Hier kaufte er die Güter des Morgenlandes ein, ohne direkt dorthin zu reisen. Dennoch war es eine fremde Welt, die ihn hier erwartete. Ein eigenartiger Reflex dieser exotischen Ferne des Orients findet sich in Venedig nahe der Kirche Madonna dell' Orto. Der

gotische Palazzo Mastelli zeigt eine Reliefplatte mit einem Mann, der ein Kamel am Zügel führt, davon hat der Palast auch den Beinamen »del Cammello«. Er soll drei im 12. Jahrhundert aus Morea eingewanderten Brüdern gehört haben. Eine andere Ecke dieses Gebäudekoplexes zeigt am Campo dei Mori (Abb. 35) mehrere orientalisch anmutende lebensgroße Figuren von Warenträgern aus dem 13. Jahrhundert. In ihnen will die Überlieferung die levantinischen Kaufleute wiedererkennen.

Seit dem frühen 14. Jahrhundert reichten die Ziele der venezianischen Geleitzüge auch weit nach Westen. Hier hatte sich Venedig lange Zeit zurückgehalten, fehlten doch im westlichen Mittelmeer alle Stützpunkte, um im Notfall den eigenen Schiffen Hilfe leisten zu können. Die *Muda di Barbaria* steuerte entlang der nordafrikanischen Küste bis ins muslimische Malaga und Valencia, ein anderer Geleitzug besuchte Aigues Mortes in Südfrankreich. Bei weitem der wichtigste dieser Flottenverbände jedoch gelangte bis nach Brügge und London. Dort gewannen die Galeerenflotten Anschluß an das nordwesteuropäische und hansische Verkehrsnetz, das sie direkt mit den Levantewaren beliefern konnten. Bis Ende des 13. Jahrhunderts hatten die Messen in der Champagne die Funktion einer allgemeinen Tauschbörse Europas ausgeübt, dann machte politische Ranküne diesem Treffen europäischer Großhändler ein Ende. Nachdem Genua bereits längere Zeit die aufwendige Atlantikfahrt betrieben hatte, erschienen venezianische Schiffe zu Beginn des 14. Jahrhunderts im Swyn und in der Themse. Zunächst waren es einzelne Privatunternehmen, die neue Wege gingen, aber 1314 beschloß der Senat dann, daß der Staat diese neue Route übernehmen sollte. Gleich zu Beginn kam es dabei zu Auseinandersetzungen zwischen den Kaufleuten, die aus Kostengründen möglichst große und schwere Galeeren bauen wollten, und dem Senat, dem an leichteren, schnelleren und damit auch sicheren Schiffen gelegen war. Schließlich befuhr man die Route mit den schweren Galeeren, wobei die fünf Schiffe mit ihrer Besatzung etwa 1 000 Krieger stellen konnten. Ohne Schwierigkeiten verliefen die Fahrten nicht. Bereits in den kommenden Jahren erzwang der Hundertjährige Krieg zwischen Frankreich und England eine längere Pause der Atlantikfahrten. Außerdem waren Zwischenfälle mit genuesischen Piraten oder auch der offiziellen Flotte dieser Rivalin an der Tagesordnung. Gegen ein Dutzend oder mehr Kriegsgaleeren ließen sich die schweren Schiffe mit ihren überaus wertvollen Ladungen kaum verteidigen. Im 15. Jahrhundert erfahren wir einmal, daß eine Galeere aus Alexandria allein einen Frachtwert von 200 000 Dukaten repräsentierte, dies macht klar, um welche Summen es sich bei den Geschäften handelte. Man sollte freilich bei all diesen Zwischen-

fällen nicht übersehen, daß sich Genua und Venedig in nichts
nachstanden. So mußte der Verkehr mit England mehrere Jahre
unterbrochen werden, nachdem die venezianischen Besatzungen
in Southampton in eine kollektive Schlägerei mit Einwohnern
verwickelt worden waren. Auf Mallorca »befreiten« die Venezianer einige griechische Sklaven, die ihnen offenbar aus der Romania bekannt waren, worauf die Katalanen sich über den Diebstahl durch die venezianischen Schiffer beschwerten. All dies
konnte Venedig nur wagen, da es als Alternative immer noch den
Landweg über die Alpen nach Flandern nutzen konnte.

Den Venezianern war also sowohl England als auch der Norden Frankreichs bekannt, als man daran ging, die Scuola di
Sant'Orsola mit einem Legendenzyklus über das Leben der Heiligen auszustatten. Die Scuola selbst war 1300 gegründet worden
und besaß ein Gebäude, das auf dem Gelände des Friedhofs des
Klosters Santi Giovanni e Paolo lag. 1488 wurde die Regel erneuert und seit 1490 der Zyklus mit den Lebensstationen der heiligen Ursula begonnen. Das Bild des Vittore Carpaccio, »Die Ankunft der englischen Gesandten am Hof von Britannien«
(Abb. 36), schildert eine Begebenheit, die sich nach der *Legenda*

174

Aurea so abgespielt hat: »Es war zu Brittania (Bretagne) ein frommer christlicher König, Nothus oder Maurus mit Namen, der hatte eine Tochter, die hieß Ursula. Die war so ehrbaren Wandels, so weise und so schön, daß ihr Name flog weit durch die Lande. Da war der König von Engelland, der war gar mächtig und hatte viel Völker unter seine Herrschaft gebracht; vor den kam der Ruhm dieser Jungfrau, also daß er sprach: er wäre über alles selig, wann er die Jungfrau seinem einzigen Sohn könnte zum Weibe geben. Darauf stund auch des Jünglings Begier. Darum sandten sie feierlich Boten zu der Jungfrau Vater, die sollten ihm schön tun und große Dinge geloben; doch sollten sie ihm auch schwerlich drohen, so sie leer zu ihrem Herrn müßten wiederkehren. Der König von Britannia geriet darob in große Furcht, denn er wollte seine Tochter, die mit dem Glauben Christi gezeichnet war, nicht einem Götzenanbeter zum Weibe geben, und vermeinte auch, daß sie nimmermehr ihren Willen würde dazu geben; und fürchtete doch die Wildheit des Königs. Aber Sanct Ursula gab der Himmel in ihren Sinn, daß sie ihrem Vater riet, er sollte in des Königs Bitte willigen, doch unter dem Beding, daß der König und ihr Vater ihr zehn erlesene Jungfrauen zu Troste gäben, und dazu ihr 175 und jeglicher Jungfrau tausend Mägde möchte gesellen; dann sollte man Schiffe bereiten, und ihr eine Frist geben von drei Jahren, daß sie ihre Jungfrauschaft möchte weihen; hiezwischen sollte der Jüngling selber sich lassen taufen, und in den drei Jahren gelehrt werden Christenglauben«. Den venezianischen Auftraggebern und den Mitgliedern der Scuola ging es freilich nicht darum, die ihnen von den Handelsfahrten bekannte Welt des Nordens zu zeigen, die Lebensgeschichte der heiligen Ursula ist Anlaß, die eigene Heimat zu feiern. Da stehen im Hintergrund Palazzi, die ihre venezianische Heimat gar nicht verleugnen können. Links gewährt das Gemälde Ausblick in eine Lagunenlandschaft, deren Hintergrund an den Lido mit San Nicolò erinnert, während die Gondel jedem Venezianer vertraut war. Das Lagunenboot und das große und festlich geschmückte Rundschiff der Gesandten waren Bilder, die jedermann im 15. Jahrhundert geläufig waren. Die Szene rechts, die uns den ratlos wirkenden König bei der Unterredung mit seiner Tochter zeigt, findet im Zimmer eines venezianischen Palazzo statt. Und schließlich die Personen selbst: Der König thront inmitten seiner Ratgeber, wie es die Venezianer von ihrem Dogen, umgeben von seiner Signoria kannten. Die fremden Gesandten nähern sich ihm und beugen, wie es das venezianische Zeremoniell vorschreibt, dreimal das Knie, an der Schwelle, in der Mitte des Raum uns vor dem Fürsten. In der Gruppe links hat man Mitglieder des Hauses Loredan gesehen, mit deren Geld die Ausschmückung der Scuola finanziert wurde. Deutlich kann man auch ein Mitglied einer Compagnia della Calza erkennen, die mit ihren zweifarbigen Hosen im 15. Jahrhundert in Venedig zum Straßenbild gehörte. Kam ein fremder Gesandter in Venedig an und begab sich zum Dogenpalast, so waren ganz ähnliche Bilder zu sehen. Der Ort der Heiligen, die Stadt, in die die heidnischen Gesandten zogen, war Venedig, die Geschichte der Heiligen ein Vorwand, sich selbst zu zeigen.

Doch die großen Geleitzüge auf den Hauptrouten des Mittelmeers waren nur ein Teil der venezianischen Handelsaktivitäten. Tommaso Mocenigo zählte in seiner Rede am Ende seines Lebens 45 schwere und leichte Galeeren auf, die Venedigs Flotte besaß. Davon wurden nur die schweren Schiffe in der Linienfahrt eingesetzt. Dagegen verfügte die Flotte über 300 Rundschiffe mit über 120 Tonnen Gewicht und mehr als 3 000 leichte Fahrzeuge. Dies waren jene Schiffe, die den weniger spektakulären, aber trotzdem gewinnbringenden Handel in der Adria und den Transport von Massengütern organisierten. Salz aus Kreta, Weizen, Käse, Öl, Feigen, Wein aus Mittel- und Süditalien oder Griechenland, Baumwolle aus Syrien, es gab kein Handelsgut, das nicht durch venezianische Hände gegangen wäre. Gerade der Lebensmittelhandel erreichte große Ausmaße, waren doch die Seestädte und das dicht besiedelte Italien nicht aus heimischer Produktion zu versorgen. Weizen oder Trockenfisch vom Schwarzen Meer, exotische Weine, billiges griechisches Öl für die Beleuchtung, alles war am Rialto ständig zu finden. Gerade bei den Massengütern hat der Staat eine bewußte Importförderung betrieben, ohne freilich den freien Handel zu beschränken. Auf diese Weise gab es kaum einen Hafen im Mittelmeer, an dem man keinen Venezianer antreffen konnte. Alles wofür sich ein Abnehmer fand, das kaufte man an fremden Gestaden und brachte es nach Hause, so wurde der Rialto das größte Warenlager Europas.

Das Zeitalter der Entdeckungen mit seiner Weitung des europäischen Horizonts sollte die Stellung der Mittlerin zwischen Abendland und Morgenland erschüttern. Wenn jemand erst die Möglichkeit fände, die Spezereien auf neuen Wegen an den alten Lieferanten vorbei zu befördern, dann würde die große Krise eintreten. Die frühen Entdeckungsfahrten haben in Venedig jedoch wenig Eindruck hinterlassen, und für ihren Landsmann Marco Polo hatten seine Mitbürger vor allem Spott und Hohn übrig. Man hielt das Suchen nach neuen Handelswegen für eine Phantasterei, an der zu beteiligen Venedig sich nicht beeilte. Noch das Unternehmen des Genuesen Christoph Kolumbus hat die Kaufleute kaum beeindruckt, doch da kam Kunde von einem Schlag, der die eigene Stellung im Welthandel ruinieren konnte: Vasco da Gama war 1497 aufgebrochen, um den Weg um Afrika herum nach Indien zu suchen. Die Nachricht von seiner Rückkehr, beladen mit indischen Waren, erreichte 1500 den Rialto und rief lähmendes Entsetzen hervor. Girolamo Priuli vertraute seinem Tagebuch an: »Ob auch viele sich die Sorgen von der Seele reden und nicht sehen wollen, was da kommt, so bedeutet doch diese Nachricht mehr als der ganze Türkenkrieg und ist die schlimmste, die man nach dem Verlust der Freiheit selbst hören kann und aller Krieg und Mühsal ist Spiel dagegen. Denn wie ein Kind nicht ohne Milch, so kann unsere Stadt nicht ohne Handel sein«. Und die Ereignisse der nächsten Jahre sollten dem Pessimisten recht geben. Portugal lieferte Pfeffer wesentlich billiger als die Konkurrenz am Rialto, der Umsatz ging zurück und in Europa redete man vom Ende der Vormacht Venedigs. Wenig später fiel auch noch das Mamlukenreich in Ägypten in die Hände der Osmanen. An ein Ausspielen der Anbieter auf den zwei Gewürzrouten war nun nicht mehr zu denken. Freilich erwies sich dieses Gerede als voreilig. Die Portugiesen konnten nur Pfeffer in nennenswertem Umfang liefern, während Venedig mit allem handelte, was einen Käufer erwarten ließ. Dazu kamen bald portugiesische Lieferschwierigkeiten und unvorsichtige Schritte der Politik. Als sich Italien von der tiefen Wirtschaftsdepression erholt hatte, die durch den französischen Einmarsch 1494 ausgelöst worden war, stellte sich heraus, daß die Handelsmacht Venedigs ungebrochen war. Mitte des 16. Jahrhunderts blühte sogar wieder der Pfefferhandel, und es konnte scheinen, daß das Zeitalter der Entdeckungen spurlos an diesem Handelsknoten vorbeigegangen sei. Allerdings mehrten sich nun die Zeichen einer heraufziehenden Krise. Immer weniger Adlige fanden Lust an den Handelsunternehmungen, die von neuen Namen getragen werden mußten. Der Staat war nicht mehr ein Staat der Kaufleute, deren Sorgen und Interessen die Richtschnur des Handels bildeten. Und schließlich kam die große Krise doch: Zu Beginn des 17. Jahrhunderts geriet Europa in eine tiefe Depression. Der Dreißigjährige Krieg ruinierte Mitteleuropa und damit auch den Hauptlieferanten Venedig. Bis zum Ende der Republik blieb Venedig ein bedeutender Hafen, man setzte noch im 18. Jahrhundert beachtliche Warenmengen um. Freilich war es mit der Vorrangstellung im Welthandel vorbei.

Das Leben im alten Venedig

Stadt und Bevölkerung

»Diese Stadt Venedig, gemeinsamer Wohnsitz aller, freies Land, das niemals unterworfen wurde wie alle anderen, von Christen nicht aus freiem Willen sondern aus Furcht, nicht nach Rat sondern durch die Notwendigkeit erbaut, und nicht durch Hirten wie Rom sondern durch mächtige und reiche Leute, ist seither immer ein Wall gegen Barbaren und die Bekämpfer der Christenheit gewesen. Und nachdem ich ihren Ursprung beschrieben habe, werde ich hier mit Gottes Hilfe ihre Lage und die Denkwürdigkeiten beschreiben. Sie steht inmitten der bewegten Wellen des Meeres am Rand der Tiefen wie eine Königin, behält ihren Schwung und liegt über den Salzfluten. Und sie ist dort gebaut, wo zuerst Lagunen waren, und dann, als sie sich vergrößern wollte, war es notwendig, Land zu gewinnen, um die Palazzi und Häuser zu bauen, die man auch heute noch über den Wassern gelegen baut. Und man errichtet auf Pfählen mit großer Erfindungsgabe die Fundamente im Wasser, und das Wasser weicht zurück. Wenn das Wasser tief steht, bleibt es so trocken, daß man zu Zeiten der Trockenheit nicht mit der Barke fahren kann, wohin man will. Der Umfang erreicht sieben Meilen, und man hat keine Tore an der Stadt, weder Tore, die man nachts schließt, noch Wachen wie andere Städte aus Furcht vor Feinden, denn im Moment ist sie so sicher, daß keiner sie angreifen oder ihr Angst machen kann. Und ihr Name ist, wie man sagt, so an Ansehen und Würde gewachsen, daß man zu Recht sagen kann: Sie darf zu Recht das Haupt Italiens und aller christlichen Völker genannt werden, weil sie an Klugheit, Tapferkeit, Großartigkeit, Milde und Güte alle anderen überragt. Und Zeugen dieser Tatsache sind alle auf dieser Welt, und um zu schließen, kann man sagen, daß diese Stadt eher aus Gottes denn der Menschen Ratschluß erbaut worden ist«. Mit diesen Worten beginnt Marin Sanudo 1493 seine Beschreibung der Stadt, die in den Augen seiner Zeitgenossen das Großartigste und Unglaublichste gewesen ist, was man sich vorzustellen vermochte. Zwei Jahre später schrieb der weitgereiste Franzose Philippe de Commynes: »Es ist die glorreichste Stadt, die ich je gesehen habe: sie erweist allen Botschaftern und Fremden höchste Ehren und regiert sich selbst in größter Klugheit«. Freilich ist der zur Schau gestellte Prunk, das offene Zeigen des Reichtums auch Anlaß für Kritik: »Sie wollen das Genießen zu weit treiben, sie wollen sich

die Erde zum Lustgarten machen. So sagen denn die Türken
und andere Ungläubige, wenn sie diese schimmernden Paläste
sehen, die Christen, die derlei bauten, könnten vom Leben im
Jenseits nichts halten und nichts hoffen«, meinte der gestrenge
Felix Faber am Ausgang des 15. Jahrhunderts. Es war eine großartige Stadt und es war eine unvorstellbar reiche Stadt, die
freilich von einem Geschlecht bewohnt war, das an neureichem
Prunken seinen Gefallen fand.

Wie diese Vielgelobte am Ende des Mittelalters aussah, erfahren wir aus einem unvergleichlichen Kunstwerk. Wenn man den
ältesten Holzschnitt der Stadt aus dem Jahre 1486 (vgl. Abb. 1)
neben den Stadtplan des Jacopo de' Barbari hält (Abb. 37), er-
kennt man sofort, welch gewaltiger Fortschritt erzielt worden ist.
Der Riesenholzschnitt mit den Maßen 139 x 282 Zentimeter, der
aus sechs großen Stöcken geschnitten worden ist, unternimmt es
erstmals, die Ansicht einer Stadt genau nach den Gesetzen der
Zentralperspektive zu konstruieren. Der Fluchtpunkt liegt fiktiv
etwa 500 Meter über der Lagune bei San Clemente nahe der
Giudecca, von wo dem Betrachter eine sehr realistische Ansicht
180 der Stadt geboten wird. Jedes Haus ist zu erkennen und zu iden-

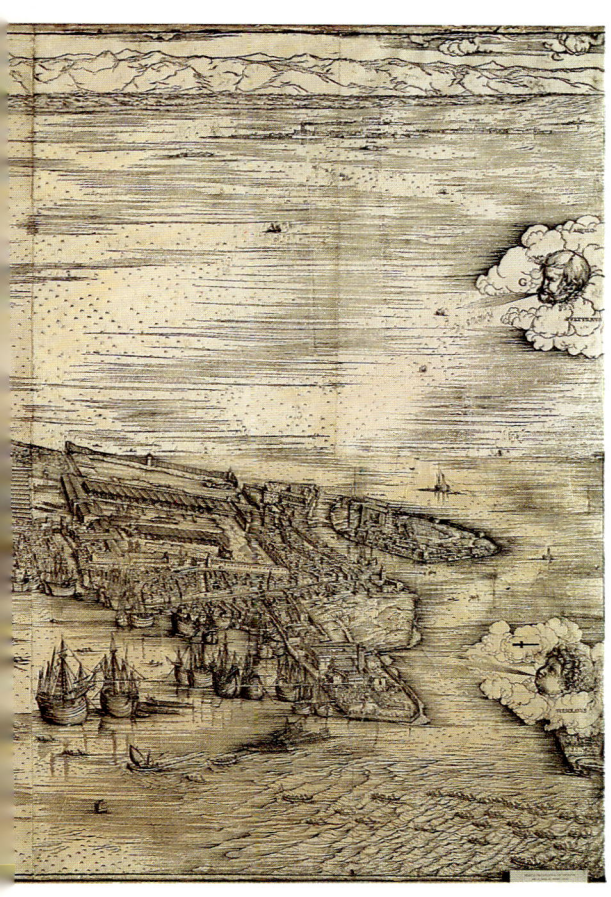

Abb. 37
Der großformatige Plan des Jacopo de' Barbari zeigt uns Venedig, wie es zwischen 1498 und 1500 ausgesehen hat. Die Organisation der einzelnen Helfer und Zeichner und die Endredaktion oblagen ihm. Der Maler verließ 1500 Venedig und trat in Nürnberg in die Dienste von Kaiser Maximilian I., wohl über Vermittlung des Auftraggebers Anton Kolb, der sehr viel von seiner Kunst hielt. Der Künstler hat sein Selbstbildnis im Kopf des Nordwinds (G) festgehalten.

tifizieren, nicht nur die berühmten Bauwerke sind wiedergegeben. Allein die Vorarbeiten nahmen drei Jahre in Anspruch, denn es war ein maßstäblich richtiger Grundriß der Stadt nötig, und man erstellte von den Kirchtürmen herab Vorzeichnungen der einzelnen Gebäude. Dieses älteste aller modernen Städtebilder übertrifft dabei in seiner graphischen Klarheit die Nachfolger bei weitem. Es ist die Städtedarstellung eines neuzeitlichen Geistes, der doch mit dem Handel des alten Venedig eng zusammenhing. Die Anregung gab der Nürnberger Tuchhändler Anton Kolb, der zur Ausführung die Erlaubnis des Senats einholte. Man hat früher über eine Beteiligung Dürers an den Arbeiten spekuliert, doch bleibt dies ein müßiges Unterfangen. Dem Ideengeber wurde auch zugestanden, dieses Monumentalwerk nach seiner Fertigstellung zum nicht geringen Preis von vier Dukaten zu vertreiben. Gerade die großen oberdeutschen Handelshäuser, die ohne eine Niederlassung am Rialto nicht existieren konnten, haben diesen Holzschnitt in ihre Kontore gehängt. Über der Karte thront Merkur, der Gott des Handels, der verkündet, daß er diesem Emporium, dem berühmtesten von allen, Glück verheiße. Vor dem Molo reitet Neptun auf einem Delphin und hält eine Tafel: »Neptun residiert hier und beschützt die Wasserfläche des Hafens«. Die urbane Struktur Venedigs im Jahre 1500 ist hier in meisterlicher Weise eingefangen.

Es war für die Begiffe der damaligen Zeit eine gewaltige Großstadt, die den Besucher in den Lagunen empfing. Auch ohne die exponierte Lage wäre die Versorgung der Bevölkerung nicht leicht gewesen, mitten im Wasser stellte sie die Behörden vor immense Probleme. Das Mittelalter ging sehr großzügig mit Zahlen um, je größer sie waren, um so großzügiger wurden die Schätzungen. Dennoch geben die Heereszahlen Ansätze zu einer Gesamtrechnung, die freilich immer einen Unsicherheitsfaktor in sich tragen muß. Bereits für das Jahr 1200 hat man die Einwohnerzahl der Stadt auf 80 000 berechnet, womit sie eine der größten im Abendland gewesen sein müßte. Der große Wirtschaftsboom des 13. Jahrhunderts hat dann die Einwohnerzahlen noch einmal in die Höhe getrieben. Zwischen 100 000 und 120 000 Einwohner drängten sich in den engen Gassen, bevor mit dem großen Sterben bei den Pestepidemien ab 1347 ein scharfer Knick in der Statistik auftrat. Dennoch blieb Venedig eine Großstadt, deren Bevölkerungsreichtum andere Städte neidisch werden ließ. Nur einige Metropolen Italiens und vielleicht Paris konnten sich mit der Serenissima messen, die größte deutsche Stadt, Köln, erreichte in ihren besten Zeiten gerade einmal die Hälfte der Einwohnerzahlen. Allerdings darf man diese beeindruckenden Zahlen nicht statisch sehen: Die Bevölkerung Venedigs war in stetigem Fluß. Tausende waren im Handel unterwegs, manch einer bezog in einem fernen Hafen feste Wohnung. Kaufleute und Matrosen waren zu Tausenden auf See, während gleichzeitig gewaltige Pilgerströme die Stadt heimsuchten. Venedig war eine pulsierende Hafenstadt mit all ihren Reizen und all ihren Schattenseiten.

Die größte Gefahr dieser Weltoffenheit war die Anfälligkeit für Epidemien aller Art. Zu der fragwürdigen Hygiene der Zeit, die an sich bereits die Stadtbevölkerung bedrohte, kamen eingeschleppte Krankheiten. Und so ist denn die Stadt Venedig auch das erste Opfer des Schwarzen Todes geworden. Eine Galeere kehrte 1347 mit der Pest an Bord an den Rialto zurück, und von hier verbreitete sich die Seuche über ganz Europa. Wenn man den venezianischen Chroniken trauen darf, starben in den nächsten Monaten nicht weniger als drei Fünftel der Bevölkerung. Die Auswirkungen auf die Gesellschaft waren dramatisch. Es fehlten Arbeitskräfte, sogar die Schiffsreeder hatten Mühe, ihre Besatzungen anzuwerben. Durch die zahlreichen Todesfälle konzentrierten sich Vermögen in den Händen einiger Erben, in den

Unterschichten kam es durch starken Zuzug neuer Einwohner

zu Veränderungen ganzer Stadtviertel. Und dabei brachen die Epidemien immer wieder von neuem aus. Die großen europäischen Häfen mit ihrem starken Handelsverkehr zur Levante waren stets die ersten, die von den tödlichen Ausbrüchen betroffen waren. Die Pest war eine lauernde Gefahr, mit der man immer wieder rechnen mußte. Dabei ist nicht zu leugnen, daß gerade Venedig sich in weit stärkerem Maße um die Hygiene kümmerte als andere mittelalterliche Städte. Das begann bereits beim Problem der Trinkwasserversorgung. Es gehört zu den Widersprüchen des Lebens in den Lagunen, daß man zwar ringsum vom Wasser umgeben war, doch die Bereitstellung von Trinkwasser zu den größeren Problemen gehörte. Das Brackwasser der Lagunen war ungenießbar, so daß man sich auf das Sammeln von Regenwasser verlegen mußte. Unter den meisten Plätzen und Plätzchen von Venedig lagen Zisternen für das Regenwasser, die durch steinerne Brunnen, die *vere da pozzo*, zugänglich waren. Freilich bestand immer die Gefahr, daß bei Hochwasser brackige Brühe die Zisternen verseuchte und das Wasser ungenießbar machte. Wer es sich leisten konnte, ließ sich deshalb Trinkwasser vom Festland kommen. Zum Straßenbild der Zeit gehörten die Wasserverkäufer, die frisches Wasser aus der Mündung der Brenta schöpften, um es in der Stadt zu verkaufen. Immer wieder mußte sich aber der Senat mit dem Problem beschäftigen, wie man die Wasserschöpfer dazu brachte, das wertvolle Naß nur an den genehmigten Stellen zu sammeln und nicht aus Bequemlichkeit lagunennahe Gewässer vorzuziehen. Früh hat man es sich auch angelegen sein lassen, die Probleme der Müllbeseitigung anzugehen. Bereits seit dem 13. Jahrhundert war es unter Strafe gestellt, seinen Abfall einfach in die Lagune zu kippen. Der Müll mußte zu Sammelstellen gebracht werden, wo er von städtischen Angestellten abgeholt wurde. Bezahlt wurde das Ganze durch eine Abgabe auf Grundbesitz. Im Jahre 1493 beschloß der Senat die Anschaffung von zwölf Barken, mit denen jeweils zwei Mann den Müll beseitigen sollten. Geholfen hat das alles jedoch wenig, Venedig war und blieb für seine Gerüche berüchtigt. Papst Pius II., dem an Venedig alles mißfiel und der an den Venezianern nichts Positives zu erkennen vermochte, beschwerte sich über das stinkende Venedig. In seinen Augen war Straßburg eine viel schönere Stadt, da man dort nicht ständig durch den Gestank belästigt würde. Pero Tafur, ein spanischer Besucher der Lagunen, berichtet 1438, daß man in Venedig in den Straßen Räucherstäbchen verbrenne, um gegen die Gerüche vorzugehen. Daß man etwas gegen die Gefahren tun mußte, war dem Senat klar. Bereits 1333 hatte man ein allgemeines Ausbaggern der Kanäle befohlen, da man durch die Ver-

landung und Versumpfung Gesundheitsprobleme befürchtete. Während einer Epidemie 1413 verbot man innerhalb der Stadt das Färben von Tuch. Dies sollte nur am Stadtrand erlaubt sein, wo man fließendes Wasser hatte. Man war um die Gesundheit der Bevölkerung besorgt, da diese die Grundlage der eigenen Macht bildete. »Städte sind reich und mächtig, wenn sie wohl bevölkert sind«, verkündete der Maggior Consiglio 1407. Im Jahre 1485 schließlich hat man eine städtische Gesundheitsbehörde gegründet, die erste in Europa und Vorbild aller anderen. In ihre Kompetenz gehörten die Straßenreinigung, die Wasserversorgung durch die Zisternen, die Stadtstreicher, die Prostituierten und die Begräbnisse mit ihren Hygieneproblemen. Daß sich die Regierung immer wieder aufs neue mit diesen Fragen auseinandersetzen mußte, deutet auf einen geringen Erfolg derartiger Bemühungen hin. War die Bevölkerung durch die erste Pestwelle um die Mitte des 14. Jahrhunderts böse getroffen worden, so stiegen die Einwohnerzahlen bis ins 16. Jahrhundert hinein unter starken Schwankungen wieder an. In den finstersten Zeiten des 14. Jahrhunderts lebten zeitweise wohl nur noch 60 000 Einwohner in der Stadt. Im Jahr 1493 stellt Marin Sanudo fest, Venedig habe 150 000 Einwohner. Da er als Adliger Zugang zu offiziellen Akten hatte, ist diese Zahl nicht ohne weiteres in den Bereich der Phantasie zu verweisen. Schon aus fiskalischen Gründen hat Venedig seit dem 14. Jahrhundert alle Haushalte erfaßt, die Vermögensschätzungen bildeten dann die Grundlage der Besteuerung. Trotzdem schwanken die meisten Annahmen für das Jahr 1500 zwischen 100 000 und 120 000 Personen. Erst um 1590 herum hat die Stadt dann mit – statistisch gesicherten – 190 000 Einwohnern einen demographischen Höchststand erreicht, der nie mehr übertroffen werden sollte. Aber bereits im Spätmittelalter war Venedig eine überaus dicht besiedelte Stadt.

Abb. 38
Bei seinem 1500 entstandenen Bild »Das Wunder der Kreuzreliquie vor San Lio« sah sich Giovanni Mansueti mit dem Problem konfrontiert, sowohl die Kirche mit ihrem Vorplatz, auf dem die Zeremonie stattfinden sollte, als auch die Brücke, auf der die Reliquie schwer wie Blei wurde und sich nicht mehr weitertragen ließ, auf die Leinwand zu bringen. Eine Zeichnung derselben Szene zeigt, daß Mansueti einen Häuserblock weggelassen hat, um den Raum drastisch zu verkürzen. Sie stammt vielleicht von Gentile Bellini, als dessen Schüler sich der Maler auf diesem Bild bezeichnet. Mansueti hat sich selbst in dem Mann in Handwerkerkleidung dargestellt, der, ein Schriftstück in der Hand haltend, ganz links an der Hauswand lehnt. Über ihm klappt gerade eine Venezianerin ihr Fenstergitter auf, um direkter am Geschehen teilnehmen zu können.

Wie man sich das vorzustellen hatte, zeigt deutlich das Gemälde des Giovanni Mansueti »Wunder der Kreuzreliquie am Campo San Lio«, das ein Begräbnis mitten in der Stadt Venedig zeigt (Abb. 38). Auch dieses Bild gehört in den Zyklus der Gemälde mit dem Thema der wundertätigen Kreuzreliquie der Scuola Grande di San Giovanni Evangelista, und Szenen wie diese, daß die Mitglieder einer Scuola einen Mitbruder zur Beisetzung geleiteten, waren täglich zu sehen. Die dargestellte Geschichte spielt im Jahre 1474, als die Mitglieder der Scuola einen wenig gläubigen Mann von schlechtem Lebenswandel zu Grabe trugen. Zu   185

Lebzeiten hatte er sich mehrfach abfällig über den Wert der Kreuzreliquie geäußert, die nun ihre Wirkungskraft zeigt. Nach der lokalen Tradition hinderte nämlich eine unsichtbare Macht die Brüder, die die Reliquie mitführen, am Weitergehen. Auf dem Bild von Mansueti ist der Moment nach dem Wunder dargestellt, als die Reliquie dem Pfarrer von San Lio übergeben wird, der sie in die Kirche bringt. Die Begräbniszeremonie kann jetzt erst durchgeführt werden, da ein Kreuz als Ersatz herbeigeschafft worden ist, das die Brüder in der Mitte des Bildes gerade aufrichten. Der Eindruck, den das Bild von Venedig vermittelt, ist der drangvoller Enge, die durch die zahlreichen Zuschauer an allen Fenstern noch verstärkt wird. Ihre Anwesenheit ist sehr wichtig, sind sie doch die Zeugen der Schande des zweifelnden Übeltäters. Die Gemeinde San Lio hat sich, wie das üblich war, für das Begräbnis festlich herausgeputzt. Allerdings konnte sich der Aufwand nicht mit demjenigen messen, wenn Patriarch oder Doge eine Prozession hielten. Dann wurde der Weg mit Tuchen bedeckt, und die Ladenbesitzer wetteiferten darum, eine möglichst spektakuläre und teure Auslage zur Schau zu stellen. Die Gemeinden haben selbst dafür gesorgt, daß ihre Wege und Plätze einen würdigen Hintergrund feierlicher Anlässe bieten konnten. Hier hat man sich mit dem üblichen Festschmuck der Gebäude begnügt und Teppiche und Tücher aus den Fenstern gehängt. Man hat sich aber auch nicht gescheut, die Wäsche hängen zu lassen, und auf einem Dach im Hintergrund geht ein Mann seiner Arbeit nach. In einem freilich darf man sich durch all diese Bilder nicht täuschen lassen. Das Straßenbild Venedigs war weit weniger bunt, als es die festlichen Bilder scheinen lassen. Denn das Grundgesetz des venezianischen Staats, daß sich kein Mitglied der Führungsschicht über ein anderes erheben dürfe, machte sich auch in der Kleidung bemerkbar. »Die Adligen sind von den Cittadini am Gewand nicht zu unterscheiden, da alle gleichsam gleich gekleidet auftreten, außer den Senatoren und Amtsträgern, solange sie im Amt sind, die nach dem Gesetz in Farben gekleidet sind. Die anderen tragen eigentlich immer schwarze lange Kleider bis zur Erde mit bequemen Ärmeln und ein schwarzes Barett auf dem Kopf mit einem schwarzen Tuch auch aus Samt«. Im Winter konnte die Einheitskleidung mit Pelz besetzt sein. Es gab nur einige Varianten dieser Ausstattung: Die Mitglieder des Rats der Zehn hatten lange Ärmel, die Sekretäre aus den Reihen der Cittadini trugen blaue oder violette Roben, Senatoren oder Prokuratoren von San Marco rote Roben. Dem Dogen waren Weiß und Gold vorbehalten. Verheiratete Frauen der Oberschicht hatten ebenfalls Schwarz zu tragen. Allein das unverheiratete junge Volk

durfte sich modische Extravaganzen erlauben. Wenn man sich

dann noch vor Augen hält, daß die Kleidung der überaus zahlreichen Kleriker traditionell auch dunkel war, dann muß dies ein recht tristes Stadtbild ergeben haben. Der Mailänder Kanonikus Pietro Casolo bemerkt denn auch bei seinem Besuch, er wäre sich vorgekommen wie in einer Stadt, die von Doktoren der Rechte, Witwen und Benediktinerinnen bewohnt werde.

Die Großstadt Venedig ist erst langsam aus zahlreichen kleineren Orten zusammengewachsen, und dies erklärt eine Reihe von Besonderheiten, die auch in der spätmittelalterlichen Stadt noch deutlich zu spüren sind. Als man um 810 beschloß, aus Furcht vor den Franken die Hauptstadt des Dogats mitten in die Lagunen an den Rialto zu legen, gab es in dieser Gegend bereits einige kleine Ortschaften, die seit alters her bewohnt waren. Die wichtigste davon war Castello, in der Mündung eines Flußarms gelegen, der einmal der Canal Grande werden sollte. Hier gab es eine Befestigung, die Schutzfunktionen übernehmen konnte. Und hier hatte seit 774 auch ein Bischof seinen Sitz, der die versprengten Inselpfarreien leitete. Nur so ist es zu erklären, daß die Bischofskirche Venedigs, San Pietro di Castello, hinter dem Arsenal am Stadtrand liegt. Seit Rivoalto (Rialto) Regierungssitz war, gedieh der Ort und wuchs durch Zuzügler immer mehr an. Zunächst blühte vor allem die Gegend um San Marco, doch bald ließ man sich auch auf beiden Seiten des Kanals nieder. Im 12. Jahrhundert bildeten die einzelnen Pfarreien Inselchen, die durch Wasser voneinander getrennt waren. Man mußte das Boot benutzen, um in eine andere Pfarrei zu gelangen. Freilich begann jetzt das Zusammenwachsen der neuen Stadt. Allenthalben wurden Kanäle zugeschüttet und reguliert, da man das Gelände für die expandierende Stadt benötigte. Man begann mit dem Bau von Brücken und Wegen, so daß es möglich war, auf dem Landweg in die Nachbargemeinde zu gelangen. Ein erstes Wegenetz entstand, das es allgemein ermöglichte, die Häuser nicht nur vom Wasser aus, sondern auch von der Landseite her zu betreten. Man baute feste Brücken, wobei zum Beispiel seit 1255 eine alte Bootsbrücke am Rialto durch eine Holzkonstruktion ersetzt wurde. Doch das vorgenannte Bild von Mansueti zeigt uns, daß die Behelfsbrücken, die einfach aus über die Ufer gelegten Bohlen bestanden, durchaus noch am Ende des 15. Jahrhunderts in Gebrauch waren. Dennoch lassen sich die alten Wassergrenzen der Gemeinden auch heute noch erkennen. Dieses Zusammenwachsen hatte auch für die Bevölkerung Konsequenzen. Die alten Inselpfarreien waren autonome Gemeinschaften gewesen, die sich gegen die Außenwelt abschotteten. Eine oder zwei führende Familien organisierten die Nachbarschaft. Als jetzt die Stadt zusammenwuchs, bestand keine unmittelbare Notwendigkeit mehr, auf diesem einen Inselchen zu bleiben. Bei den Kaufmannsfamilien ist deutlich zu verfolgen, wie sie sich über die ganze Stadt zerstreuen. Im Gegensatz zu anderen italienischen Großstädten der Zeit ist es für die venezianische Adelsfamilie immer typisch gewesen, daß der Familienverband nicht zusammenwohnte. Da man von Anfang an Grundbesitz auch als Sicherheit im Kreditgeschäft einsetzte, unterlagen die Eigentumsverhältnisse einem beständigen Wandel. Grundbesitz blieb von jetzt an Streubesitz. Es konnte keine Rede davon sein, daß irgendwelche Adelsfamilien ein Stadtviertel beherrscht hätten.

Dafür entstand jetzt, als sich die alten Nachbarschaftsverbände auflösten, die Notwendigkeit, an ihre Stelle eine neue Organisation zu setzen. Die Straßen mußten instand gehalten werden, die Kanäle mußten regelmäßig ausgebaggert werden, die Sicherheit der Bewohner mußte gewährleistet sein. Um dieser Probleme Herr zu werden, wurde die Stadt in *contrate* eingeteilt, die mit den Pfarrgemeinden identisch wurden. Jede *contrata* hatte, meist aus den hier wohnenden Adligen gewählt, zwei *capi di contrata*, die der Zentralregierung für ihren Bezirk verantwortlich waren. Dabei waren die Aufgaben zahlreich: Sie mußten nicht nur für den Bau und die Erhaltung der Brücken Sorge tragen, sie mußten auch die anfallenden Kosten auf die Anwohner verteilen. Bei den Steuerschätzungen fungierten sie als Vertrauensleute des Fiskus. Als 1296 der Staat große Ausgaben wegen seiner Kriegsrüstung hatte, sollten sie alle Kirchen und Klöster ihres Sprengels visitieren, um festzustellen, ob sich die Geistlichen um die staatlichen Zwangsanleihen gedrückt hätten. 1319 befahl der Rat der Zehn ihnen, ein Register aller Fremden anzulegen, da man unter diesen Unruhen befürchtete. Sogar die Militärorganisation lag in ihren Händen. In den Gemeinden bildeten jeweils zwölf Mann zwischen zwanzig und sechzig Jahren eine Einheit. Wurde nun die Flotte aufgeboten, losten diese unter sich denjenigen aus, der Dienst tun sollte, während die anderen dafür bezahlten. Man konnte natürlich auch zusammenlegen und einen anderen Dienstwilligen von außerhalb der *contrata* besolden. Bis ins 14. Jahrhundert hinein hat dieses System funktioniert, da unter der Bevölkerung eine große Zahl von Seeleuten zu finden war. Danach hat man aber mit den städtischen Handwerkern schlechte Erfahrungen gemacht. Die Führer der *contrate* hatten das System zu überwachen, dafür zu sorgen, daß sich keiner drückte, und bei den ausgelosten Streitern die ordnungsgemäße Bewaffnung zu prüfen. Überhaupt waren sie der verlängerte Arm der Regierung. Wollte der Senat neue Gesetze und Beschlüsse durchsetzen, ließ man diese am Rialto und San Marco ausrufen, danach sollten die *capi* diese unter ihren Nachbarn bekanntmachen. Als man im Jahre 1283 nach den Mördern des Renier Zen fahndete, waren es wiederum sie, die die Höhe der Belohnung für eine Denunziation des Täters bekanntmachten. Notfalls konnte man die *capi* auch haftbar machen, wenn in ihrem Amtsbereich Störungen bekannt wurden. Auf diese Weise hatte die Regierung die Stadt fest im Griff. Um nun nicht die Zentrale mit der Aufsicht über die *contrate* zu sehr zu belasten, wurde die Stadt in sechs Bezirke unterteilt: San Marco, Castello und Canareggio auf der Seite, wo sich das Regierungszentrum befand, San Polo, Santa Croce und Dorsoduro jenseits des Kanals. Die Regierung setzte in jedem *sestiere* einen *capo* ein, der nun immer ein Adliger sein mußte. Dieser wiederum bestellte die *capi di contrate* und beaufsichtigte sie. Außerdem kontrollierte er die Gasthäuser und Schenken, übte also in gewissem Maß Polizeifunktion aus. Die *sestieri* waren reine Verwaltungseinheiten, deren Funktion für den Einwohner Venedigs nicht recht greifbar war. Dennoch hat die Regierung immer darauf geachtet, daß die Sechstel gleich behandelt wurden. Die sechs Mitglieder des Kleinen Rats, die Consiglieri, wurden jeweils nach dem Stadtsechstel gewählt.

Dagegen gab es eine gewisse Rivalität zwischen den beiden Stadthälften diesseits und jenseits des Kanals. Dieser teilte das Leben in der Stadt, und deshalb konnte diese Unterscheidung in das Gefühlsleben der Bevölkerung Einzug halten. Die Flickschneider zum Beispiel forderten, daß die Offiziellen ihrer Zunft abwechselnd aus der einen oder der anderen Stadthälfte gewählt werden sollten. Ausdruck fand die Rivalität in der rituellen Schlägerei zwischen den Nicolotti, Fischern aus der Pfarrei San Nicolò dei Mendicoli, und den Castellani, Arsenalarbeitern aus dem Castello. Schließlich nahm auch die Stadtregierung selbst diese Einteilung zur Kenntnis. Die Prokuratoren von San Marco hatten ein gewaltiges Arbeitsfeld, seit sie sich nicht nur um die Kirche und ihr Vermögen, sondern auch um zahlreiche Nachlaßverwaltungen zu kümmern hatten. Wer nicht selbst sein Erbe verwalten konnte – wie Frauen und unmündige Kinder, falls ein Verwandter als Vormund fehlte, – und wenn ein Fremder in Venedig starb, bekam er die Prokuratoren als Nachlaßverwalter zugeteilt. Nach mehreren Kompetenzteilungen waren die *procuratori de supra* für das angestammte Arbeitsfeld des Kirchenvermögens zuständig, die *procuratori de citra* hatten die drei *sestieri* diesseits, die *procuratori de ultra* diejenigen jenseits des Kanals zu verwalten. Schließlich mußten die *procuratori de supra* auch noch von ihren Kollegen *de citra* das *sestiere* Canareggio übernehmen, weil diese Behördenabteilung überlastet war. Den Canal Grande als Trennlinie überall dort in der Verwaltung

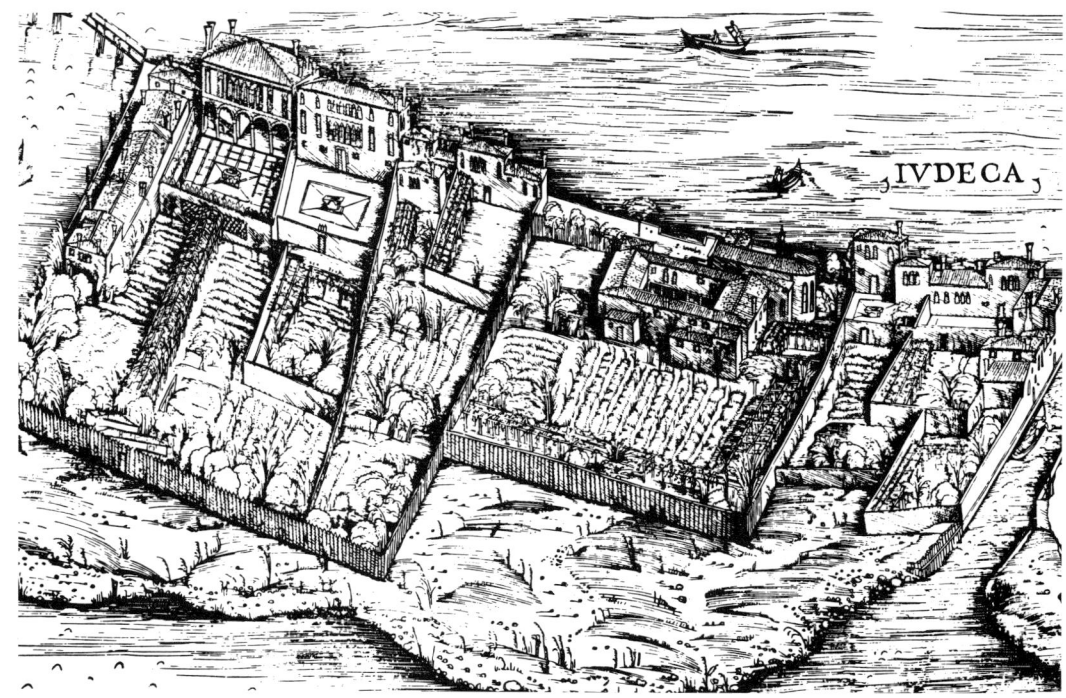

IVDECA

Um 1500 gab es in der Stadt noch landwirtschaftlich genutzte Flächen. Villenartige Häuser, zum Teil mit eigenen Brunnen ausgestattet, befanden sich zum Beispiel auf der Insel Giudecca. Eine Mauer trennt den gepflasterten Hofbereich von den ausgedehnten Nutz- und Obstgärten.

festzulegen, wo Amtskompetenzen zu teilen waren, hat sich nach und nach durchgesetzt.

Die urbanen Veränderungen hielten während des ganzen Mittelalters hindurch an. Immer neue Kanäle wurden zugeschüttet, freie Grundstücke verbaut und neue Brücken errichtet. Vor allem Klostergründungen trieben im 12. und 13. Jahrhundert den Stadtausbau durch Aufschüttungen neuen Siedlungsgebiets voran. Nur noch ganz am Rande der Stadt konnte man Gärten, Weingärten und Wiesen sehen, der Rest wurde zur eng bebauten Stadt. Und in dieser bewohnten Fläche entstanden nun Zonen, die sich auf Arbeitssektoren spezialisierten. Der Schiffsbau und was damit zusammenhing, konzentrierte sich in den östlichen Stadtteilen, die dem Meer am nächsten gelegen waren. Umgekehrt verlagerten sich die Zentren industrieartiger Produktion in den Westen nahe dem Festland. Teilweise erfolgten diese Entwicklungen unter behördlichem Zwang. So ordnete der Senat an, daß wegen der Gefahr von Feuersbrünsten die Glasproduktion aus der Stadt hinaus in die Lagune auf die Insel Murano verlagert werden mußte. Die Gerberei verbannte man auf die Giudecca, da es dort genug fließendes Wasser gab. Überhaupt hat man dafür gesorgt, daß alle lauten und mit Geruch verbundenen

Arbeiten zumindest vom Canal Grande ferngehalten wurden. Den großartigen Eindruck dieser Wasserstraße, wie er von Besuchern immer wieder gerühmt wird, sollte nichts stören. In dem Maße wie die Stadt zusammenwuchs, mußten freilich alte grundherrliche Rechte hinderlich werden. Ein Gemeinwesen, das sich zunehmend in den Stadtvierteln auf einzelne Funktionen spezialisierte, konnte nur lebensfähig sein, wenn zumindest die Wasser- und Landwege von jedermann benutzbar waren. Man setzte dafür im 13. Jahrhundert einen Gerichtshof ein, die *giudici del piovego*, der sämtliche privaten Ansprüche überprüfen sollte. Dabei wurde nach dem Grundsatz verfahren, daß alle Wege, Kanäle, Brücken und Wasserflächen sowie unbebautes Land als öffentlicher Besitz zu gelten hätten, über den der Staat verfügen könne, solange nicht schriftlich das Gegenteil bewiesen wäre. Und dieser Beweis war vor dem Gerichtshof nicht leicht zu führen. Man urteilte nach dem Prinzip, daß es das Ziel des Verfahrens sei, alle Flächen für öffentlich zu erklären, die für das Leben und den Verkehr in der Stadt notwendig waren. Immer wieder hat das Stadtregiment auch durchgesetzt, daß, wo es notwendig war, auf Privatbesitz Durchgänge für den öffentlichen Verkehr geschaffen wurden. Auf diese Weise entstand im 13. und 14. Jahrhundert jenes Netz von innerstädtischen Straßen und Kanälen, wie es auch heute noch in Betrieb ist.

Was aber Venedig genauso einmalig machte wie das Wasser, das das Leben der Stadt beherrschte, war die sie umgebende Lagunenlandschaft. Sie war nicht nur überaus reich an Fischen und Muscheln oder Krebsen, sie bildete auch einen reichen Nistplatz für Wasservögel aller Art. Darüber hinaus konnte man die flachen Lagunenabschnitte bei Torcello und bei Chioggia als Salinen nutzen. Die Lagune war so Lieferant von Lebensmitteln, durch die Salzgewinnung Grundlage des venezianischen Reichtums und außerdem ein Platz der adligen Zerstreuung. Nur wenig hat sich über die Jagden in den Lagunen erhalten, das Bild des Vittore Carpaccio von der »Reiherjagd in der Lagune« ist ein Beispiel für diese Jagdvergnügungen. Das Bild wurde vermutlich für die Familie Mocenigo gemalt und das Holz diente als Schranktür. Es ist damit eines der wenigen Ausstattungsstücke, die sich aus einem venezianischen Privathaushalt des Mittelalters erhalten haben.

Abb. 39
Das Mosaik über der Porta di Sant'Alipio an der Kirche San Marco ist das einzige aus dem Fassadenzyklus des 13. Jahrhunderts, das erhalten geblieben und nicht modernisiert worden ist. Es zeigt uns eine Versammlung vornehm gekleideter Herren, unter ihnen den Dogen, und eine Gruppe eleganter Damen mit auffallendem Kopfputz. Den Hintergrund stellt die Kirche selbst dar, ein Zeugnis für ihren Baubestand um die Jahrhundertmitte.

Das älteste venezianische Gesellschaftsbild

Um das eigene Gesellschafts- und Staatsverständnis kundzutun, konnte es in Venedig keinen angemesseneren Platz geben als die Fassade von San Marco. Hier hatte zweifellos bereits das 11. Jahrhundert reichen Schmuck angebracht, der freilich nach dem Fall von Konstantinopel durch eine neue und reichere Ausstattung ersetzt wurde. Es entsprach dem Gestaltungswillen und der Bedeutung des Staatsheiligen in jener Zeit, daß man dabei über den Westportalen einen Mosaikenzyklus anbrachte, der die *translatio* des heiligen Markus zum Inhalt hatte. Jedermann sollte verdeutlicht werden, daß dies seine Kirche in seinem Staat war. Von den Mosaiken des 13. Jahrhunderts ist heute nur noch ein einziges erhalten, der Rest wurde in späterer Zeit ersetzt. Freilich erlaubt Gentile Bellinis Gemälde von der Prozession auf dem Markusplatz, sich ein Bild dieser verlorenen Mosaiken zu machen (vgl. Abb. 21). Das der Enstehungsgeschichte nach jüngste Werk dieses Zyklus über der Porta di Sant'Alipio hat nun die Geschichte der Überführung der Gebeine nach Venedig zum Anlaß genommen, um die führende Gesellschaftsschicht der Stadt im 13. Jahrhundert darzustellen (Abb. 39). Denn daß hier nicht das Venedig des 9. Jahrhundert gemeint ist, macht das Bild deutlich. Wie in der venezianischen Erzähltradition üblich, treten zwei Zeitebenen auf: die Zeit der fiktiven Handlung und die Gegenwart des Künstlers. So hat der Meister dieses Mosaiks die Markuskirche in ihrem Bauzustand des 13. Jahrhunderts wiedergegeben und dabei einen Realismus gezeigt, der damals nirgends in dieser Vollendung bei der Darstellung von Gebäuden erreicht worden ist. Was wir auf dem Mosaik sehen, ist demnach auch eine öffentliche Zeremonie des 13. Jahrhunderts. Völlig richtig ist die Beobachtung, daß dem Beschauer zuerst der Umstand ins Auge fällt, daß sich die Gestalten aus der Kirche heraus und nicht in die Kirche hinein bewegen. Thema des Bildes ist die feierliche Überführung der Reliquie in die Kirche, das Gegenteil dessen, was hier dargestellt worden ist. Dazu paßt auch, daß sich offenbar kaum jemand um den Heiligen kümmert, das zentrale Motiv des Bildes wirkt seltsam eingesetzt. Hierzu paßt, daß hier allein die Vornehmen und Vornehmsten Venedigs dargestellt sind, was schon ihre Kleider und ihr Schmuck zum Ausdruck bringen. Immerhin lautet die Inschrift: »Das Volk setzt diesen mit würdigen Lobpreisungen bei und singt Hymnen, damit er seine Venezianer immer vor dem Feinde bewahrt«. Aber dieses Volk von Venedig ist nicht dargestellt, will man nicht die Regierung mit dem Volk gleichsetzen, wie es offenbar geschehen ist, oder annehmen, daß der einfache Venezianer Kronen und Diademe getragen habe. Der

Translationsbericht war also der Anlaß, um etwas anderes darzustellen. Zu dieser Interpretation paßt auch die Tatsache, daß neben 46 weltlichen Personen gerade zwei Kleriker dargestellt sind, vermutlich Patriarch und Primicerius von San Marco, die allein zur eigentlichen Handlung gehören. Ausgehend von diesen Überlegungen und von der Tatsache, daß der Doge, der in der Gruppe rechts vom Portal steht, eine Pergamentrolle in der Hand hält, hat man dem Bild eine andere Deutung gegeben. Die Pergamentrolle wäre als die Promissio anzusehen und die Handlung als Auszug eines neu gewählten Dogen aus der Kirche, nachdem er dort investiert und dem Volk präsentiert worden ist. Dabei legte der Zeitpunkt der Entstehung des Mosaiks nahe, in dem Dogen Lorenzo Tiepolo zu sehen, dessen Regierungsantritt im Jahre 1275 Martin da Canal im Detail beschrieben hat. Die Hauptperson der linken Gruppe wäre dann die Dogaressa Marchesina von Brienne und in der Figur unmittelbar rechts von der Reliquie hat man einen Sohn des Dogen gesehen, da sie einen Umhang mit Hermelin trägt. Interessant ist auch festzustellen, daß der Doge das *cornu* umgeben von einem Diadem trägt, eine Form also, die später nicht mehr üblich ist. Erstmals ist auch ein Doge mit Hermelinumhang dargestellt und erstmals trägt er ein *camauro*, jene weiße Stoffmütze unter dem *cornu*, wie es seither üblich wurde. Die Frauen hingegen tragen Kronen, was als monarchisches Symbol für den Dogen verpönt gewesen ist. Die Kleidung zeigt deutliche byzantinische Einflüsse der Zeit: Tunika, Mantel, farbige Strümpfe und Schuhe entsprechen der griechischen Mode des 13. Jahrhunderts, die Kleider sind weitaus reicher als auf anderen zeitgenössisches Mosaiken. Die Gefolgschaft des Dogen setzt sich offensichtlich aus Amtspersonen zusammen, darauf deuten die eigenartigen Mützen mit ihren Abzeichen und die Tatsache, daß zwei von ihnen auch ein *camauro* tragen. Da wir das Staatszeremoniell erst aus späterer Zeit genauer kennen, bleibt es müßig, über die Funktionen zu spekulieren. Nur eines wird klar: Das Mosaik der Porta di Sant'Alipio ist die grandiose Selbstdarstellung der führenden Oligarchie der zweiten Hälfte des 13. Jahrhunderts. Da sie allein als handelndes Volk der *translatio* auftritt, nimmt sie für sich in Anspruch, den Staat des Evangelisten allein zu repräsentieren.

Bereits die zeitgenössischen Geschichtsschreiber des venezianischen Spätmittelalters haben stets die rechtliche Qualität der einzelnen Bevölkerungsgruppen betont, und so hat dies bis in die jüngste Zeit die Diskussion bestimmt. Es kann keine Rede davon sein, daß diese Unterscheidungsmerkmale unwichtig gewesen wären, doch haben sich die tatsächlichen sozialen Verhältnisse als weit komplizierter erwiesen. Das Leben in den einzelnen Pfarreien etwa hat quer durch alle Stände zu Formen des Zusammenlebens geführt, die für den Alltag wichtiger waren als rechtliche Unterscheidungen. Die Adelsfamilien und die reichen Popolanen waren auf dieser Nachbarschaftsebene in ein Klientelwesen einbezogen, das ihnen Pflichten auferlegte. Die kleinen Leute erwarteten von »ihren« vornehmeren Mitbürgern, daß sie sich für ihre Belange bei den Behörden einsetzten. Der Einfluß religiöser Vereinigungen mit ihren zahlreichen Mitgliedern ging über die Stände hinaus. All dies führte dazu, daß die venezianische Gesellschaft weit komplizierter war, als es juristische Unterscheidungen auszudrücken vermögen.

Etwa fünf Prozent der venezianischen Bevölkerung gehörten zum Adel, der für sich alle politischen Rechte reklamierte. Diese selbsternannte Adelsschicht pflegte aber einen anderen Lebensstil, als man sich im übrigen Europa für einen Adligen vorstellte. Neben den besoldeten Staatsämtern war es der Handel, der die wirtschaftliche Grundlage abgab. Bereits im 13. Jahrhundert wurden die vornehmsten Geschlechter als adlig bezeichnet, obwohl sich die Oberschicht rechtlich nicht vom Rest der Bürger unterschied. Erst seit dem 14. Jahrhundert bildeten die führenden Familien dann einen eigenen Rechtsstand, der auf dem Zugang zum Großen Rat begründet wurde. Zwischen 1293 und 1379 hat man 244 Adelsfamilien in Venedig gezählt, doch starben eine ganze Reihe von Geschlechtern aus. Nach dem Frieden von Turin hat man dann noch einmal 30 Familien neu in die Nobilität aufgenommen, dabei blieb es.

Neben den Adligen gab es eine weitere Gruppe der Bevölkerung, die gewisse Vorrechte gegenüber allen anderen in Anspruch nahm und deren Mitglieder als Cittadini bekannt sind. Es ist dies eine Gruppe, die in allen anderen italienischen Städten ein revolutionäres Element bildete, da sie dort den Anspruch erhob, mit der politischen Führung gleichberechtigt zu sein. In Venedig hat sich hingegen eine staatstragende zweite Aristokratie gebildet, die stolz ihre Vorrechte gegen den Rest hervorkehrte. Dabei sind unter den Cittadini zwei Gruppen zu trennen: Die Cittadini originarii sind alte venezianische Familien, die es nicht mehr geschafft hatten, vor den Abschlußtendenzen des späten 13. und frühen 14. Jahrhunderts in den Rat aufzusteigen. Ihnen wurden eine Reihe von Vorrechten gewährt, auf die sie stolz waren. Die Würde des Großkanzlers der Republik und zahlreiche Notarsposten waren ihnen vorbehalten. Auf diese Weise hatten sie Zugang zur Macht, oft erhebliches technisches Wissen und lebten eng mit dem Adel verbunden. Kam es zu Neuaufnahmen in die Aristokratie, so waren diese Familien die ersten Anwärter. Die zweite Gruppe der Cittadini waren auswärtige Kaufleute, denen die Republik das Bürgerrecht *de intus et extra* verliehen hatte, was sie berechtigte, in ihren Geschäften die venezianischen Privilegien zu genießen. In ihrem Lebensstil unterschieden sich Adel und Cittadini nur wenig. Waren sie nicht im Dienst des Staates tätig, so waren sie allesamt in der Regel Kaufleute und machten miteinander am Rialto Geschäfte. Man kannte und schätzte sich, was wiederum der politischen Stabilität der Stadt zugute kam.

Die venezianische Vermögensschätzung aus dem Jahre 1379, die mitten im Krieg gegen Genua zur Umlage der Kriegskosten durchgeführt wurde, zeigt deutlich, daß es eine Gleichsetzung von Adel und Vermögen nicht gegeben hat. Zu den Steuern herangezogen wurden alle, deren Vermögen 300 Dukaten überstieg. Das war nicht wenig, verdiente doch etwa ein Meister der Schiffszimmerleute nur 100 Dukaten im Jahr. Trotzdem kamen immer noch 2 128 Haushalte zusammen, die mit ihrem Vermögen zur Steuer veranlagt wurden. Das war immerhin wohl jeder achte Haushalt in der Stadt. Die Verteilung ergibt erstaunliche Resultate:

Vermögen in Dukaten	Adel	Popolanen (= nichtadlige Bürger)
50 000 und mehr	1	–
35 000-50 000	4	1
20 000-35 000	20	5
10 000-20 000	66	20
5 000-10 000	158	48
3 000-5 000	145	88
1 000-3 000	386	214
300-1 000	431	541
Gesamt	1 211	917

Es erweist sich nämlich, daß die Mehrzahl der Adligen nicht mehr als 3 000 Dukaten Vermögen aufzuweisen hatte, also keinesfalls unter die besonders Reichen zu zählen war. Eine bedeutende Zahl wies offenbar nicht einmal genug aus, um überhaupt zur Steuer herangezogen zu werden. Freilich liegt dies auch an der Methodik der Erhebung. Da nach Kernfamilien vorgegangen wurde, traten manche Geschlechter in ihren Zweigen mit bescheidenen Summen mehrmals auf, das Vermögen des gesamten Clans sah anders aus. Dafür finden sich unter den Popolanen nicht nur die reichen Kaufleute aus der Schicht der Cittadini, auch Handwerker konnten es zu erstaunlichem Reichtum bringen. Der reichste Venezianer war Federico Cornaro, ein Zucker-

Abb. 40

Die Kirche Santa Maria Gloriosa dei Frari folgte dem Schema gotischer Bettelordenskirchen im östlichen Oberitalien, sie ist eine dreischiffige gewölbte Säulenbasilika mit ausladendem Querhaus und einer Gruppe von Chorkapellen. Der Grund und Boden war den Franziskanern um die Mitte des 13. Jahrhunderts vom Dogen Jacopo Tiepolo geschenkt worden. Der Chor der ersten Kirche stand am Kanal, seitlich schloß sich ein Friedhof an. Die Eingangsseite war zu einem Sumpf hin gelegen, der – trockengelegt und aufgeschüttet – als Untergrund für den heutigen Chor diente. Der viel größere Neubau wurde um 180 Grad gedreht, die Fassade so weit vom Wasser zurückgesetzt errichtet, daß man einen Vorplatz gewann. Die Klostergebäude stammen aus neuerer Zeit.

baron aus Zypern, dessen Vermögen auf nicht weniger als 150 000 Dukaten geschätzt wurde. Der Steuerkataster von 1379 zeigt deutlich an, wie sich rechtlicher Stand und wirtschaftliche Lage bereits nicht mehr decken.

Neben den Adligen und den Cittadini war der Klerus eine weitere Gruppe, die mit Vorrechten ausgestattet war. Venedig war stolz darauf, Vorkämpferin des Christentums und allzeit gehorsame Tochter der römischen Kirche zu sein, auch wenn seine Haltung von diesem Ideal stark abwich. Und die Zeitgenossen haben diesen laut verkündeten Anspruch gerne geglaubt. »Die Venezianer müssen in ihren Angelegenheiten von Gott unterstützt werden, denn sie kümmern sich sehr um die Verehrung Gottes«, schrieb der Mailänder Pietro Casola über die Stadt. Und in der Tat gab es kaum irgendwo derartig reich ausgestattete Kirchen, die Reliquienschätze waren seit der Plünderung von Konstantinopel ungeheuer, und der Doge verbrachte einen guten Teil seiner Amtszeit damit, kirchlichen Zeremonien beizuwohnen. Überhaupt war alles Staatliche eng mit der Religion verknüpft. Und in der kirchlichen Hierarchie waren vornehme Venezianer zuhauf vertreten. Angelo Correr (Gregor XII.), Gabriele Condulmer (Eugen IV.) und Pietro Barbo (Paul II.) bestiegen im 15. Jahrhundert den Papstthron, Pietro Filargi aus Kreta (Alexander V.) war als Untertan der Republik geboren. Venezianische Kardinäle waren stets an der Kurie vertreten, was aufs trefflichste den venezianischen Anspruch auf besondere Nähe zur Kirche zu stützen scheint. Gewaltig war die Schar venezianischer Prälaten, die überall, wo Venedig seine Herrschaft errichtete, der staatlichen Organisation folgten. Die Sekundogenituren des Adels erhoben Anspruch auf das Patriarchat von Grado, das man 1451 nach Venedig verlegte. Der Patriarch von Konstantinopel, der seit 1261 im Exil in Kreta saß, war ebenfalls fast ständig aus der Schar der adligen Venezianer rekrutiert. Und seit 1420 kam auch noch das Patriarchat von Aquileia dazu. Fünf Erzbistümer und nicht weniger als 38 Bistümer, von Abteien gar nicht zu reden, gehörten zum venezianischen Gebiet. Um so mehr muß überraschen, wie rüde die venezianischen Räte zuweilen mit ihren Brüdern und Verwandten im geistlichen Habit umgingen. Wenn sich das Staatsinteresse mit demjenigen der Kirche nicht in Einklang bringen ließ, setzte man die weltlichen Vorhaben durch und besänftigte danach die Kirche mit reichen Spenden. Da der Staat Venedig selbst als göttliches Wunderwerk begriffen wurde, schadete ein solches Verhalten keineswegs dem eigenen Anspruch. Nachdem man bereits seit langem darauf geachtet hatte, daß kein Kleriker in ein Staatsamt gelangen konnte, hat man im 15. Jahr-

hundert dann offiziell venezianische Adlige mit dem Tag der

geistlichen Weihe aus dem Maggior Consiglio entfernt. Man machte sich nichts daraus, daß die Bischofskirche am Stadtrand lag, die Kapelle des Dogen und Staatskirche, San Marco, sollte prächtiger sein. Man hat dann auch dafür gesorgt, daß der Primicerius, der Vorsteher der Kanoniker von San Marco, das Pallium tragen durfte, als ob er Erzbischof sei. Nach dem Patriarchen war er vor allen Bischöfen des Staates der angesehenste Geistliche. Unter den Klöstern ragten das altehrwürdige Benediktinerkloster San Giorgio Maggiore und das Frauenkloster San Zaccaria heraus. Beide waren den Töchtern und Söhnen der allerersten Familien vorbehalten. Es war aber auch typisch für den Kaufmannsgeist der Stadt, daß man sehr schnell an der Armutsbewegung Gefallen fand. Das abgelegene Kloster San Francesco in Deserto hat der heilige Franziskus selbst gegründet, San Francesco della Vigna wurde von der Dogenfamilie Ziani, den reichsten Venezianern des 13. Jahrhunderts, gefördert. Die größten aller Bettelordenskirchen freilich wurden Santa Maria Gloriosa dei Frari (Abb. 40) und San Giovanni e Paolo (Abb. 41). Hier unter den Franziskanern und Dominikanern, die allem Reichtum entsagt haben, ließ man sich nach einem raffgierigen Kaufmannsleben gerne bestatten.

Die große Masse der Bevölkerung freilich hatte überhaupt keine besonderen Vorrechte. Ihre Lebensform unterschied sich beträchtlich von der der Nobili und Cittadini, die Klagen über die überaus teure Stadt Venedig legen nahe, daß die Sorge um den Lebensunterhalt allen anderen Interessen voranging. Nun ist es in italienischen Städten des Mittelalters ja immer wieder zu Unruhen und Protesten der Handwerker gekommen. Daß diese Schicht in Venedig sich weitgehend ruhig verhielt, brachte der Stadt den Ruf stabiler Verhältnisse ein. Nur in der zweiten Hälfte des 13. Jahrhunderts sah es einmal so aus, als könnte es unter den Handwerkern zu Unruhen kommen, doch gelang es damals dem Staat, die Zünfte an die Leine des Staates zu legen, und seither herrschte Ruhe. Die *giustizia vecchia* sorgte als Aufsichtsbehörde dafür, daß die Regeln eingehalten wurden und sich kein Unruhepotential bildete. Dafür kümmerte man sich dann auch nicht um das tägliche Leben der Zünfte und ließ ihnen dabei freie Hand. Auch ein funktionierender Lebensmittelmarkt, der Hungerunruhen unnötig machte, mag zur Stabilität beigetragen haben. Und dieser Friede hat dann auch dort gehalten, wo die Interessen der Handwerker und diejenigen der Kaufleute sich widersprachen. Am deutlichsten wird dies beim Textilhandwerk. Dieses erste europäische Gewerbe, das in Massenfabrikation Dinge des täglichen Bedarfs herstellte, war natürlich auch in Venedig vertreten. Wollverarbeitung, Baumwollindustrie und Seidenverar-

Abb. 41
Die Klosterkirche der Dominikaner, dem römischen Märtyrerpaar Johann und Paul geweiht, ein Backsteinbau von monumentalen Ausmaßen, ist der überragende Mittelpunkt des Viertels im Nordosten der Stadt. Ihre imposante Gestalt zeigt schon die Ansicht von Erhard Reuwich (Abb. 1). Seit der Mitte des 15. Jahrhunderts fanden hier die feierlichen Exequien der Dogen statt. Von den zahlreichen Grabdenkmälern sind allein 27 für ehemalige Staatsoberhäupter errichtet worden.

beitung, die von eingewanderten Lucchesen betrieben wurde, gab es in der Stadt. Die Kaufleute hatten Interesse an den international gefragten Tuchen, weshalb sie bis zum Chioggiakrieg auf den Freihandel setzten und gar nicht daran dachten, Importbeschränkungen zu erlassen. Im 15. Jahrhundert setzte sich dann ein System von Schutzzöllen und Exportverboten durch, um die heimische Textilproduktion abzuschirmen. Der Schiffbau hatte solche Probleme natürlich nicht, da keine Schiffe importiert wurden und der Export erst recht verboten war. Einen guten Ruf hatte die Glasindustrie in Murano, deren Produkte im ganzen Mittelmeerraum und auch jenseits der Alpen verkauft wurden. Eine weitere große Gruppe waren die Krämer und Ladenbesitzer, die eine große Bevölkerung zu versorgen hatten (Abb. 42). Trotzdem spielten die Handwerker in Venedig bei weitem nicht die gleiche Rolle wie in anderen Großstädten der Zeit. Die Lebensader Venedigs war sein Handel.

Daß Venedig sich immer wieder als ein Hort der Freiheit feierte, heißt nicht, daß man der Sklaverei ablehnend begegnet wäre. Bereits in ihren Anfängen waren die Venezianer ein Volk von Sklavenhändlern, und dies hat sich während des Mittelalters nie geändert. Zunächst hat man in Westeuropa und auf dem Balkan für die Sklavenmärkte des Mittelmeerraums für Nachschub gesorgt, doch als die Kirche rigoros gegen den Handel mit Christen einschritt, mußte man den Nachschub von weiter her besorgen. Vor allem die Küsten des Schwarzen Meers waren die Lieferanten dieses schmutzigen Geschäfts, das italienischen Kaufleuten und Mongolen eine einträgliche Partnerschaft ermöglichte. Als dann die Osmanen mit der Eroberung von Konstantinopel diese Handelsroute unterbrachen, begann man sich die menschliche Ware in Afrika zu besorgen. Nur durch diese Änderungen des internationalen Handels ist es erklärlich, daß man auf den Bildern eines Bellini oder Carpaccio Sklaven aus Schwarzafrika sehen kann. Am Ende des 15. Jahrhunderts sollen 2 000 von ihnen in der Stadt gelebt haben. Zwischen 1414 und 1423 soll der venezianische Staat nicht weniger als 50 000 Dukaten Zoll auf den Import und Export von Sklaven eingenommen haben. In ganz Italien hat man in den großen Städten in diesen Jahrhunderten Sklaven als Hauspersonal eingesetzt. Marin Sanudo erklärt, daß man sich in aller Regel von Sklaven aus Schwarzafrika in seiner Gondel rudern ließe, wobei die vornehmen Adelsfamilien und die Senatoren zum Zeichen ihrer Würde zwei Ruderer beschäftigten. Eine Gondel zu besitzen, koste mehr noch als die Unterhaltung eines Pferdes, und wenn man keine Sklaven zum Rudern habe, müsse man die Gondoliere auch noch bezahlen. Trotzdem verzichte kein vornehmer Venezianer darauf, in seinem Haushalt wenigstens eine Gondel zu halten. Außer als Hauspersonal beschäftigten die Venezianer Sklaven auch als Plantagenarbeiter auf Kreta und Zypern. Im Jahre 1459 debattierte der Senat über das harte Schicksal von Sklaven, die man aus Venedig wieder weiterverkaufte. Das Ergebnis der Debatte war jedoch keineswegs der Verzicht auf leibeigene Dienerschaft, sondern die Forderung nach der Anfertigung zuverlässigerer Exportstatistiken. Venedig als Hort der Freiheit und zugleich Hort des Sklavenhandels – kein venezianischer Kaufmann empfand dies als Widerspruch.

Eine Stadt wie Venedig mußte Fremde in großer Zahl anziehen. Zum einen kamen viele Kaufleute, die sich günstige Gelegenheiten versprachen und die teilweise Aufnahme unter die Cittadini fanden. Bewohner etlicher Städte Nord- und Mittelitaliens wären hier zu nennen. Aber auch kleine Leute fanden sich in großer Zahl ein. Der große Hafen und die dichte Besiedlung waren dafür bekannt, daß sie immer Arbeitskräfte gebrauchen

Abb. 42
Die Darstellung des Bäckers gehört in denselben Reliefzyklus mit Handwerksdarstellungen wie die Schiffbauer (Abb. 34). Sie zeigt uns einen bärtigen Mann mit einer Mütze auf dem Kopf, der aus einem vor ihm stehenden geflochtenen Korb zwei kleine runde Laibe Brot nimmt. Er reicht sie der vor ihm stehenden Frau, die Fische in der Hand hält: Entweder hat sie ihren Einkauf auf dem Fischmarkt schon erledigt oder sie bietet ihm den frischen Fang zum Tausch für die Brote an. Es könnte sich durchaus um die Frau eines Fischers handeln, sie trägt ein einfaches Gewand und ist barfüßig. Im Hintergrund bringen die Gehilfen des Bäckers körbeweise den Nachschub.

konnten. Felix Faber wunderte sich zu Ende des 15. Jahrhunderts über die große Menge an Fremden in der Stadt. Neben den Italienern gab es eine große griechische Gemeinde, da durch die Herrschaft Venedigs zahlreiche Untertanen den Weg in die Kapitale fanden. Erheblich vergrößert wurde die Zahl der Griechen dann nach dem Fall von Konstantinopel. Flüchtlinge, unter denen der Kardinal Bessarion der berühmteste war, suchten hier Zuflucht. Da sie ihre Kenntnisse und Traditionen mitbrachten, wurde Venedig das Zentrum der Rezeption griechischer Kultur im Abendland. Ebenfalls aus dem Seereich stammten die Dalmatiner und Kroaten, die sich in der Stadt niedergelassen hatten. Aber auch Armenier, Türken, Albaner und Araber fanden sich hier. Wichtig waren als Gruppe auch die Deutschen, deren Versorgung mit Levantewaren zum größeren Teil an Venedig hing. Aber nicht nur die Kaufleute des Fondaco sind zu nennen, auch Schuster, Bäcker, Textilarbeiter und Ärzte kamen in ansehnlicher Zahl von jenseits der Alpen. Daß Venedig eine jüdische Minderheit gekannt hat, ist anzunehmen, wenn auch die älteren Nachrichten alles andere als sicher belegt sind. Im Spätmittelalter wohnten sie in Mestre, nachdem ihnen das Wohnen in Venedig verboten worden war, das venezianische Ghetto stammt jedoch erst aus dem 16. Jahrhundert. Aber auch im gesamten Seereich gab es eine jüdische Bevölkerung. Nach den Kontakten zu schließen, die sie mit venezianischen Kaufleuten unterhielten, dürften sie sich auch am Handel beteiligt haben und nicht nur als Pfandleiher tätig gewesen sein.

Eine Hälfte der Bevölkerung, die weibliche, kam im Spätmittelalter im öffentlichen Leben kaum vor. Da der Staat Venedig als Teil des Oströmischen Reiches geboren wurde, übernahm er das harsche römische Familienrecht, das dem Familienvorstand alles, dem Rest nichts gestattete. Daß der Doge zum Meer während der Sensa die Worte sprach »ich heirate dich als Zeichen ewiger Herrschaft«, sagt mehr über die Rechtsstellung der Frau als viele Worte. Freilich wird man in der Beurteilung der Rolle der Frau vorsichtig sein müssen: Die Patriziergattin kann nicht mit der Frau eines kleinen Handwerkers verglichen werden und die Frau des 13. nicht mit derjenigen des 15. Jahrhunderts. Wie in allen Bereichen der venezianischen Gesellschaft scheint auch in der Frage nach der Rolle der Geschlechter im 15. Jahrhundert eine Verhärtung eingetreten zu sein. Noch auf den Mosaiken des 13. Jahrhunderts sind allenthalben Frauen zu sehen. An der Porta di Sant'Alipio treten sie als Gruppe mit der Dogaressa neben den um den Dogen gescharten Männern öffentlich auf. Daß bei der Wahl des Dogen Lorenzo Tiepolo niemand vergaß, auch dessen Gemahlin die Aufwartung zu machen, wurde bereits er-

wähnt. Aber auch im Geschäftsleben begegnen uns in der Frühzeit Frauen. Es ist wohl nichts Ungewöhnliches gewesen, wenn
ein Kaufmann, der selbst zur See fuhr, bei Abwesenheit seiner
Frau für das Geschäft Prokura erteilte. Freilich werden diese
Fälle mit der Zeit immer seltener. Im 15. Jahrhundert sind die
Frauen aus dem öffentlichen Leben weitgehend verschwunden.
Nur wenn ein Staatsgast mit Gemahlin anreiste, wurden die
adligen Damen Venedigs aufgeboten, um diese mit allen Ehren
zu empfangen. Die Dogaressa war eine Privatperson, der man
ehrerbietig zu begegnen hatte, weil ihr Mann den Staat repräsentierte, sie selbst hatte keinerlei Rechte. Wurde eine Frau zur
Witwe und hatte sie keine männlichen Verwandten, die ihren
Besitz verwalten konnten, wurde die Vermögensverwaltung, wie
bei minderjährigen Kindern, ebenfalls den Prokuratoren von San
Marco übertragen. Auf den Gemälden des 15. Jahrhunderts sind
die Frauen bei Prozessionen und Feiern Zuschauer, die von den
Fenstern aus der Zeremonie beiwohnen können, Beteiligte sind
sie in aller Regel nicht. All diese Verhaltensmuster entsprechen
genau den Lehren, die der Patrizier Francesco Barbaro in seinem
Werk *De re uxoria* 1415 aufgestellt hat. Die vornehme Frau
gehört ins Haus, sie soll, wenn überhaupt, nur zum Kirchenbe-
such ausgehen. Konnte ihre Familie keine anständige Mitgift
aufbringen, dann drohte entweder das Leben im Kloster oder in
den niederen Ständen das Abgleiten in die Prostitution.

Im täglichen Leben hatte nach venezianischem Recht der
Mann das Sagen. Wie das im Extremfall aussehen konnte, soll
ein Beispiel erläutern: Am 22. Juni 1312 ging Nicoletto Rosso
zum Notar, um einen Vertrag mit seiner Ehefrau Biancafiore
aufsetzen zu lassen. Er gab vor dem Notar das Versprechen ab,
sie nicht mehr zu schlagen oder zu beschimpfen, andernfalls
hätte er eine Konventionalstrafe von 50 *lire di piccoli* zu bezahlen. Bisher hatte er seine Frau so schlecht behandelt, daß sie zu
ihren Eltern nach Treviso geflüchtet war. Nach Vermittlung seiner Verwandtschaft bat Nicoletto jetzt seine Frau, zu ihm zu-
rückzukehren. Allerdings bestand er auf einer Klausel: »Wenn
du meinen Befehlen und Anordnungen nicht gehorchst, möchte
ich das Recht haben, dich maßvoll und geziemend zu strafen
und zu züchtigen«. Daß dies kein Einzelfall war, zeigt ein ähnlicher Vertrag des Adligen Leonardo Michiel, Mitglied einer Dogenfamilie, aus dem Jahre 1339.

Allerdings zeigen sich enorme Unterschiede darin, was eine
Familie von der Hochzeit eines Angehörigen erwartete. Für den
Adel war es klar, daß die Eheschließung ein bevorzugtes Mittel
war, um der Familie in der Stadt Einfluß zu sichern. Deshalb
heiratete der venezianische Adel meist innerhalb der politischen

Führungsschicht der Stadt. Heiratsverbindungen über die Staatsgrenzen hinaus waren selten. Ratssitzungen wurden so zum Treffen von großen Familienverbänden, die ihre eigene Politik und ihre eigenen Interessen verfolgten. Wir können im Rückblick nur noch das namensgebende Adelshaus erkennen. Wer sonst noch angeheiratet war und auf dessen Stimme man sich deshalb verlassen konnte, bleibt im Dunkeln. Die Loyalität galt zunächst der engeren Familie, mit der zusammen man im Haushalt lebte. Große Adelsfamilien teilten sich in mehrere *rami*, also Zweige, die zwar den gleichen Namen trugen, aber als Kleingruppe sich von der weiteren Verwandtschaft absetzten. Zur Unterscheidung wurde ihrem Namen dann oft die Pfarrei hinzugefügt, in der sie wohnten. Alle waren jedoch stolz Mitglied eines großen Familienclans, zum Beispiel der Ca' Morosini, der Ca' Dandolo oder Ca' Bembo zu sein. Man handelte nach außen als Familie, vererbte – falls die Linie vom Aussterben bedroht war – der Besitz innerhalb der eigenen Sippe und trug meist ein gemeinsames Wappen. Freilich zeigt die Heiratspolitik deutlich, daß die Adelsfamilien keineswegs als gleich anzusehen sind. Einzuheiraten in eines der großen, politisch führenden Häuser, war der Traum manches Adligen, der dennoch in aller Regel nicht in Erfüllung ging. Dabei waren Eheschließungen selbst über die Standesgrenzen hinweg bis zum Ende des 14. Jahrhunderts keine Seltenheit. Erst dann gab sich die Führungsschicht immer exklusiver. Es sind die Cittadini und reichen Kaufleute, deren Streben nach Einheirat in den Adel ging. Und der verschloß sich nicht. Nichtadlige Kandidatinnen, deren Vätern der soziale Prestigegewinn eine fette Mitgift wert war und die adlige Enkel haben wollten, waren ein beliebtes Mittel, um das Familienvermögen zu mehren. Immerhin hatte der Ehemann, solange die Ehe bestand, das Verfügungsrecht über die Mitgift. Und auch die Verheiratung einer Tochter unter dem Stand konnte ein gutes Geschäft sein. Entweder mußte der Adlige für die Hochzeit seiner Tochter innerhalb der Adelsschicht eine anständige Mitgift aufbringen oder er konnte sie, für ein geringeres Entgelt, in ein Kloster einkaufen. Heiraten unter Stand hingegen kosteten in aller Regel nicht mehr als der Eintritt ins Kloster. Keinesfalls aber, dazu waren die Fälle viel zu häufig, verlor jemand im venezianischen Adel im 14. Jahrhundert an Prestige, wenn er sich mit einer nichtadligen reichen Familie verband. Beide Schichten lebten zu ähnlich, um die Standesgrenzen im Alltag zu betonen. Hier wie dort wurde als selbstverständlich vorausgesetzt, daß die Ehefrauen keiner Arbeit nachgingen. Sie sollten den Haushalt organisieren und die Bediensteten überwachen. Wenn sie wollten, konnten sie auch in der Pfarrgemeinde tätig werden. Bereits der Rest der Stadt lag außerhalb ihres Horizonts. Unverheirateten Damen der besseren Gesellschaft war es gestattet, sich modisch und prunkvoll zu kleiden; waren sie verheiratet, trugen alle schwarze Kleider, die so recht zu dem langweiligen Leben passen wollten. Freilich versuchte eine jede mit ihrem Schmuck zu prunken. Da halfen alle die Kleidervorschriften nicht, die ihre Männer immer wieder erlassen hatten. Nach Marin Sanudo trug jede Frau von Adel Ringe im Wert von 300 bis 1 000 Dukaten an den Fingern, dazu weiteren Schmuck, Diamanten, Rubine, Saphire, Smaragde und große Perlen. Wessen Frau nicht mit Schmuck im Wert von 500 Dukaten ausging, der galt als arm. Extravagante Mode mit gewagten Schnitten war auch eine Auffälligkeit des Straßenbilds Venedigs, das dem Fremden sofort auffiel. Dietrich von Schachten berichtet über seine Eindrücke während der Pilgerfahrt des Landgrafen von Hessen 1491 »...von den Frauen, wie die selbigen gekleidet gehen in köstlichem Sammet und seidenen Röcken mit ihren köstlichen güldenen Brust und Ärmeln gestickt und belegt mit Perlen und anderen Edelgestein als dann da Sitt ist, je köstlicher eine, als die andere. Auch auf dem Kopf fein geschmücket, denn das Haar, je schöner sie das überkommen, je lieber sie das haben und findet man selten eine, die ihr Haar natürlich schön und lang habe, sie tragen als gemachte und tote Haare, das machen sie schön gelb und kraus, und binden es auf den Kopf zuhauf, wie man in deutschen Landen einem Pferd den Schwanz aufbindet, und das krause Haar lassen über die Ohren abhangen, wie die Männer anzusehen. Vorne sind die Haare schön, hinten zu ist ihr Haar am Nacken kohlschwarz; auch über den Kopf tragen sie über das Haar ihre hübschen von allerlei Farben seidene Tücher, schwarz, gelb, weiß, die stecken sie unter die Gürtel und ziehen sie dann über die Köpfe; scheinet, wenn man sie ansieht, wie allhier in Deutschland die Nonnen. Auch mag ich sagen, daß ich an Weibern keine schändlichere Kleidung gesehen habe ausgeschnitten, daß man hinten bis auf halben Rücken hinab, desgleichen vorne bis unter die Brust, darüber sie auf das allersubtilste, als sie immer finden können, Tüchlein tragen, sehen kann, darum so ehrlich die Männer in Kleidung da gehen, so schändlich sind die Weiber wiederum, tragen dazu hölzerne Schuhe, nennt man in etlichen Landen Zockel, die sind hoch, etliche eine Spanne hoch, etliche zwei Spannen, daß sie nicht darauf gehen können, sind mit Sammet oder Scharlachtuch, wie es ihnen gefällig, überzogen; es hat jede ihre Magd, an der sie sich hält, bei ihr gehen, wäre sonst nicht möglich, daß sie darauf gehen könnte, und welche die höchsten haben mag, die dünket sich am besten. Auch sind sie an ihren Händen wohlgezieret mit köstlichen Ringen und Gestein, wie köstlich sie es immer haben können. Ich lasse jetzt in der Feder, was sie sonst an viel Kurzweil können, es ist nicht alles zu schreiben. Auch ist es ihre Art, daß sie sich allwegen anstreichen und ihre Angesichte malen, welches doch wider die weise Natur ist, doch gibt es viel liebliche, davon ich nicht ferner sagen oder schreiben will«.

Wie man die Unterordnung der Frau auf subtile Weise auch in der Kunst darstellen konnte, zeigt das Grabmal des Dogen Francesco Dandolo, der 1339 verstarb (Abb. 43). Das Grabmal in der Frari ist ein frühes Werk des Paolo Veneziano in vorgotischem Stil, das am Beginn seiner Karriere als Staatsmaler steht. Es ist mit fast heraldischer Symmetrie gemalt. Den Dogen präsentiert sein Namenspatron, der heilige Franziskus, seine Gemahlin Elsabetta Contarini die heilige Elisabeth. Die symmetrische Darstellung der beiden Heiligenfiguren zeigt deren Gleichwertigkeit an. Dennoch machen Kleinigkeiten deutlich, daß die Ehefrau nicht auf einer Stufe mit dem Dogen steht. Es hat nicht nur mit Realismus der Darstellung zu tun, daß der Doge etwas größer wiedergegeben ist als seine Frau. Gleichzeitig wendet sich Christus segnend ihm zu, während er den beiden Frauengestalten den Rücken zuwendet. Wie zum Ausgleich neigt sich die Madonna dafür nach rechts, doch blickt sie auf ihren Sohn und deutet als Vermittlerin auf ihn. Der Typus der Hodgetria wurde gewählt um anzuzeigen, daß Christus, obwohl abgewandt, auf ihre Fürbitte hin das Gebet annehmen will.

Völlig anders dagegen sah die Welt einer Handwerkersfrau aus. Gerade die weniger vermögenden Schichten waren in anderer Weise Gefahren ausgesetzt, schlechtere Ernährung machte sie anfälliger für Krankheiten, die schwere körperliche Arbeit war unfallträchtig. Bei den Handwerkern war deshalb die Veränderung innerhalb weniger Generationen enorm. Man kennt keine Familien, die sich über längere Zeit hätten halten und eine gewisse Tradition aufbauen können, der Anteil an neu nach Venedig zugezogenen Personen war groß. Allein schon aus ökonomischen Gründen: Venedig war eine teure Stadt, in der allein die Miete bereits ein Problem darstellte. Die Frau aus ärmeren Schichten in Venedig war deshalb in aller Regel berufstätig, weil die Familie auf ihr Einkommen angewiesen war. Das bedingte, daß man sich mehr als ein oder zwei Kinder gar nicht leisten konnte. Sie arbeitete im Beruf des Mannes mit, wo sie die geringer geachteten Arbeiten ausführte, sie war als Verkäuferin oder in einem vornehmen Haushalt tätig. Die Segelmacherinnen im Arsenal erhielten gerade einmal ein Drittel des Lohns, der bei gleicher Arbeit den Männern zustand. Wurde sie Witwe, war sie in aller Regel gezwungen, sich wieder zu verheiraten, da sie mit einem Einkommen allein nicht leben konnte. Eine sie schützende Verwandtschaft, wie sie im Adel und bei den Cittadini die Regel war, kannte sie in den meisten Fällen nicht.

Wie in jeder großen Hafenstadt gab es auch in Venedig die Prostitution in erheblichem Umfang, wobei vor allem die Spelunken um den Rialto berüchtigt waren. »Hier am Rialto bei einigen Hostarien ist der öffentliche Ort der Stadt, wo die Prostituierten stehen. Allerdings gibt es sie auch noch an anderen Orten wie an San Marco, bei San Luca, bei San Cassan und bei den Carampane«, gibt Marin Sanudo Auskunft. Falschspielerei, Diebstahl und Raufereien waren in diesen Lokalen ein steter Anlaß der Unruhe. Neben diesen armseligsten Erscheinungen käuflicher Liebe gab es seit dem 15. Jahrhundert in Venedig Kurtisanen, die sich eine Art Salon hielten, gebildet waren, dichteten und musizierten, manche beherrschten sogar die Sprache der Humanisten, das Lateinische, und sie wurden als etwas Besonderes geschätzt.

Was schon beim Verhältnis der Geschlechter zu sehen war, galt für die gesamte venezianische Gesellschaft. Im 15. Jahrhundert wurde statt des Miteinander die Hierarchie betont, die Stände unterstrichen eher die Differenzen, alte soziale Bindungen lösten sich auf. Das war zunächst einmal ein Vorgang, der durch das Zusammenwachsen der Stadt bedingt war. Die Bedeutung der Bindungen in der Pfarrei nahm ab, und die Nachbarschaftsverbände lösten sich auf. Beschleunigt haben diesen Vorgang freilich zwei Ereignisse des 14. Jahrhunderts. Da ist zum einen die Große Pest, der Verlust von etwa 60 000 Menschen ließ sich nicht leicht verkraften. Es setzte eine Masseneinwanderung ein, da der große Hafen mit seinen Verdienstmöglichkeiten die Menschen anzog. Freilich hatten diese Neuankömmlinge keine Bindungen mehr, die alten Strukturen lösten sich auf. Die zweite Katastrophe war der Krieg um Chioggia. Diesen konnte Venedig nur durchstehen, wenn es alle Kräfte in Anspruch nahm. Während man die kleinen Leute zum Schiffsdienst zwang, bürdete man dem Adel und den Cittadini finanzielle Opfer auf. Ganze Adelssippen kamen in existenzbedrohende Schwierigkeiten, wie etwa die Familie Pesaro, die sich gezwungen sah, ihren Familienpalast, den heutigen Fondaco dei Turchi, zu verkaufen. Die Familie Carlo, eine der reichsten Familien der Popolanen, ging 1392 bankrott. Auf der anderen Seite gab es Kriegsgewinnler: Der spätere Doge Michele Morosini spekulierte damals erfolgreich mit Grundbesitz und vervierfachte sein Vermögen. Diese scharfen Brüche in der Gesellschaft hatten Konsequenzen. Wer sich vor dem sozialen Abstieg sah, klammerte sich um so stärker an seinen Rechtsstatus als Adliger oder Cittadino. Umgekehrt forderte der kleine Mann, der auf den Schiffen seinen Anteil an der Rettung Venedigs geleistet hatte, vom Staat dafür eine Anerkennung, die ihm jedoch vorenthalten wurde. »Verrücktes Venedig, du hast deine Armen vergessen«, kritzelte um 1400 ein Anonymus an die Wände der Kirche von San Boldo.

Die Folge war eine soziale Verhärtung, die zur Abgrenzung der einzelnen Gruppen führte. Im Adel läßt sich diese Tendenz erstmals 1365 feststellen. Bei der Dogenwahl bekämpfte man die Kandidatur des Marco Cornaro mit dem Argument, er sei mit einer Nichtadligen verheiratet, deren Familie Einfluß auf die Politik nehmen könnte. Der Angegriffene setzte sich mit dem Argument zur Wehr, er sei schließlich nicht der einzige, dessen Frau nicht von Adel sei. Im Jahr 1376, als Venedig wahrhaftig andere Sorgen hatte, verschärfte man den Zugang zum Maggior Consiglio für uneheliche Adelssöhne, und 1403 stimmte die Signoria den Vorschlag nieder, für jede ausgestorbene Sippe eine Familie aus dem Kreis der Cittadini in den Adelsstand zu erheben. Dies hat in viel stärkerer Weise als die sogenannte »Serrata« des Maggior Consiglio vom Ende des 13. Jahrhunderts zum venezianischen Kastenwesen geführt. Diese Entscheidungen haben freilich auch ganz handfeste Gründe gehabt. Die Verarmung in der Krise nach dem großen Krieg führte dazu, daß immer mehr Adelsfamilien auf Posten in der Staatsverwaltung angewiesen waren, um sich und ihre Verwandtschaft durchzubringen. Da konnte Konkurrenz nur hinderlich sein. Außerdem half das Herauskehren des eigenen Rechtsstatus, sich weit über den reichen Popolanen zu erheben. Und man hat diese Tendenz bei der Erziehung der Jugend ganz bewußt unterstützt. Noch im 14. Jahrhundert wuchs der junge Adlige in seiner Pfarrei zusammen mit gleichaltrigen Nachbarsjungen auf. Nun entstehen zu Beginn des 15. Jahrhunderts die Compagnie della Calza als bewußter Versuch, der adligen Jugend den Sinn für ihre besondere Stellung schärfen. Hier versammeln sich die Burschen, die noch nicht fünfundzwanzig Jahre alt sind. Mit dem Erreichen dieser Altersstufe gehören sie zu den *togati*, also jenen im Maggior Consiglio zugelassenen Nobili, die die schwarze Toga tragen. Bis dahin sind sie in der Kleiderfrage frei. Diese Kompanien mit ihren verschiedenen Abzeichen waren exklusive Klubs junger Gecken, die sich vor allem durch ihre grellbunten Beinkleider und aufgenähten Klubabzeichen im Straßenbild bemerkbar machten. Jetzt war die adlige Jugend unter sich, sie trat bei Festen auf, hielt gemeinsame Belustigungen und entwickelte ein Standesbewußtsein, wie es die Väter wünschten. Freilich war den Großvätern in der Regierung das Treiben suspekt, und man stellte die Vereine unter die Aufsicht des Rats der Zehn. Dieser fand, daß die Kompanien »wertvolle

Erfahrungen im Planen und Verwalten vermittelten und jugendli-
che Energien zu einem sozial nützlichen Zweck hinleiteten«. Es
konnte dabei nicht ausbleiben, daß die Kompanien auch immer
wieder für Übergriffe sorgten, die den Frieden in der Stadt stör-
ten.

Als man zu Beginn des 16. Jahrhunderts dann das sogenannte
Goldene Buch einführte, das Standesregister des venezianischen
Adels, hat dieser Prozeß seinen Abschluß gefunden. Gleichzeitig
aber kann man verfolgen, daß sich die Cittadini über ihre Mitbürger erhoben sehen wollen. Ebenfalls 1403 verschärfte man
die Anforderung dafür, wer sich zu diesen zählen durfte, und im
16. Jahrhundert führte man für diesen Kreis ein Silbernes Buch
als Standesregister ein. Diese Tendenz zur Verfestigung der be-
stehenden gesellschaftlichen Strukturen machte sich in allen Le-
bensbereichen bemerkbar. Da war es nur konsequent, daß man
die alte Volksversammlung abschaffte, da der Adel sie nicht
mehr brauchte. Wie ein Symbol wirkte es auch, als man die alte

Bezeichnung *comune* aufgab, um die Regierung in der Folge als *dominium* oder *signoria* zu bezeichnen.

Die Scuole

Um die Loyalitäten und Verbindungen in der venezianischen Gesellschaft des Spätmittelalters zu verstehen, die über die Grenzen der rechtlich fixierten Stände hinausreichten, muß man sich die Institution der Scuole genauer ansehen. Kirchenrechtlich waren die Scuole Laienbruderschaften, wie sie in der ganzen christlichen Welt des Mittelalters üblich waren. Es waren kirchliche Vereinigungen, die von gewählten Laien geleitet wurden. Ihre Aufgabe bestand darin, die Mitglieder zur gegenseitigen Hilfe zu verpflichten, wobei diese sowohl im materiellen wie im geistlichen Sinne geleistet werden konnte. Mit Gebeten, frommen Werken und mit Askese sollten sich die Mitglieder gemeinsam um die Erlösung bemühen. Gedenken an die Toten, Hilfe für bedürftige Brüder, gemeinsame Messen und das feierliche Begehen des Namensfestes des Patrons gehörten in jeder Scuola zum Programm. Für den einzelnen bedeutete die Mitgliedschaft in einer Scuola ein Bollwerk gegen die Unsicherheit. Da die Mitglieder bedürftigen Brüdern helfen sollten, ging eine soziale Absicherung einher mit dem Bemühen um die geistliche Erlösung. Gerade die unteren Schichten der Bevölkerung sahen deshalb in der Scuola eine Institution, in der sie in ähnlicher Weise gesichert waren wie der Adlige in seinem Familienclan. Was nun aber die venezianische Scuola von ähnlichen Institutionen anderswo unterschied, waren die vielfältigen Formen, in der sie auftrat.

Die wichtigsten Scuole Venedigs waren jene, die man seit dem späten 15. Jahrhundert Scuole grandi nannte. Die älteste unter ihnen war Santa Maria della Carità, deren Gründungsregel aus dem Jahre 1260 stammt. Ebenfalls zu diesem exklusiven Kreis gerechnet wurden San Marco, San Giovanni Evangelista, Santa Maria della Misericordia und seit 1489 San Rocco. Ihnen allen gemeinsam war, daß sie Flagellantenvereinigungen waren. Ihre Mitglieder praktizierten die Selbstgeißelung, wie sie im 13. Jahrhundert in franziskanischen Kreisen im Gedenken an die Leiden Christi Mode geworden waren. In dem Maße freilich, wie die Scuole grandi gesellschaftliche Institutionen wurden, bei denen auch die Oberschicht die Mitgliedschaft erlangte, führte nicht mehr jeder die Geißelung aus. Man übertrug bei Prozessionen und öffentlichen Auftritten die Geißelung bestimmten Mitgliedern, für den Rest galt die Bruderschaft als gesellschaftliche Verpflichtung. Die Tatsache, daß die Zahl ihrer Mitglieder be-

schränkt war, erhöhte das Prestige. Was die Scuole grandi vom
großen Rest unterschied, war die Zahl ihrer Brüder, die der Rat
der Zehn auf 500 oder 600 festsetzte. Zwar hat man sich an
diese Vorgaben nicht immer genau gehalten, doch lag die Be-
schränkung der Zahlen im Staatsinteresse. Die Dieci sorgten sich
beständig, aus den geistlichen Vereinen könnten Zentren der
Verschwörung werden. Die Mitglieder der Scuole grandi kamen
aus allen Schichten der Bevölkerung, womit deren integrierende
Rolle im Leben der Stadt bereits beschrieben ist. Hier fanden
sich Menschen ganz unterschiedlicher Herkunft als Brüder zusammen. Der venezianische Adel war zahlreich vertreten, doch
die führende Rolle spielten hier die reichen Cittadini und Hand-
werksmeister. Sie leiteten zumeist die Scuole, was ihren Ehrgeiz
in Bahnen lenkte, die dem Rat der Zehn gerade recht waren. Da
wog es leicht, den Leitern der Scuole grandi auch noch das
Tragen der roten Toga zu gestatten, ganz so als ob sie Senatoren
wären. Bei feierlichen Prozessionen marschierten die fünf Großen immer voneweg, was sicherlich auch ihr Selbstwertgefühl
steigerte. Daß dies wichtig war, zeigen Nachrichten darüber, daß
sich mit dem Vortritt der Scuole auch der Rat der Zehn zu
befassen hatte. Als sich nämlich einmal zwei Scuole nach einer
Feierlichkeit in einer engen venezianischen Calle begegneten,
war es über der Frage, wer ausweichen solle, zu einer Massen-
schlägerei der Herren im Talar gekommen. Also mußten auch
dafür Regeln verfaßt werden. Aber die Scuole grandi galten auch
als ideale Versicherung gegen die Fährnisse des Alters, was eine
Mitgliedschaft für nichtadlige Kreise sehr anziehend machte.
Beim Adel sorgten in Notfällen der Staat und die Familie, der
kleine Mann konnte auf eine solche Sicherung nicht hoffen.
Doch die Scuole grandi wiesen beachtliche Geldmittel aus.
Durch Hinterlassenschaften wurden die Vereinigungen reich,
wobei das Geld in Staatsanleihen und in Grundbesitz angelegt
wurde. Auf Kosten dieser Institutionen wurde viel gebaut, noch
heute weisen zahlreiche Häuser in der Stadt durch Wappen darauf hin, daß dieses Mietshaus früher einmal einer Scuola gehört
hat. Die Wohnungen wurden zum Teil den Bedürftigen zu er-
mäßigter Miete oder auch umsonst überlassen, die Mieteinnah-
men dienten dann wiederum caritativen Zwecken. Diese *case
amore Dei* scheinen bereits bei der Vermietung elementar eingerichtet gewesen zu sein. Die Verwaltung der Vermögen und die
Leitung der Scuola erforderten Gastalden, Notare, Schatzmeister
und Advokaten, eine Spielwiese für alle, deren Eitelkeit nach
öffentlicher Anerkennung strebte. Die Verwaltung der Scuole
grandi war den Popolanen und hier natürlich den reicheren
unter ihnen vorbehalten. Dies war ein hervorragendes Mittel, um

den Ehrgeiz der von der Staatsmacht ausgeschlossenen Neureichen in gewünschte Bahnen zu lenken. Jener Schicht der Bevölkerung, die sich in anderen italienischen Städten als ständiges Element der Unruhe erwies, wurde eine Möglichkeit geschaffen, soziale Anerkennung auch ohne Revolte zu erreichen. Selbst für den Toten bestand noch die Möglichkeit, sich bei den Mitbrüdern beerdigen zu lassen. Das sorgte dann für eine Grablege, die sich der einzelne gar nicht hätte leisten können, und für einen großartigen und personenreichen Begräbniszug. Für die Selbstdarstellung der venezianischen Gesellschaft hatten die Scuole und hier besonders die Scuole grandi eine herausragende Bedeutung. Was sich der einzelne an Zurschaustellung und Mäzenatentum versagen mußte, war den geistlichen Vereinen erlaubt. Die möglichst prunkvolle Ausstattung des Versammlungshauses zeigt auch den sozialen Rang ihrer Mitglieder. So sind neben den Kirchen und dem Staat die Scuole die großen Auftraggeber für die Künstler gewesen.

Unterhalb der großen Scuole, die einen besonderen Rang hatten, gab es eine Vielzahl kleinerer Institute, die diesen Namen trugen. Seit dem 13. Jahrhundert und verstärkt im folgenden erschienen sie besonders in der Umgebung der Zünfte. Dem Staat gegenüber traten die Zünfte als Berufsgenossenschaften auf, doch hatten sie nicht wie anderswo auch soziale Aufgaben übernommen. Dies taten dann diejenigen Scuole, die eng mit einer Berufsgenossenschaft verbunden waren. Hier hingen Beruf und Mitgliedschaft aufs engste zusammen. Und in diesen Scuole hatten dann, im Gegensatz zu den Scuole grandi, auch die Frauen Zugang. Es gab bei einzelnen von ihnen sogar Frauen als gewählte Leiterinnen, doch war dies nicht die Regel. Nach außen hin erschienen manchmal Zunft und Scuola identisch, obwohl es zwei grundverschiedene Institutionen waren. Auch Versammlungshäuser waren lange Zeit unnötig. Erst im 15. Jahrhundert, als bei zahlreichen Kirchen die Vorhallen beseitigt wurden, die seit alters her als Versammlungsplatz dienten, mußten auch die Scuole piccole ihre eigenen Häuser einrichten. Seit dem 15. Jahrhundert entstehen so neben vielen Kirchen die Versammlungshäuser der Scuole, die zu einem wichtigen Element der Kirchplätze in der Stadt werden. Bei den berufsgebundenen Scuole tritt die soziale Sicherung als ihre Aufgabe noch deutlicher hervor als bei den großen. Witwen und Invaliden ein Mindestmaß an Sicherung zu bieten, war der besondere Auftrag dieser Institute. In einigen Fällen, wenn das Gewerbe besonders verbreitet war und die Beteiligten aus verschiedenen Schichten oder gar Kulturen kamen, gab es auch mehrere Genossenschaften. 1422 gab es für die Tuchmacher drei Scuole: die Scuola der Arbeitgeber, die Scuola der Arbeiter aus der Lombardei und die Scuola der deutschen Arbeiter. Überhaupt gab es für zahlreiche zugewanderte Minderheiten eigene Scuole, die Erinnerung und Zusammengehörigkeit pflegten. Mailänder, Bergamasken, Albaner, Griechen und deutsche Handwerker hatten eigene Vereinigungen, die natürlich besondere Beachtung bei den Behörden fanden. Bei den Griechen etwa ging man von der Fiktion aus, sie seien katholisch und nicht orthodox, um ja keinen Ärger mit der kirchlichen Hierarchie heraufzubeschwören. Mit der Vereinigung der deutschen Kaufleuten in der Scuola zu Ehren der Rosenkranzmadonna bei San Bartolomeo hat es dann während der Reformation ständig Ärger gegeben. Selbst die Ballenbinder des Fondaco dei Tedeschi hatten ihre eigene Scuola, die es sich angelegen sein ließ, diese Hilfskräfte der Kaufleute in einer Gruft in Santi Giovanni e Paolo, der Kirche der Dogengräber, beisetzen zu lassen. Über hundert Scuole gab es in der Stadt, deren wichtigste Aufgabe es war, die Mehrheit der Bevölkerung sozial zu sichern. Aber es gab auch Sonderformen. Die Scuola di Santa Maria della Giustizia bei San Fantin hatte es sich beispielsweise zur Aufgabe gesetzt, bei Hinrichtungen die Todeskandidaten auf ihrem letzten Weg zu begleiten und danach für ein anständiges Begräbnis zu sorgen.

Ein Beispiel für eine Versammlungsstätte der Handwerker, wie sie das 15. Jahrhundert hervorgebracht hat, ist die Scuola dei Calegheri am Campo San Tomà (Abb. 44). Bis 1446 hatten die Schuster ihre Versammlungen bei der Kirche Santa Maria della Carità abgehalten, wo sie auch ein ewiges Licht unterhielten und wo ihr Schutzheiliger, der heilige Anianus verehrt wurde. Jetzt kauften sie, wie so viele andere auch, ein Versammlungshaus. Schon bald verlegten sie ihre Gottesdienste in die nahegelegene Kirche San Tomà, die neben Santa Maria della

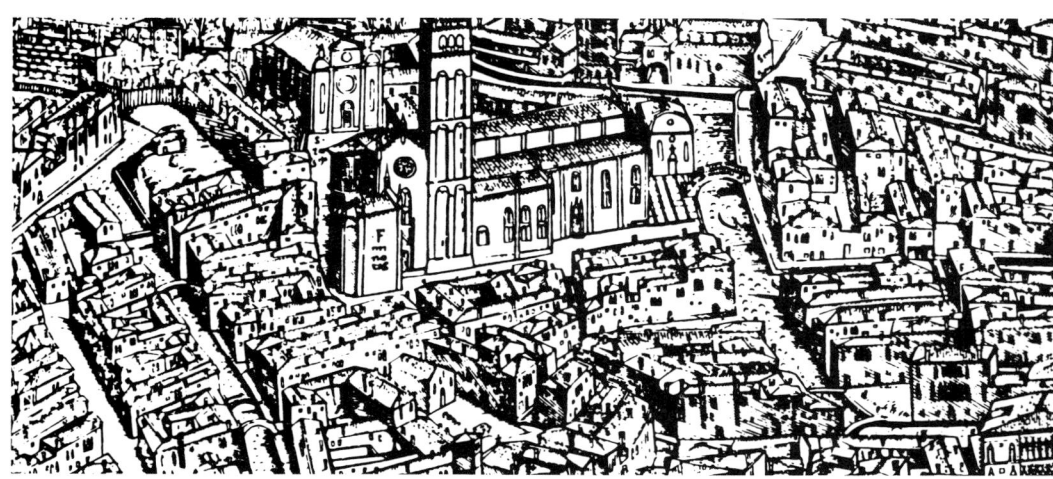

Abb. 44
Die 1383 gegründete Scuola der Schuhmacher erwarb ein Gebäude am Campo San Tomà, das
1478 vollendet wurde. Über dem Portal befindet sich ein Relief, das die Heilung des Anianus
zeigt. Er war Schuster, hatte sich mit der Ahle verletzt und wurde vom heiligen Markus vor dem
Tode bewahrt. Dieser weihte ihn zum Bischof und machte ihn zu seinem Nachfolger in Alexan-
dria. Den Balken unter dem Relief schmücken drei Schuhe. Die Madonna darüber, die ihren
Schutzmantel über die sie anbetenden Brüder breitet, stammt ursprünglich nicht von diesem
Gebäude. Den Altar, den die Scuola in der Kirche San Tomà unterhielt, zierte eine von Jacopo
Palma il Giovane gemalte »Heilung des Anianus«, ein Sujet, das auch an der Fassade der Scuola
Grande die San Marco zu bewundern ist.

*Abb. links: Im Vordergrund liegt der Campo San Tomà, dessen Abschluß die Scuola der Schuhma-
cher bildet, dahinter erhebt sich mächtig die Franziskanerkirche Santa Maria Gloriosa dei Frari.*

Carità ihr Gotteshaus wurde. Das Relief über der Tür der Scuola zeigt den heiligen Anianus, einen Schuster, der nach der Legende durch den heiligen Markus vom Tode errettet wird. Später folgte er dann dem Evangelisten an der Spitze der Kirche von Alexandrien. Mehr als andere Handwerke können so die Schuster auf eine enge Verbindung ihrer Zunft und Scuola mit dem venezianischen Staatsheiligen verweisen.

Die soziale Fürsorge, darüber dürfen die zahlreichen Institute christlicher Nächstenliebe nicht hinwegtäuschen, war keine besondere Tugend von Venedig. Das große Geldverdienen war wichtiger als soziale Wohltaten. Und dies galt bis in die Reihen der Nobilität selbst. Als 1492 der Antrag eingebracht wurde, zur Linderung sozialer Nöte verarmter Adelsfamilien 70 000 Dukaten aufzubringen, wurde der Vorschlag nicht nur verworfen, man beschloß auch noch, die Antragsteller zu bestrafen. Bemerkenswert ist das System der Alterssicherung bei den Arsenalotti gewesen. Bis 1440 bestand die Regelung, daß jeder sechste beschäftigte Schiffsbauer über 55 Jahre alt sein mußte. Damit war auch den Älteren Arbeit garantiert und die Gefahr beseitigt, daß durch die Beschäftigung immer neuer, kräftiger junger Arbeiter von außerhalb diese Familien ins Abseits und in die Not getrieben wurden. Unruhepotential mußte auf jede erdenkliche Art und Weise verhindert werden. Nach 1440 errichteten die Zünfte Pensionsfonds. Marin Sanudo zählt über 30 Spitäler in der Stadt auf, wobei teilweise unklar ist, ob darin Kranke behandelt oder Alte gepflegt wurden. Vor allem wenn sie von Scuole betrieben wurden, dienten sie meist der Alterssicherung der Mitglieder. Seuchenspitäler wurden außerhalb der Stadt auf Inseln errichtet, um die Kranken zu isolieren.

Ein ständiges Problem, das andere Städte in dieser Form nicht kannten, war die Wohnungsnot. Die Insellage verhinderte eine rasche Ausbreitung der wachsenden Stadt, jeder Baugrund mußte dem Meer abgewonnen werden und erforderte umfangreiche Maßnahmen, um das Fundament mit Eichenpfählen zu befestigen. Die große Nachfrage und die hohen Baukosten trieben die Mietpreise in die Höhe, so daß selbst Adelsfamilien manchmal in relativ bescheidenen Häusern lebten. Der venezianische Palazzo war oft genug geschoßweise vermietet, die Kleinfamilien eines Adelsclans wohnten über die Stadt verteilt. Dennoch hat es großartige Palazzi gegeben, deren Schönheit und Schmuck den Reichtum und das Ansehen ihrer Besitzer steigern sollten. Die meisten der vornehmen Palazzi konzentrierten sich am Canal Grande. »An beiden Seiten sind Häuser der Patrizier und andere auch sehr schöne bis zu 20 000 Dukaten wert. Darunter ist auch

dasjenige, das jetzt dem Cavalliere Zorzi Cornaro gehört, dem

Bruder der Königin von Zypern, der es in unseren Tagen für genannte 20 000 Dukaten gekauft hat; auch dasjenige des verstorbenen erhabensten Dogen Francesco Foscari, jetzt gehört es seinen Erben, ist von allerhöchstem Wert. Dazu kommen andere, die aufzuzählen lange dauern würde. Es gibt viele, die mehr als 10 000 Dukaten wert sind, der Rest kostet 3 000 bis 10 000. Es gibt auch einige, die weniger wert sind, aber das sind nur wenige. Und diejenigen am Canal sind mehr wert als andere, besonders bei Rialto oder San Marco, und es gibt Pfarreien, die sind mehr geschätzt als andere, weil sie näher an diesen Plätzen liegen. Und man muß wissen, daß diese Häuser oder besser Palazzi nach unserer Weise gebaut sind, mit drei oder vier besonders schönen Stockwerken, wo eine Familie sehr gut leben kann, da es Zimmer, Säle und alle anderen notwendigen Dinge gibt. Der Boden ist sehr teuer und kostet ziemlich viel. Es gibt unzählige Häuser mit vergoldeten Zimmern von 800 Dukaten aufwärts, Treppen aus Pietra viva, Balkone und Fenster, die alle verglast sind. Es gibt so viele Fenster, daß die Meister sie immer ausbessern müssen, die Gläser macht man in Murano, wie ich weiter unten schildern werde, so daß es in jeder Pfarrei einen Glasermeister gibt. Diese Häuser vermietet man an die Kundschaft, meist für ein bis fünf Jahre, da man nach dem Gesetz keinen längeren Mietvertrag abschließen darf. Und man vermietet sie an Adlige, manchmal zu 100 oder 120 Dukaten pro Jahr, nur die Aufenthaltsräume, das heißt die Wohnung, ohne die anderen Räume, die man teuer vermietet. Fast alle Häuser, denn auch außer am Canal Grande gibt es in den Pfarreien sehr schöne Häuser, haben einen Wasser- und einen Landeingang, da es sogenannte *rii* ohne Zahl gibt, die vom Canal Grande abgehen und zu verschiedenen Pfarreien führen«. So beschreibt Marin Sanudo den Wohnungsmarkt Venedigs am Ende des 15. Jahrhunderts, wie er sich für die Oberschicht darstellte. Auch Adlige wohnten häufig zur Miete, was freilich eine kostspielige Angelegenheit war.

Der ältere Palastbau in Venedig hat mit der *casa fondaco* einen Typus gefunden, der bei allen byzantinischen Verzierungen vor allem ein funktionelles Bauwerk gewesen ist. Außer als Wohnung sollte er auch den Kaufleuten als Warenlager dienen. Im 15. Jahrhundert entstehen bei den gotischen Palazzi neue Formen. Jetzt gilt es, durch die Gestaltung der Fassade eine Wirkung auf die Außenwelt zu erreichen, die älteren Bauten fremd ist. Der Typus eines Palastes mit der durchgehenden mittleren Sala, aus der dann die einzelnen Zimmer abgehen, hat sich bis ins 19. Jahrhundert gehalten und ist an seiner dreigliedrigen Fassade leicht zu erkennen. Was noch im 14. Jahrhundert streng

Abb. 45
Die Ca' d'Oro aus dem 15. Jahrhundert ist einer der schönsten Paläste Venedigs. Hier richten sich
die Fenster nicht mehr nur nach der Disposition der Innenräume, sondern sind auf eine geschlossene Wirkung des Außenbaues hin angeordnet. Kostbares Material fand Verwendung, die Details
wurden reich ausgestattet. 1431 erging der Auftrag, das Steinmetzwerk farbig hervorzuheben und
einzelne Details großzügig zu vergolden. Dieser Schmuck gab dem Palazzo dann seinen Namen.

verpönt war, setzt sich im 15. Jahrhundert durch: Schmuckelemente des Dogenpalastes werden auf die Privatbauten übertragen. Zuerst ist dies bei der Ausgestaltung der Ca' d'Oro geschehen (Abb. 45), seine Vollendung fand es dann in den Arkaden des Familienpalastes des Dogen Francesco Foscari. Daß der Staat gegen diese Selbstdarstellung nicht einschritt, lag daran, daß es die höchsten Repräsentanten eben dieses Staates waren, die hier gebaut haben, Doge der eine, der andere, Marino Contarini, Prokurator von San Marco. Die Ca' d'Oro ist das wichtigste Werk der Flamboyantgotik in Venedig und einer der schönsten Paläste überhaupt. Der Bauherr hatte 1406 Sormador Zen geheiratet, deren Familie den hier stehenden Palast des 12. Jahrhunderts besaß. Nachdem Contarini diesen erworben hatte, ging er daran, hier etwas Neues zu schaffen. Obwohl der Neubau stilistisch und in seinem Schmuck einzigartig ist, verbergen sich Teile des alten byzantinischen Palastes im Neubau. Vor allem die Arkaden am Wassertor entsprechen noch einer *casa fondaco*. Ansonsten hat der Bauherr in großem Stil in die Planung eingegriffen. Obwohl er die besten und teuersten Baumeister anstellte, Marco Raverti, den Architekten des Mailänder Doms, und die venezianische Werkstatt der Bon, die viel im Auftrag des Staats erledigte, bestimmte er sogar Details selbst. Ein Fenster ließ er nach dem Palazzo Priuli bei San Severo konstruieren, die Kapitelle mußten aus weißem istrischen Stein sein und außerdem den benachbarten Palazzo Sagredo kopieren, für die Treppe übernahm er als Vorbild einen anderen Contarini-Palast. Trotzdem ist daraus etwas eigenständig Neues entstanden, das gleichzeitig venezianischen Formen verhaftet blieb. Die Landseite des Palazzo ist etwas einfacher gehalten, hat aber die ältere Form des Landzugangs bewahrt. Von einem kleinen Hof, in dessen Mitte ein schöngestalteter *pozzo* der Wasserversorgung diente, führte eine reich geschmückte Freitreppe in den ersten Stock, ins *piano nobile* hinauf. Um die Wirkung des reichen Zierrats der Fassade noch zu verstärken, ließ Marino Contarini 1431 die Steinmetzarbeiten mit Ultramarin und Rot farbig gestalten und einzelne Details vergolden, eine Art der Verzierung, die wenige Jahre später auch an der Porta della Carta des Dogenpalasts die Architektur noch eindrucksvoller gestalten sollte. Die beiden im Grundriß identischen Stockwerke konnten getrennt bewohnt werden, wie es in Venedig durchaus üblich gewesen ist. Daß das häusliche Leben der Venezianer entgegen der prahlerischen Ausführungen eines heimatstolzen Marin Sanudo eher kärglich gewesen sei, betonen viele Besucher der Stadt. Darüber kann auch die Tatsache vergoldeter Inneneinrichtung nicht hinwegtäuschen. Wie man sich einen typischen Innenraum einer besseren venezianischen Behausung vorzustellen hat, zeigt deutlich das Bild »Traum der Heiligen Ursula« von Vittore Carpaccio aus dem bereits erwähnten Zyklus zum Leben der Heiligen (Abb. 46). Die hohen Räume sind sparsam möbliert, dennoch ist dem Raum eine gewisse Würde eigen.

Venedig bestand nicht nur aus Palazzi, gerade auch für die ärmeren Schichten waren die bescheidenen Behausungen ein großes Problem. Auch sie waren im Verhältnis zu den Verdiensten teuer. Wie es abseits der großen Zentren mitten in der Stadt Venedig ausgesehen hat, vermittelt am besten das Bild des Gentile Bellini »Wunder am Ponte di San Lorenzo« (Abb. 47). Es gehört zum Zyklus der Wunder der Kreuzreliquie der Scuola grande San Giovanni Evangelista und gibt eine Begebenheit des Jahres 1374 wieder. Bei einer Prozession war im Gedränge die Kreuzreliquie in den Kanal gefallen und ließ sich nur vom damaligen Guardian der Scuola, Andrea Vendramin, retten, den wir mit seinem weißen Habit aus dem *rio* auftauchen sehen, das kostbare Behältnis in die Höhe gestreckt. Deutlich ist ein sehr filigranes Reliquiarkreuz aus Bergkristall und vergoldetem Silber zu sehen. Wie es bei diesen Bildern üblich war, wurde die historische Handlung mit einem Ambiente der Gegenwart verknüpft.

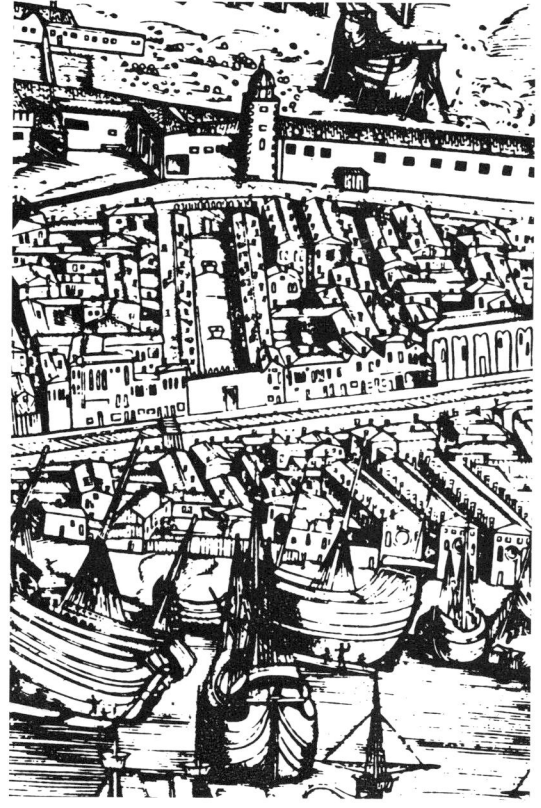

In der Nähe des Arsenals befanden sich Anlagen des sozialen Wohnbaus. Am Ufer erkennen wir drei langgestreckte, parallel liegende Anlagen, durch Rundfenster architektonisch gestaltet. Bei dem dahinterliegenden Komplex ist die Struktur derartiger Einrichtungen gut erkennbar: die Tore in den zinnengeschmückten Mauern wurden nachts abgesperrt, die Bewohner wurden von zwei eigenen Brunnen mit Wasser versorgt, die Kamine deuten die Anzahl der Wohneinheiten an.

Da die Kreuzreliquie aus Zypern nach Venedig kam, kann nicht verwundern, daß man links am Ufer Catarino Cornaro mit ihrem Hofstaat knien sieht. Die Familie Cornaro hatte schon immer gute Beziehungen zu dieser Scuola grande unterhalten, die sie großzügig mit Stiftungen bedachte. Die Tatsache, daß der Retter der Reliquie die Königin anblickt und ihr das Heiligtum hinstreckt, könnte man als Hinweis sehen, daß diese Adelsfamilie mit der Stiftung des Bildes zu tun hat. In diesem Sinne hat man auch versucht, die vorne auf einer über den Kanal gelegten Holzbühne knienden Figuren dieser Familie zuzuordnen. Andere freilich wollten hier Mitglieder der Familie Bellini erkennen. Es steht fest, daß die zahlreichen Personen des Bildes mit ihren individuellen Gesichtszügen Porträts der Mitglieder der Scuola grande gewesen sind. Was das Bild jedoch einzigartig macht und was ihm seinen hohen Rang unter den frühen Städtebildern zuweist, ist die Tatsache, daß Gentile Bellini als Umgebung der Wunderhandlung eine genaue Darstellung von Kanal und Häusern am Ponte di San Lorenzo gegeben hat. Dabei hat er den *rio* etwas begradigt, ansonsten aber lassen sich auch Details, wie die dreiteilige Brücke, anhand der Stadtansicht des Jacopo de'Barbari genau kontrollieren. Das hohe Gebäude rechts im Hintergrund gehört zum Komplex des Klosters San Lorenzo, zu dessen Vorplatz die Brücke hinführt. Die Anlegestelle rechts vor der Brücke, vor der ein dunkelhäutiger Sklave zögert, in den Kanal zu springen, wurde später durch eine größere Stufenanlage ersetzt. Für den urbanistischen Aspekt freilich ist die linke Seite des Bildes interessant, da wir hier alle Stufen des venezianischen Wohnbaus nebeneinander sehen. Im Hintergrund ragt mächtig der Palazzo Cappello, dessen Baukörper als einziger in dieser Form heute noch erhalten ist. Davor sieht man ein Gebäude, das für den mittleren venezianischen Wohnbau repräsentativ ist. Es fehlt die Fassadengliederung, die erkennen läßt, daß im Innern eine Sala repräsentative Aufgaben übernimmt, doch sind die Schmuckelemente des Gebäudes ähnlich denen des größeren Palazzo. Davor zeigen sich die typischen Wohnhäuser der Unterschicht in Venedig. Die kleinen und bescheidenen Häuser ziehen sich als Reihenhäuser vom Kanal weg entlang eines Hofes weit hinein. Solche Gebäude waren für die ärmeren Pfarreien Venedigs typisch, auch in der großen Stadtansicht von 1500 können wir derartige Wohnungen im Castello deutlich erkennen.

Die Besucher des mittelalterlichen Venedig waren sich darüber einig, daß die Bewohner zwar in Prunk und Luxus lebten, der private Aufwand für das tägliche Leben jedoch äußerst bescheiden sei. Vor allem der Aufwand für Essen und Trinken war eher gering, wenn man Maßstäbe der Höfe der Zeit anlegen will. Hier

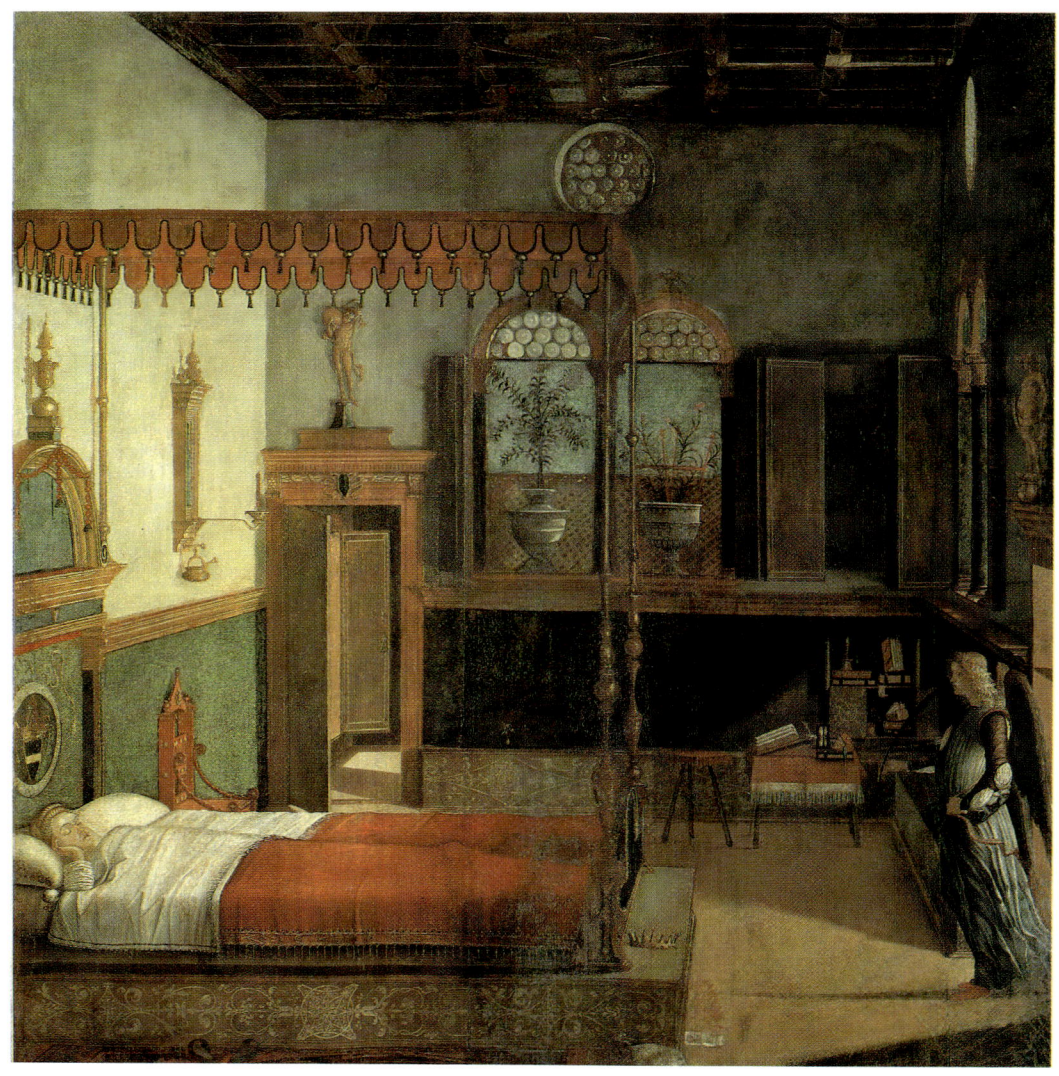

Abb. 46

Die heilige Ursula liegt träumend in ihrem Bett, den Kopf in die rechte Hand geschmiegt. Sahen wir sie beim Gespräch mit ihrem Vater noch als Mädchen mit offen auf die Schulter fallenden Locken (Abb. 36), so trägt sie ihr Haar jetzt hochgesteckt. Nun ist sie verlobt, die zweite Hälfte des Bettes unter dem hohen Baldachin ist noch leer. Das meiste Licht fällt durch ein zweibogiges Fenster und einem darüber befindlichen Tondo in den Raum. Ein weiteres mit Butzenscheiben verglastes Fenster ist mit Blumen geschmückt. Licht begleitet auch den Engel, der durch die Tür tritt und den Palmzweig trägt, der der Träumenden die Märtyrerschaft verheißt. Bücher liegen auf einem niedrigen Tisch, kleine Skulpturen verraten den Kunstsinn des Besitzers. Es ist das gut ausgestattete Heim eines wohlhabenden Bürgers. Das Betthaupt ist reich verziert, die Bettwäsche weist einen gestickten Saum auf, der Bettkasten ist bemalt. Auch die Krone deutet auf das kommende Märtyrerschicksal des Mädchens hin. Das zum Ursulazyklus gehörige Bild malte Vittore Carpaccio um 1495.

zeigt sich ein genußfeindlicher Zug, der etwa auch darin zum Ausdruck kam, daß Wein nur zu gewissen Stunden verkauft werden durfte und dann auch noch hoch besteuert war. Die Scuole grandi wurden nicht müde, gegen Fluchen, Trinken, Spielen, Gasthäuser und Ehebruch zu predigen. Und wenn Alvise Cornaro in seinem Lob der Nüchternheit schreibt: »Nüchternheit macht die Sinne rein, den Körper leicht, den Verstand klar, das Gewissen fröhlich, die Erinnerung stark, die Bewegungen schnell und die Aktionen prompt«, dann sprach er damit die Ideale des mittelalterlichen Venedig an, die dem neuzeitlichen Venedig des Karnevals völlig abgingen. Dabei verfügte die Stadt über einen wohlorganisierten Lebensmittelmarkt. »Hier (bei der Rialtobrücke) und am Kanalufer, wo auf einer Seite Barken mit Holz und auf der anderen Barken mit Wein festgemacht sind, die vermietet werden wie Geschäfte, gibt es eine riesengroße Fleischerei, die täglich voll ist mit gutem Fleisch – bei San Marco gibt es eine zweite – und einen Fischmarkt am Canal Grande, wo man sehr schönen Fisch bekommt, gut und zu einem sehr guten Preis. Diese werden in der Adria gefangen durch Fischer, es gibt nämlich eine *contrata* in Venedig, wo nur Fischer wohnen, die San Nicolò genannt wird. Und diese haben eine gewisse altertümliche Art des Venezian erhalten, das Nicoloto genannt wird. Das ist schön zu hören, wenn man in Venedig ist, und auch auf die Weise zu sprechen wie diese es noch tun. In verschiedenen Gemeinden wie in Murano, Burano, Torcello und auch Chioggia wohnen Fischer, die hier zum Fischmarkt kommen, um ihren Fisch zu verkaufen. Die Namen der Fische, die man hier kauft, möchte ich weiter unten beschreiben. Außerdem gibt es Austern in riesiger Menge, und man kann Fisch bringen jeden Tag, soviel man will, am Abend ist nichts mehr da«. Marin Sanudo äußert sich in seinem üblichen Überschwang zu seiner Heimatstadt, wobei ihm die Besucher nicht unbedingt zustimmten. Zwar bot der Fischmarkt bewundernswerte Frische und Qualität, doch über das Angebot an Fleisch äußerte man sich weniger begeistert. Zumeist kam es aus der näheren Umgebung, doch hat man auch ungarische Ochsen eingekauft. Gerade beim Fleisch übten die Behörden eine gewisse Marktaufsicht aus und setzten Höchstpreise fest. Das Angebot an Gemüse und Früchten hingegen war reichlich und billig, darin stimmen alle Besucher überein. Ein weiterer großer Markt wurde auf dem Campo San Polo abgehalten, der Ende des 13. Jahrhunderts aufgeschüttet worden war. Wenn man bedenkt, welche Mühen es machen mußte, Lebensmittel für mehr als 100 000 Personen über die Lagune heranzuführen, wird man die Leistungen des venezianischen Lebensmittelmarkts und Transportsystems nicht gering achten wollen.

Wenn Venedig als ein Hort der politischen Stabilität immer von neuem gefeiert wurde, so bedeutet das noch lange nicht, daß die Stadt deshalb friedlich gewesen wäre. Gewalt und Kriminalität waren Probleme, die immer drängend waren. Zwar nahm man den Fremden, die die Stadt besuchen wollten, die Waffen ab, um das Ärgste zu verhindern, doch dies konnte die öffentliche Sicherheit nur wenig erhöhen. Auch den Einheimischen war in der Stadt das Tragen von Waffen verboten, ohne daß die strikte Befolgung dieser Anordnung durchzusetzen gewesen wäre. Bereits für das Tragen eines Dolchs drohte eine Geldstrafe. Natürlich bildeten die Spelunken bei Rialto, die Falschspieler, randalierenden Seeleute, Bettler und lichtscheues Gesindel ein Problem. Man kann aber auch nicht übersehen, daß die Gewaltkriminalität bereits im Adel begann. Wie hätten denn auch die Kaufleute, deren Handel manchmal von Piraterie nur schwer zu unterscheiden war und von denen man in der Fremde Mut und Selbstverteidigung verlangte, zu Hause ihre Verhaltensweisen grundsätzlich ändern sollen? Schlägereien, Messerstechereien, Vergewaltigungen und Totschlag waren nicht selten, und der Stadtadel war durchaus nicht unbeteiligt. Zur Bekämpfung dieser Verbrechen richtete man eine Schutzpolizei mit dem treffenden Namen *Signori di notte* ein, ohne freilich der Probleme Herr zu werden. Immerhin hatte man auf diese Weise nächtliche Wachtgänge organisiert, doch in den engen und winkeligen Gassen konnte die Sicherheit nicht gewährleistet werden. Die Regi-

Die dreibogige Brücke und den beinahe fensterlosen Bau, der zum Komplex des Klosters von San Lorenzo gehörte, zeigt auch der Barbari-Plan. Einst ein reiches und vornehmes Frauenkloster, fiel es der Aufhebungskampagne während der Franzosenherrschaft zum Opfer.

*Gentile Bellinis Bild vom »Wunder am Ponte di San Lorenzo« zeigt uns einen etwas abseits gelege-
nen Kanal in einem dichtbewohnten Viertel. Hier ist die Architektur weit weniger spektakulär als
am Canal Grande. Links im Hintergrund ragt der Palazzo Cappello empor, davor sieht man ein
Beispiel für den mittleren Wohnbau, neben das sich die niederen Reihenhäuser bescheidenen
Standards ducken.*

ster über Schwerverbrechen zeigen, daß Mord und Totschlag an
der Tagesordnung waren. An einem Novemberabend des Jahres
1450 verrichtete Almoro Donà auf dem Weg nach Hause in
einem Durchgang bei Santa Maria Formosa friedlich seine Not-
durft, als er von hinten niedergestochen wurde. Der Mörder wurde niemals gefaßt, und Venedig verlor auf diese Weise seinen
Vorsitzenden des Rats der Zehn. Der Humanist Pietro Bembo
verlor in seiner Jugend bei einer Auseinandersetzung einen Fin-
ger. Und diese Art des Umgangs miteinander konnte auch durchaus in die Ratsstuben dringen. Bereits im 13. Jahrhundert mußte
man bestimmen, daß Messer bei einer Sitzung des Maggior Consiglio nichts zu suchen hätten. Im 13. Jahrhundert endete die
Familienfeindschaft zwischen den rivalisierenden Dogenfamilien
der Tiepolo und Dandolo mit Mord und Totschlag auf der Piazza
San Marco. Und 1498 stach während einer Sitzung Domenico
Calbo dem Benedetto Minotto ein Auge aus, was man mit der

225

Verbannung nach Zypern bestrafte. Selbst auf politischer Ebene gab es manche Gewalttätigkeiten unter der Oberfläche. Der Plan des Andrea Contarini, 1430 den Dogen Francesco Foscari zu ermorden, wurde nur durch rechtzeitige Entdeckung verhindert, und viele ähnliche Fälle gelangten vor den Rat der Zehn zur Verhandlung.

Marin Sanudo, der begeisterte Lobredner seiner Vaterstadt, beschreibt die Rolle des Bildungswesens in seiner Heimatstadt so: »Dort (am Rialto) liest man Philosophie und Theologie am Morgen und am Nachmittag für alle, die es hören wollen, und es wird von San Marco bezahlt. Im Moment liest als Philosoph unser Patrizier Antonio Cornaro, dessen Ruf in verschiedenen Disziplinen bekannt ist, und der jeden Tag viele Mühe darauf verwendet, Logik, Philosophie und Theologie zu lesen, weshalb er auch vom Senat mit vielen Ämtern und Ehren überhäuft wurde. Dieses würdige Institut wollten die Venezianer in ihrer Stadt haben, damit, wer etwas lernen wollte, höchst gelehrt werden konnte, ohne nach Padua zu gehen, wo es eine ausgezeichnete Universität gibt, voll von Studenten aus aller Welt, aber mit großen Ausgaben unserer Signoria konnte man dies hier in Venedig ausführen. Und für den, der Doktor werden will, gibt es ein Medizinkollegium bei San Luca, die jemanden in Medizin zum Doktor machen dürfen. Und bei San Marco, beim Campanile, gibt es zwei, bezahlt von San Marco, in den humanistischen Studien gelehrt, die öffentlich ohne Gebühr lesen, für diejenigen, die es hören wollen, zwei Menschen von großem Ruf. Im Moment ist dies Giorgio Valla aus Piacenza, ein großartiger Grammatiker und perfekter Griechischkenner, der ziemlich viele Werke übersetzt und verfaßt hat. Der andere ist Marco Antonio Sabellico, ein höchst gebildeter Mensch, der die Lobpreisungen Venedigs geschrieben hat, ein großes, würdiges und materialreiches Werk, und der liest auch. Darüber hinaus gibt es einen weiteren Angestellten, um für die Notare der Kanzlei zu lesen, damit sie gelehrt werden, der Meister Benedetto Brognolo aus Lignago genannt wird, höchst gelehrt und in den Wissenschaften wohl bewandert«. Folgt man diesen Lobpreisungen der kulturellen Großtaten Venedigs, könnte man glauben, man sei in einem Zentrum des italienischen Humanismus angelangt. Nichts wäre irriger als dieser Eindruck. Zwar besaß Venedig einige originelle Mundartdichter, zwar hatte man mit dem Dogen Andrea Dandolo einen gelehrten, wenn auch nicht stilistisch glänzenden Geschichtsschreiber, aber ein Hort der Musen ist Venedig nicht gewesen. Der Umgang mit der Bibliothek Petrarcas ist typisch für den Geist Venedigs. Man nahm sie gerne vom Spender entgegen, der sie gut aufgehoben wähnte, um sie dann für anderthalb Jahrhunderte gründlich zu vergessen. Erst im 16. Jahrhundert entschloß man sich zum Bau einer würdigen Bibliothek, ein wichtiges Objekt in der Neugestaltung des Bezirks von San Marco durch Jacopo Sansovino. Man verfügte über Kartographen, man lernte und lehrte die Buchführung, aber bereits die Wundergeschichten eines Marco Polo waren zu fantastisch, die Schätze Chinas zu weit entfernt, als daß man sich damit abgegeben hätte. Mediziner konnte man brauchen und deshalb hatten sie auch das Promotionsrecht, die hohen Schulen an Rialto und San Marco dienten der Volksbildung und vor allem der Ausbildung der staatlichen Notare. Als man mit der Stadt Padua die dortige Universität geerbt hatte, ließ man diese gewähren, die größte Sorge war aber bereits hier, ob dieses hehre Institut auch genügend brauchbare Staatsbeamte ausbildete. Man schätzte praktische Ergebnisse, keine gelehrte Spekulation. Und so ist etwa auch der Dogenkanzlei die Schönheit und Reinheit der Sprache, wie sie die Humanisten in Florenz predigten, das ganze 15. Jahrhundert über reichlich egal gewesen. Die Rhetorik brauchte man nur, wenn ein Gesandter Venedigs das Lob der Heimat und deren höhere Ehre besingen mußte, dann konnte man gar nicht genug davon bekommen. Und es gibt genügend Beispiele dafür, daß ein Adliger offenbar in Griechenland als Kommandant Jahre erfolgreich operieren konnte, ohne der Sprache Homers näherzutreten. So konnte keine Rede davon sein, daß der Humanismus in Venedig eine Volksbewegung gewesen wäre. Freilich gab es gelehrte Zirkel, doch die waren in der Minderheit. Es ist typisch für Venedig, *wofür* es in der Geisteswelt berühmt geworden ist: Nirgends hat man wie hier begriffen, daß man mit der neuen Technik des Buchdrucks Geld verdienen konnte. Es ist nicht nur Aldus Manutius mit seinen berühmten Klassikereditionen gewesen, der diesen Boden beackerte, zahlreiche Drucker, darunter viele Deutsche, die das technische Know-how mitbrachten, ließen Venedig zum führenden Buchzentrum werden. Über die Hälfte aller in Italien bis zum Jahre 1500 gedruckten Bücher sind hier entstanden. Natürlich gab es humanistische Zirkel in Venedig, deren Einfluß auf das öffentliche Leben jedoch als eher gering einzuschätzen ist. Francesco Barbaro etwa, einer der frühen Vertreter gelehrter humanistischer Bildung, beklagte sich bei Guarino über seine Landsleute, da sie glaubten, Geldverdienen sei alles und die Bildung verachtens- und vernachlässigenswert. Wer von den venezianischen Patriziern wirklich Interesse an gelehrten Studien hatte, orientierte sich eher nach Padua, wo die Universität diesen Neigungen ein sicherer Hort war.

Abgesang

»Die Triebkräfte zu frischem Wachstum waren nicht mehr da:
Nicht in der Politik, nicht in der Wirtschaft, nicht in der Wissenschaft, einzig nur in der bildenden Kunst, und die war nicht
mehr die Kunst des alten Venedig. Wie sie kein Morgenlandgroß-
reich bleiben und kein Abendlandgroßreich werden konnte, so
konnte sie auch kein Handelsweltstaat mehr bleiben und keine
Weltindustriestadt werden. Sie war zu alledem zu schwach. Sie
konnte nur mehr leben, in Schönheit leben, aber sie konnte nicht
mehr wachsen. Es war Frühherbst geworden in den Lagunen.
Dieser Herbst wird, wie es seine Art ist, köstliche Früchte tragen.
Aber die Sommersonnenpracht ihres goldenen Jahrhunderts wird
der Stadt Venedig nicht mehr leuchten«. Mit diesen Worten be-
schließt der Altmeister venezianischer Historiographie, Heinrich
Kretschmayr, den zweiten Band seiner Geschichte von Venedig.
Dem Urteil kann man sich heute noch, wenn auch mit weniger
Pathos, anschließen. Will man im historischen Kontinuum eine
Zeit des Umbruchs ausmachen, so muß man in der Geschichte
Venedigs die Wende vom 15. zum 16. Jahrhundert benennen.
Zwar sollte man die Renaissance nicht mehr die Verderberin von
Alt-Venedig nennen, doch hat auch das Geistesleben einen Um-
bruch gebracht. Bereits im 15. Jahrhundert lag der humanisti-
sche Individualismus unverkennbar im Kampf mit der alten
Staatsdoktrin, die die Gleichheit aller bis in Einzelheiten forder-
te. Und im 16. Jahrhundert, als man die byzantinisch-gotische
Mischkultur der Lagunen endgültig überwunden hatte, wurde
das Geistesleben Venedigs demjenigen des übrigen Abendlandes
angepaßt. Man wurde europäischer, doch ging dabei die alte
Sonderstellung verloren. In allen Bereichen des Lebens trat ein
Wandel ein, und nur im Kulturleben sollte dies ein Aufschwung
sein. Noch stand das Seereich, und doch hat der zweite Osma-
nenkrieg gezeigt, daß dieses akut gefährdet war. Zwar erfocht
die Heilige Liga mit Unterstützung von Venedig noch einmal
1571 bei Lepanto einen glänzenden Sieg über die türkische Seemacht, aber letztlich befand man sich seit dem 16. Jahrhundert
in der Defensive. Im 17. Jahrhundert gingen dann nach und
nach die Besitzungen verloren, vor allem der Verlust von Kreta
schmerzte sehr. Es war ein ständiges Hin und Her der Kriege
und Niederlagen. Keine Eroberung hatte dauerhaften Bestand,
doch man gab die Besitzungen in Griechenland nicht auf. Zu-

meist waren es jedoch Siege kaiserlicher Generäle auf dem Balkan, die Entlastung brachten. Noch im 18. Jahrhundert hat man zwar seinen Anspruch auf das Seereich nicht aufgegeben, doch konnte man nur Reste zusammenhalten. Letztlich war für diese Entwicklung die Tatsache entscheidend, daß unter den Großstaaten, die jetzt die Politik bestimmten, Venedig nicht mehr mithalten konnte. Man hat die Bevölkerung des Gesamtstaates, einschließlich des Festlands und des Seereichs für das Jahr 1790 auf 2,8 Millionen Personen geschätzt. Das war keine Grundlage, um die riesigen Ausgaben der Türkenkriege zu finanzieren, und doch hat Venedig zusammen mit den österreichischen Habsburgern die Lasten dieser Bedrohung Europas getragen. Auf dem Festland war die Lage nicht anders. Im Konzert der europäischen Mächte war Venedig eine zweitrangige Mittelmacht, die allein durch das Ansehen ihrer Diplomaten und durch Geschick lange Zeit ernst genommen wurde. Man betrieb eine Schaukelpolitik, die mit den beiden Begriffen *bilancia* und *riputazione* umrissen werden kann. Es war dies eine strikte Neutralitätspolitik, die darauf zielte, das Gleichgewicht zu halten und das eigene Ansehen zu pflegen. Venedig erhob keinerlei Ansprüche und suchte seinen eigenen Staat und seine Grenze zu sichern, ein Unternehmen, das ausnehmend gut gelang. Man bot sich gerne als Makler an, wenn es galt, in Europa einen Frieden zu vermitteln. Allerdings wurde die Politik des Senats immer zaudernder und zögernder. Man erörterte die politischen Optionen zumeist so lange, bis sie nicht mehr bestanden, und hielt dies für eine weitsichtige Politik. Letztlich gründete dies jedoch auf der Einsicht, daß die eigenen Mittel zu beschränkt waren, um tatkräftig mitzumischen. Um so höher schätzten die Diplomaten freilich die Reputation des Staates. Das Wahren des Scheins und des Ansehens des Staats wurden die Wegweiser der Diplomatie. Es bleibt freilich als Leistung bestehen, daß es die venezianischen Botschafter fertigbrachten, aller Welt vorzugaukeln, sie seien noch Vertreter eines Staates, wie er im 15. Jahrhundert bestanden hatte. Was nun die Wirtschaft betrifft, so ist auch hier die Epoche glänzender Erfolge zu Ende. Der Handel hielt sich noch während des 16. Jahrhunderts, doch war die strategische Position als Mittler zwischen Morgenland und Abendland dahin. Neue Wege und neue Welten erschütterten die venezianische Position. Zwar blieb die Stadt immer ein bedeutsamer Hafen, aber während die europäische Wirtschaft ringsum wuchs, stagnierten am Rialto die Umsätze. Noch im 18. Jahrhundert stand der Fondaco dei Tedeschi, und die Notwendigkeiten der neuen Zeit zwangen der Republik auch einen Fondaco dei Turchi auf, aber die Zeit war vorbei, als ein gut Teil des Welthandels am Rialto bestimmt wurde. Der eigene Staat hatte noch nie eine große Exportindustrie besessen und blieb provinziell. Nur in den Nischen der Luxusproduktion machte man sich breit. Mit venezianischer Seide, Spitzen aus Burano, der Glasindustrie, der Kupferstecherei, mit feinen Lederarbeiten und nicht zuletzt in der Buchproduktion war man führend. Als Druckort für Belletristik und Wissenschaft jeder Art, als Hersteller von Tafelwerken und Klassikerausgaben hatte man einen europäischen Ruf. Der Rest war bescheidene Provinzialität. Den Niedergang der Geschäfte zeigt auch das Bankwesen an. Nach einem Bankkrach gründete notgedrungen der Staat 1587 den Banco di Rialto, dem dann noch der Banco Giro folgte. Über diese Staatsbanken mußten alle wichtigeren Geschäfte abgewickelt werden, aber auch hier war es nicht der Staat, der ins Geschäft drängte, sondern die Lustlosigkeit weiter Kreise, die zu Interventionen zwang. Und die Gesellschaft selbst wurde immer behäbiger. Der venezianische Nobile zog sich im 16. Jahrhundert immer stärker aus den Geschäften zurück. Er pflegte einen Teil des Jahres auf seinen Landgütern auf der Terraferma zuzubringen. Aus dem Kaufmann wurde so ein Landedelmann, dem die Belange eines Seereiches und die Interessen des Handels egal wurden. Er lebte auf seiner reichen Villa ein gemächliches Dasein und genoß die Erträge seiner Besitzungen. Im Handel hörte man derweil neue Namen, und bei der Geldnot des Staates durften sich diese neureichen Kaufleute in den Adel einkaufen, als im Kampfe um Kreta die Kriegskasse leer war. Gleichzeitig zeigte das strenge Kastenwesen der venezianischen Gesellschaft seine Schattenseiten. Ganze Teile des Adels verarmten und hatten wenig mehr als ihren guten Namen und die Macht ihres Stimmrechts im Rat vorzuweisen. Als Söhne berühmter Vorfahren beanspruchten sie, daß der Staat für ein angemessenes Dasein sorgen sollte. So ging es dann bei den Wahlen zu den Ämtern im Maggior Consiglio vor allem darum, möglichst einen bequemen und gut bezahlten Posten zu ergattern, der einem für die nächste Zeit das Überleben sicherte. Wer nichts bekam, versuchte sich als Fremdenführer und beschrieb dann die Schönheiten der Stadt und ihre ruhmreiche Vergangenheit, während der betuchte Fremde sich schmeicheln konnte, über einen adligen Cicerone verfügen zu können. Bei San Barnaba hatte der Staat dieser Gruppe Sozialwohnungen eingerichtet, als Barnabotti waren sie berüchtigt. Das Bürgertum konnte die Leere, die der Adel hinterließ, ebenfalls nicht ausfüllen. Der Staat konnte sich nicht entschließen, Industrie und Produktion zu fördern, und schwankte zwischen Schutz der heimischen Produkte und Freihandelsideen. Zuletzt sind Bürgerfamilien vielfach auf die Terraferma gezogen, weil sie dort hofften, bessere Verdienstmöglichkeiten zu finden als in der Hauptstadt selbst.

In einer Hinsicht freilich erarbeitete Venedig erst jetzt seine Weltgeltung: Es wurde zu einem Zentrum europäischer Kultur. Kunst war dem materiell eingestellten Kaufmann ein Mittel, um damit zu prunken. Man konnte, und dies war willkommen, die Kunst als politisches Propagandamittel einsetzen, und man konnte damit seinen Staat verherrlichen. Ansonsten aber blieb das mittelalterliche Venedig den schönen Künsten und dem Neuen wenig gewogen. Zäh hat man an den ererbten Formen festgehalten und der massive Gebrauch von Spolien in der venezianischen Kunst verdeutlicht dies nur. Man darf darin keinesfalls eine humanistische Liebe zur Antike sehen. So hat man alle Strömungen nur langsam und widerwillig nachvollzogen. Spät übernahm man die Gotik, spät die Renaissance. Nun im 16. Jahrhundert spielt man eine Führungsrolle in der Malerei. Giorgione, Tizian, Tintoretto, Veronese und viele andere begründeten den Weltruhm der venezianischen Malerschule. Im 18. Jahrhundert haben Namen wie Ricci, Piazzetta, die Tiepolo, Canaletto oder Guardi internationalen Rang. Die Musik verdankt Venedig ebenfalls Großes. Adrian Willaert aus Brügge wirkte hier und führte in Venedig die kontrapunktische Musik ein, und Namen wie Andrea und Giovanni Gabrieli, Claudio Monteverdi, Antonio Vivaldi, Benedetto Marcello und Baldassare Galuppi kündeten vom musikalischen Ruhm der Stadt und führten die Traditionen weiter. So vollzog sich der Aufstieg Venedigs als Kulturstadt in dem Augenblick, als sie ihren Rang auf der politischen Ebene abgeben mußte.

Inmitten des wirtschaftlichen und gesellschaftlichen Niedergangs hat Venedig jedoch noch eine weitere neue Rolle gefunden. Man nahm hier im ererbten Luxus das Leben leichter, die Neutralitätspolitik ließ einen als jedermanns Freund erscheinen, und die einzigartige Lage der Stadt war ein weiteres Argument. Venedig wurde zum Vergnügungszentrum Europas, das zu besuchen fester Programmpunkt vieler Kavalierstouren wurde. Unzählige Reisebeschreibungen des 18. Jahrhunderts legen davon Zeugnis ab. Bereits im 16. Jahrhundert hatten die geschäftstüchtigen Venezianer das Lotto zum staatlichen Monopolbetrieb gemacht. Spielbanken schossen aus dem Boden, seit 1683 wurden auch Kaffeehäuser große Mode. Mehr als die Hälfte des Jahres waren für Karnevalsfeste und Maskenbälle vorgemerkt. Preislisten und Rangwertungen venezianischer Kurtisanen wurden in gedruckter Form in den Salons Europas verbreitet. Carlo Goldoni und Carlo Gozzi schufen hier die moderne Komödie, die den Besuchern Unterhaltung bot, und auch die Oper durfte als Zerstreuung

nicht fehlen. Es konnte scheinen, als ob das Leben ein einziges
Fest sei, an dem sich das betuchte Bürgertum und der Adel von
ganz Europa beteiligten. Und dieses riesige Fest, bei dem das
Geld locker saß, lockte naturgemäß auch Schwindler wie den
angeblichen Grafen Cagliostro an, den galanten Abenteurer Giacomo Casanova hat Venedig selbst beigesteuert. Die Stadt wurde
deshalb auch immer mehr ein Zentrum zwielichtiger Gestalten,
in dem Kriminalität und Prostitution blühten.

Die Idee des alten Venedig war schon lange tot. Die Stadt des
heiligen Markus, der Hort der Iustitia, die mit der Jungfrau
Maria zu vergleichen man sich nicht gescheut hat, all dies war
nur noch Erinnerung. Als Giambattista Tiepolo im 18. Jahrhundert eine Allegorie Venedigs zu malen unternahm, zeigt sich der
volle Wandel (Abb. 48). »Neptun bietet Venetia die Reichtümer
des Meeres an«, von denen doch die Stadt in ihrer Spätzeit so
wenig mehr zu sehen bekam. Zwar schüttet der Gott des Meeres
Dukaten, Geschmeide, Perlen und Korallen aus seinem Füllhorn,
doch was ist aus der Venetia geworden! Sie, die einst madonnen-
gleich mit einem Schwert in der Hand erhabene Würde aus-
strahlte, liegt als üppige Schönheit in einem Himmelbett. Der
Löwe als Staatssymbol dient vor allem dazu, die Hand mit dem
232   Szepter lässig aufzustützen. Die Krone auf dem Haupt, der Her-

Abb. 48
In der Sala delle Quattro Porte des Dogen-
palastes hängt diese Venetia, die Giam-
battista Tiepolo zwischen 1745 und 1750
gemalt hat. Ein müde-grimmiger Löwe dient
ihr zum Abstützen des Szepters, sie hat all
ihre frühere Strenge und Erhabenheit
verloren. »Neptun bietet Venetia die Reich-
tümer des Meeres an«, aus seinem Füllhorn
fließen Münzen, Perlen und Korallen. Hinter
dem Beherrscher der Fluten guckt ein
neugieriger Wassergeist hervor.

melinumhang und die seidenen Kleider spiegeln ein sattes Wohl-
leben wieder, wie es zum strengen alten Venedig nicht passen
wollte. Wohl aber fügte sich die galante Venetia ins galante
Venedig des 18. Jahrhunderts ein. Das Bild könnte auch als eine
Allegorie der Luxuria durchgehen. Es verbietet sich zu fragen,
was wohl ein Enrico Dandolo oder Francesco Foscari zu dieser
Venetia gesagt hätten.

Venedig wurde im Europa des 18. Jahrhunderts immer mehr
zu einem Symbol des Alten und Überlebten. Die völlige Erstar-
rung der Politik sollte gerade am Ende der Republik noch einmal
deutlich werden. Als mit Lodovico Manin 1789 das Mitglied
einer ganz jungen Adelsfamilie gewählt wurde (die Standeserhö-
hung war erst im Jahre 1651 erkauft worden), murrten Traditio-
nalisten, dies bedeute das Ende der Republik. Daß er wirklich
der letzte Doge Venedigs werden sollte, ließ sich damals nicht
absehen. Als eben im Wahljahr mit dem Sturm auf die Bastille
die Französische Revolution ausbrach, schwappten die neuen
Ideen auch nach Venedig. Allerdings war es, Ironie der Geschichte, weniger das Bürgertum, sondern es waren die Barnabotti, die
sich jetzt stolz zu den Jakobinern zählten. Außenpolitisch reagierte Venedig in der Folge nur noch hilflos. Nahm man zunächst
französische Emigranten auf, so wies man diese wieder aus, als

in Paris die Stirn gerunzelt wurde. Der französische Botschafter in der Stadt sprach offen davon, daß Frankreich den italienischen Staaten und also auch der Republik ein Ende bereiten wolle. Venedig verharrte verbissen in Neutralität. Vergeblich waren alle Bemühungen, die Serenissima zu einem Beitritt zur antifranzösischen Koalition zu bewegen. Der zweite Koalitionskrieg sah Franzosen und Österreicher, die sich auf venezianischem Staatsgebiet Schlachten lieferten, während die Regierung in den Lagunen saß und zusah. Da war dann jeglicher Kredit verspielt, den eine ruhmreiche Vergangenheit ermöglicht hatte. Napoleon ging nun als siegreicher Heerführer daran, die Auflösung dieses Symbols des Gestern zu betreiben. Er verlangte schlicht die Auflösung des Senats. Am 30. April 1797 hielt dieser seine letzte Sitzung und setzte ein Gremium ein, das aus dem Pien Collegio, den Savi, den drei Häuptern des Rats der Zehn und drei Staatsanwälten gebildet wurde. Der Volksmund sprach von der Beerdigungsbehörde. Am 12. Mai trat auch der Maggior Consiglio zu seiner letzten Sitzung zusammen. Der Doge bat das erlauchte Gremium um die Erlaubnis, eine Repräsentativverfassung einzurichten, ganz wie es die französische Seite forderte. Der Große Rat stimmte diesem Vorschlag zu und beschloß sich aufzulösen; der Doge ging nach Hause, und damit hatte die Geschichte der Republik Venedig ihr Ende gefunden. Keine Niederlage auf dem Schlachtfeld hatte der Serenissima dieses bereitet, sie war in Anerkennung der Tatsache, daß sie sich überlebt hatte, freiwillig abgetreten. »Freiheit, Gleichheit, Brüderlichkeit« hatten an einem morschen Staat gerüttelt, und es war nur ein geringer Trost, daß zumindest Freiheit und Gleichheit Forderungen waren, die auch die Vorväter in der Glanzzeit der Stadt hätten unterschreiben können. So aber war die Republik in absurder Form ein Symbol des Ancien Régime geworden. Ein Spötter aus jenen Tagen brachte es auf den Punkt: Der Löwe von San Marco sei ein seltsamer Geselle. Anderthalb Jahrtausende habe er gebraucht, bis es ihm eingefallen sei, in seinem Buch eine Seite umzublättern.

Zeittafel

421 25. März		Legendäres Gründungsdatum von Venedig.
568/69		Einbruch der Langobarden in Italien, der Patriarch von Aquileia flüchtet nach Grado; zahlreiche Flüchtlinge besiedeln die Inseln der Lagunen.
607		Doppelwahl der Patriarchen von Aquileia und Grado.
697		Nach der venezianischen Überlieferung wird Paulicius als erster Doge von Venedig gewählt.
726		Die byzantinischen Provinzen in Italien rebellieren gegen Konstantinopel.
737-742		Venedig wird für fünf Jahre von Militärkommandanten *(magistri militum)* regiert.
742		Der Doge Deusdedit verlegt den Regierungssitz von Eraclea nach Malamocco.
802-804		Bürgerkrieg zwischen Anhängern der Franken und der Byzantiner. Unterstellung Venedigs unter die Regierung Karls des Großen.
809-810		Der Sohn Karls des Großen, Pippin, greift von Chioggia aus das abgefallene Venedig an. Eine byzanzfreundliche Partei setzt den Dogen ab und wählt Agnello Particiaco. Der Regierungssitz wird nach Rialto verlegt.
812		Friede von Aachen zwischen dem fränkischen und dem Byzantinischen Reich; Karl der Große erkennt Venedig als einen Teil des Oströmischen Reiches an.
827 6. Juni		Eine Synode in Mantua spricht Aquileia die Herrschaftsrechte über das Patriarchat Grado zu.
828/29		Überführung der Reliquie des heiligen Markus von Alexandria nach Venedig *(translatio)*; erster Bau von San Marco; in der Folge Versuche zur Bildung von Dogendynastien der Particiaco und der Candiano.
976 12. Aug.		Der Doge Pietro IV. Candiano wird während eines Aufstandes ermordet; Brand des Palastes und der Kirche von San Marco.
840		Pactum Venedigs mit Kaiser Lothar I.
1000/1		Siegreicher Feldzug des Dogen Pietro II. Orseolo gegen dalmatinische Seeräuber; der Doge nimmt den Titel eines Herzogs von Dalmatien und Kroatien an.
1032		Mit dem Sturz des letzten Dogen aus der Dynastie der Orseolo endet der Versuch, eine Familiendynastie einzurichten.
1042-71		San Marco entsteht in seiner endgültigen Anlage.
1082-84		Venedig leistet dem byzantinischen Kaiser Alexios Komnenos I. Hilfe gegen die süditalienischen Normannen und erhält dafür ein umfangreiches Handelsprivileg.
1094		Nach Abschluß der Arbeiten am Neubau von San Marco erscheint der Legende nach der Evangelist dem Dogen und dem Volk *(apparitio)*, seine wiederaufgefundenen Gebeine werden erneut feierlich beigesetzt.
1099-1100		Beteiligung Venedigs am ersten Kreuzzug, die Gebeine des heiligen Nikolaus werden von Myra nach Venedig übergeführt.
1104		Erste Erwähnung des Arsenals.
1122-1124		Der Doge Domenico Michiel führt die venezianische Flotte ins Heilige Land; für die Hilfe bei der Eroberung von Tyrus erhält Venedig ein Drittel der Stadt.
1143		Neben dem Dogen wird erstmals ein Rat bei den Regierungsgeschäften erwähnt; Beginn des *comune Venetiarum*.

1164	Der Patriarch Ulrich von Aquileia und zwölf seiner Kanoniker fallen bei ihrem Angriff auf Grado in die Hand der Venezianer, aus der sie nur gegen einen jährlichen Tribut von einem Stier und zwölf Schweinen freikommen.
1171	Kaiser Manuel I. von Konstantinopel läßt alle Venezianer in seinem Reich verhaften und ihre Güter konfiszieren.
1172	Der Rachefeldzug Venedigs ist ein Fehlschlag und die heimkehrende Flotte bringt die Pest nach Venedig. Eine fanatisierte Menge tötet den Dogen Vitale II. Michiel. Bei der Wahl des Dogen Sebastiano Ziani treten erstmals Wahlmänner auf; sechs Consiglieri beraten den Dogen, der Große und Kleine Rat werden unterschieden.
1177	Friede von Venedig zwischen Kaiser Friedrich Barbarossa und Papst Alexander III.; Venedig leitet zahlreiche Privilegien und Staatssymbole von den päpstlichen Verleihungen ab.
1188-1191	Teilnahme der Venezianer am dritten Kreuzzug, bei der Akkon zurückerobert wird.
1192-1205	Enrico Dandolo Doge.
1201	Vertrag Venedigs mit den Abgesandten des vierten Kreuzzugs wegen der Überfahrt.
1202	Ankunft der Kreuzfahrer in Venedig, die wegen ihrer Zahlungsunfähigkeit einem Feldzug gegen Zara zustimmen; Triest und Muggia unterwerfen sich der Übermacht, Zara wird erobert.
1202-1204	Fortsetzung des Kreuzzugs, der sich jedoch nach Konstantinopel richtet, um dem Thronprätendenten Alexios zur Regierung zu verhelfen. Nach Auseinandersetzungen wird schließlich am
1204 13. April	Konstantinopel erobert und geplündert. Balduin von Flandern wird zum Kaiser gewählt und das Byzantinische Reich geteilt. Venedig erhält drei Achtel des Oströmischen Reiches und kauft Bonifaz von Montferrat seine Ansprüche auf Kreta ab, besetzt aber nur Teile des ihm zugesprochenen Gebiets.
1205-1229	Pietro Ziani Doge.
1205	Erwerb von Kreta.
seit 1205	Venezianische Adlige gründen Herrschaften in der Ägäis.
1206	Venedig besetzt Koron und Modon (Peloponnes).
1208	Jacopo Tiepolo wird erster Herzog von Kreta.
1209	Die Herrschaftsverhältnisse in Negroponte werden geordnet. Aus der Kriegsbeute von Konstantinopel wird die Pala d'Oro verschönert.
1211	Kreta wird in sechs Teile geteilt und zahlreichen Venezianern werden Ritter- und Sergeantenlehen verliehen.
1217	Friedensvertrag mit König Andreas II. von Ungarn, der seine Ansprüche auf Zara aufgibt.
um 1225	Errichtung des Fondaco dei Tedeschi.
1229-1249	Jacopo Tiepolo Doge.
1230-1234	Aufstand in Kreta.
1232	Unterwerfung von Ragusa.
1238	Friedensvertrag mit Genua.
1239	Bündnis mit Papst Gregor IX. gegen Kaiser Friedrich II.
1240	Im Bündnis mit dem Papst Eroberung von Ferrara; Regelung der Schiffahrtsrechte auf dem Po und Beginn der Suprematiepolitik Venedigs in Oberitalien.
1242	Erlaß der Zivilstatuten (sie bleiben bis 1797 in Kraft).
1244	Friedensvertrag mit König Bela IV. von Ungarn, der auf seine Rechte in Zara verzichtet.
1249-1253	Marino Morosini Doge.
1253-1268	Renier Zeno Doge.

1255	Erlaß der venezianischen Seestatuten.
1255-1270	Erster Krieg Venedigs mit Genua, Kämpfe im Heiligen Land und Seeschlachten im Mittelmeer ohne entscheidende Ergebnisse.
1256	Teilnahme am »Kreuzzug« gegen Ezzelino da Romano.
1258	Errichtung des Forts von Marcamò am Po di Primaro.
1261	Michael Palaiologos erobert Konstantinopel; Ende des Lateinischen Kaiserreichs und der Vormacht Venedigs in der Romania.
1264	Bau der ersten Rialtobrücke in Holz.
1266	Die Piazza von San Marco wird gepflastert; Familienfehde zwischen Tiepolo und Dandolo; nach Gerüchten über Steuererhöhungen kommt es zu Unruhen in der Stadt.
1267	Unterwerfung von Parenzo.
1268-1275	Lorenzo Tiepolo Doge.
1269	Unterwerfung von Umago.
1270	Unterwerfung von Cittanova (Emona).
1271	Unterwerfung von San Lorenzo in Istrien. Abreise von Nicolò, Maffio und Marco Polo nach China.
1271-1273	Auseinandersetzung mit Bologna wegen der freien Schiffahrt auf dem Po; zeitweise Unterwerfung von Cervia.
1275	Unterwerfung von Parenzo.
1275-1280	Jacopo Contarini Doge.
1279	Unterwerfung von Capodistria.
1280-1289	Giovanni Dandolo Doge.
1281	Unterwerfung von Almissa.
1284	Beginn der Prägung von Golddukaten.
1285	Friedensvertrag mit dem Patriarchen von Aquileia, dem Grafen von Görz und der Stadt Triest wegen der Auseinandersetzungen um Istrien.
1288	Erweiterung der Piazza von San Marco.
1289-1311	Pietro Gradenigo Doge.
1294-1299	Zweiter Krieg gegen Genua.
1295	Rückkehr der Mitglieder der Familie Polo aus China.
1297 28. Febr.	Sogenannte »Serrata« des Maggior Consiglio.
1298	Im zweiten Krieg gegen Genua vernichtende Niederlage bei Curzola; Marco Polo verfaßt in der folgenden Gefangenschaft seinen Reisebericht.
1299 25. Mai	Friedensvertrag mit Genua.
1304	Neubau des Arsenals.
1308-1311	Krieg um Ferrara; über Venedig wird das päpstliche Interdikt verhängt, es muß seine Ansprüche aufgeben.
1310	Verschwörung des Baiamonte Tiepolo; Gründung des Rats der Zehn.
1311-1312	Marino Zorzi Doge.
1312-1328	Giovanni Soranzo Doge.
1317	Beginn der Galeerenfahrten nach Flandern.
1321	Unterwerfung von Pola.
1324	Tod des Marco Polo.
1329	Arbeiten am Campanile von San Marco; die Statue des heiligen Theodor wird auf die Säule auf der Piazzetta gesetzt.
1329-1339	Francesco Dandolo Doge.
1336-1339	Krieg mit den Skaligern in Verona; Venedig erwirbt Treviso und anderen Festlandsbesitz.
1339-1342	Bartolomeo Gradenigo Doge.
1340	Baubeginn an der Sala del Maggior Consiglio; Bau der Getreidespeicher bei San Marco.
1343-1354	Andrea Dandolo Doge (Chronist und Humanist).

1346	Veröffentlichung des 6. Buches des Zivilrechts.
1347	Beginn der großen Pestepidemie.
1349	Bündnis mit Byzanz gegen Genua.
1349-1355	Dritter Krieg gegen Genua, der überwiegend mit venezianischen Verlusten endet.
1354-1355	Marin Falier Doge.
1355 17. April	Der Doge Marino Falier wird wegen Verschwörung zum Tode verurteilt und hingerichtet.
1355-1356	Giovanni Gradenigo Doge.
1356-1361	Giovanni Dolfin Doge.
1357	Pestepidemie.
1358	Friedensvertrag mit Ungarn; der Doge legt den Titel eines Herzogs von Kroatien und Dalmatien ab.
1360	Pestepidemie.
1361-1365	Lorenzo Celsi Doge.
1362	Francesco Petrarca schenkt seine Bibliothek Venedig.
1363	Die Zonta des Senats wird eingesetzt.
1363-1366	Aufstand in Kreta.
1365-1368	Marco Corner Doge.
1365	Die Geschichte Papst Alexanders III. wird in einem Bilderzyklus in der Sala del Maggior Consiglio gefeiert.
1368-1382	Andrea Contarini Doge.
1372	Pestepidemie.
1374 11. Mai	Wunder der Kreuzreliquie in Venedig.
1376-1381	Vierter Krieg gegen Genua (Chioggiakrieg), wobei die Genuesen zeitweilig Venedig von der See her einschließen; Friede von Turin.
1381	Dreißig Popolanenfamilien werden in den Großen Rat aufgenommen.
1381	Venedig tritt Treviso an Österreich ab.
1382	Michele Morosini Doge.
1382-1400	Antonio Venier Doge.
1382	Pestepidemie.
1386	Erwerb von Korfu.
1388	Erneuter Erwerb von Treviso.
1389-1420	Expansion auf dem Festland.
1393	Pestepidemie.
1395	Juden wird das Wohnen in der Stadt Venedig verboten, die jüdische Gemeinde lebt in Mestre.
1396	Schlacht von Nicopolis gegen die Türken.
1397	Pestepidemie.
1400-1413	Michele Steno Doge; seit seinem Regierungsantritt gibt es die Compagnia della calza.
1400	Pestepidemie.
1402	König Ladislaus übergibt Korfu an Venedig.
1403-1404	Krieg gegen die Genuesen und Sieg unter Carlo Zen bei Zonchio.
1404-1405	Eroberung von Teilen der Terraferma mit Padua und Verona.
1407	Einrichtung der Staatsprozession.
1409-1420	Rückeroberung Dalmatiens am Himmelfahrtstag.
1414-1423	Tommaso Mocenigo Doge.
1415	Venedig lehnt die Unterwerfung von Ancona ab.
1418	Unterwerfung von Rovereto.
1419	Unterwerfung von Cividale.
1420	Unterwerfung von Cattaro, Belluno, Feltre, des Friaul und Aquileia.
1422	Für die Erneuerung der Sala des Maggior Consiglio wird ein Maler von Staats wegen angestellt.

1423	Der Arengo (die Volksversammlung) wird abgeschafft.
1423-1457	Francesco Foscari Doge; fast ständige Kriege auf der Terraferma und in Griechenland.
1423	Unterwerfung von Thessaloniki.
1427	Unterwerfung zahlreicher Orte der Lombardei.
1428	Unterwerfung von Bergamo.
1430	Andrea Contarini greift den Dogen an und verwundet ihn im Gesicht.
1432	Gefangennahme, Prozeß und Hinrichtung des Grafen Carmagnola, Condottiere der Republik.
1433	Neubau der Rialtobrücke.
1441	Trennung von *Quarantia criminale* und *Quarantia civile*.
1445	Jacopo Foscari, Sohn des Dogen wird zum Exil verurteilt.
1445	Ancona wird unter venezianischen Schutz gestellt.
1449	Diebstahl am Schatz von San Marco durch Stamati aus Kreta.
1451	Der Titel eines Patriarchen wird von Grado auf den Bischof von Castello als Stadtbischof von Venedig übertragen.
1453 29. Mai	Mohammed II. erobert Konstantinopel; Ende des Byzantinischen Reiches.
1454	Friede von Lodi beendet die Auseinandersetzungen zwischen Venedig und Mailand um die Terraferma, um einen gemeinsamen Feldzug der italienischen Staaten gegen die Türken zu ermöglichen.
1457-1462	Pasquale Malipiero Doge.
1458	Erneuerung der Rialtobrücke, die jetzt mit Läden besetzt wird.
1462-1471	Cristoforo Moro Doge.
1463-1479	Erster Türkenkrieg.
1464	Pestepidemie.
1466	Vettor Cappello besetzt für kurze Zeit Athen.
1468	Kardinal Bessarion schenkt seine Bibliothek an San Marco.
1468	Catarina Cornaro wird in Venedig *per procurationem* mit König Jakob von Zypern verheiratet.
1469	Johannes von Speyer erhält als erster ein Privileg zum Buchdruck.
1470	Die Türken erobern Negroponte.
1471-1473	Nicolò Tron Doge.
1473-1474	Nicolò Marcello Doge.
1474-1476	Pietro Mocenigo Doge.
1475	Tod des Condottiere Bartolomeo Colleoni.
1476-1478	Andrea Vendramin Doge.
1478-1485	Giovanni Mocenigo Doge.
1485-1486	Marco Barbarigo Doge.
1485	Pestepidemie.
1486-1501	Agostino Barbarigo Doge.
1487	Krieg mit Österreich um Rovereto.
1489	Catarina Cornaro dankt ab und übergibt Zypern an Venedig; als Sitz wird ihr Asolo zugewiesen.
1494	Einmarch der Franzosen in Italien.
1495	Beteiligung Venedigs an der antifranzösischen Liga.
1499-1502	Zweiter Krieg gegen die Türken mit großen Verlusten.
1508	Liga von Cambrai gegen Venedig.
1509 14. Mai	Venedig verliert die Schlacht bei Agnadello, der Untergang scheint nahe; dennoch gewinnt es seinen Festlandbesitz bald zurück.
1571	Sieg der Heiligen Liga unter Beteiligung Venedigs bei Lepanto.
1669	Verlust von Kreta.
1718	Verlust von Morea (Peloponnes). Im Frieden von Passarowitz verliert Venedig die meisten auswärtigen Besitzungen.
1797	Untergang der Republik Venedig.

Bibliographische Hinweise

Die Bücher über Venedig und die venezianische Geschichte und Kultur sind nicht zu überblicken, selbst wenn man sich auf wissenschaftliche Werke allein beschränken wollte, denn die Beschäftigung mit dem Phänomen Venedig ist selbst Teil europäischer Kulturtradition. Deshalb kann an dieser Stelle auch keine neuere Bibliographie zur venezianischen Geschichte genannt werden, da eine solche Aufgabe seit dem letzten Jahrhundert niemand mehr gewagt hat. Die folgenden Angaben verfolgen deshalb zum einen den Zweck nachzuweisen, auf welchen Arbeiten die vorliegende Darstellung aufbaut, zum anderen aber sollen sie den Leser anregen, sich weiter mit dem Thema zu beschäftigen. Nicht berücksichtigt werden Forschungskontroversen, die sich aus den Literaturangaben der genannten Werke erschließen lassen, und ältere Arbeiten.

Aus der großen Zahl der *Gesamtdarstellungen* seien genannt: H. Kretschmayr, Geschichte von Venedig 1-3, Stuttgart-Gotha 1905-1934 (Nachdruck Aalen 1964 und öfter), dessen materialreiche Darstellung klassisch genannt zu werden verdient, und F. C. Lane, Seemacht Venedig, München 1980, die beste einbändige Gesamtdarstellung. Weiter sind zu nennen: A. Zorzi, Venedig. Eine Stadt, eine Republik, ein Weltreich, 697-1797, München 1981 und M. Hellmann, Geschichte Venedigs in Grundzügen, 3. Aufl. Darmstadt 1989. Venezianische Geschichte in traditionellem Konzept bietet R. Cessi, Storia della Repubblica di Venezia 1-2, Mailand-Messina 1944-46, ein Werk, das unverändert in verschiedenen Ausgaben wieder aufgelegt wurde. Vielfach überholt, aber äußerst materialreich S. Romanin, Storia documentata di Venezia 1-10, 3. Aufl. (Nachdruck) Venedig 1973. *Für die kulturellen Aspekte* ist die reich bebilderte Darstellung von P. Molmenti, La storia di Venezia nella vita privata dalle origini alla caduta della Repubblica 1-3, 7. Aufl. Bergamo 1927 grundlegend. Die zahlreichen Arbeiten zur *Alltagsgeschichte* von B. Cecchetti (im Archivio Veneto) sind zusammengefaßt in dem Nachdruck: La vita dei Veneziani nel 1300, Bologna 1980.

Für das Mittelalter allgemein und für das Spätmittelalter im besonderen sind zu nennen: R. Cessi, Venezia nel duecento: Tra oriente e occidente, Venedig 1985; F. C. Hodgson, Venice in the 13th and 14th Centuries. A Sketch of Venetian History from the Conquest of Constantinople to the Accession of Michele Steno A.D. 1204-1400, London 1910; D. S. Chambers, The Imperial Age of Venice, 1380-1580, London 1970, der mit zahlreichen Bildern auch die kulturellen Aspekte umfassend würdigt; R. Finlay, Politics in Renaissance Venice, New Brunswick 1980; G. Cracco, Un »altro mondo«. Venezia nel medioevo dal secolo XI al secolo XIV, Turin 1986.

Als wichtige *Sammelbände*, die immer wieder herangezogen werden müssen, sind zu nennen: Storia della Civiltà veneziana 1-9, Florenz 1958ff. (Neuauflage in drei Bänden Florenz 1979); F. C. Lane, Venice and History, Baltimore 1966; A. Pertusi (Hrsg.), La storiografia veneziana fino al secolo XVI. Aspetti e problemi, Florenz 1970; J. R. Hale (Hrsg.), Renaissance Venice, London 1973.

Zur venezianischen Kunstgeschichte: Als universelles Nachschlagewerk dient E. Hubala, Venedig, Baudenkmäler und Museen, Reclams Kunstführer Italien Bd. 2/1, 3. Auflage Stuttgart 1985. In Teilen überholt, mit seiner Fülle von Nachrichten aber vor allem für den Besucher der Stadt ein wertvolles Hilfsmittel bildet G. Lorenzetti, Venezia e il suo estuario. Guida storico-artistica, 1926. Es existieren zahlreiche Nachdrucke, auch eine englische und französische Ausgabe. *Für das 15. Jahrhundert* N. Huse-W. Wolters, Venedig. Die Kunst der Renaissance. Architektur, Skulptur, Malerei 1460-1590, München 1986. Einen Überblick bietet T. Pignatti, 1000 Jahre Kunst in Venedig, 1989. Als *Einführung in die Malerei* dient Th. Hetzer, Venezianische Malerei von ihren Anfängen bis zum Tode Tintorettos. Schriften Bd. 8, Stuttgart 1985 und B. Berenson, Italian Pictures of the Renaissance. Venetian

School. 2 Bde., London 1957. Zur bedeutendsten venezianischen Bildersammlung: F. Valcanover, Die Galerie Accademia in Venedig, München 1956; S. Symeonides, Fourteenth and Fifteenth Century Paintings in the Accademia Gallery Venice, Florenz 1977; der Gesamtkatalog von S. Moschini Marconi, Gallerie dell'Accademia di Venezia, 2 Bde., Rom 1955 und 1970.

Die oft zitierten *zeitgenössischen Quellen*: M. M. Newett (Hrsg.), Canon Pietro Casola's Pilgrimage to Jerusalem in the Year 1494, Manchester 1907; Ph. de Commynes, Memoiren. Europa in der Krise zwischen Mittelalter und Neuzeit. Stuttgart 1952; F. Faber, Evagatorium in Terrae Sanctae, Arabiae et Egypti peregrinationem, Stuttgart 1849; G. Priuli, I Diarii, hrsg. v. A. Segre und R. Cessi in Rerum Italicarum Scriptores, N.S. Bd. 24/3, Bologna 1912-41; M. Sabellico, De Venetae urbis situ, Venedig 1490, erneut abgedruckt in Thesaurus Antiquitatum et Historiarum Italiae, Bd. 5/1, Löwen 1772; M. Sanudo, De origine, situ et magistratibus urbis Venetae ovvero la Città di Venetia (1493-1530), hrsg. v. A. Caracciolo Aricò, Mailand 1980.

Die bisher aufgeführten Arbeiten sind allgemeiner Natur und für die einzelnen Kapitel immer wieder heranzuziehen. Deshalb werden sie in den Literaturangaben für die folgenden Abschnitte nicht mehr eigens erwähnt.

Zum Mythos von Venedig (Kapitel 1): G. Fasoli, Nascita di un mito. Il mito di Venezia nella storiografia, in: Studi storici in onore di Gioacchino Volpe, Florenz 1958, S. 58-75; E. Muir, Civic Ritual in Renaissance Venice, Princeton 1981; E. Blackstein, Der venezianische Staatsgedanke im 16. Jahrhundert und das zeitgenössische Venedigbild in der Staatstheorie des republikanischen Florenz, (phil. Diss.) Frankfurt 1973; B. Marx, Venedig – »altera Roma«. Transformationen eines Mythos, in: Quellen und Forschungen aus italienischen Archiven und Bibliotheken 60 (1980), S. 325-373. Für das Weiterleben der Ideen in der Neuzeit W. J. Bouwsma, Venice and the Defense of Republican Liberty, Berkeley 1968. *Über die Verehrung der Heiligen in Venedig und ihre Bedeutung für die Stadt* S. Tramontin (Hrsg.), Il culto dei Santi a Venezia, Venedig 1965. *Die Insignien des Dogen,* ihre Entstehung und ihre Bedeutung untersucht A. Pertusi, »Quedam regalia insignia«: Ricerche sulle insegne del potere ducale a Venezia durante il medioevo, in: Studi Veneziani 7 (1965) S. 3-123; zu Insignien und die Beziehungen zum Markuskult H. C. Peyer, Stadt und Stadtpatron im mittelalterlichen Italien, Zürich 1955. R. Lebe, Als Markus nach Venedig kam, Stuttgart/München 1980. *Zu den Anfängen* R. Cessi, Venezia ducale 1-2, Venedig 1963-1965; Ders., Le origini del ducato veneziano, Neapel 1954; A. Carile/G. Fedalto, Le origini di Venezia, Bologna 1975. *Den Bericht der Jerusalemreise* bringt nach einer deutschen Ausgabe mit der Abbildung aller Holzschnitte Bernhard von Breydenbach, Die Reise ins Heilige Land. Ein Reisebericht aus dem Jahre 1483. Übertragung und Nachwort von Elisabeth Geck, Wiesbaden 1977. Dazu auch G. Cassini, Piante e vedute prospettiche di Venezia (1479-1855), Venedig 1982; J. Schulz, The Printed Plans and Panoramic Views of Venice (1486-1797), Saggi e memorie di Storia dell'Arte 7, Venedig 1970. *Zu den Mosaiken von San Marco* O. Demus, The Mosaics of San Marco in Venice, Bd. 1-4, Chicago/London 1984 mit vielen Abbildungen. Eine kürzere Zusammenstellung in ders., The Mosaic Decoration of San Marco Venice, Chicago/London 1980. Der österreichische Kunsthistoriker ist der Altmeister der *Geschichte der Kirche von San Marco,* grundlegend darüber seine Veröffentlichung The Church of S. Marco in Venice. History-Architecture-Sculpture, Dumbarton Oaks Studies 6, Washington 1960. *Zu Paolo Veneziano:* M. Muraro, Paolo da Venezia, Mailand 1969; R. Pallucchini, La pittura veneziana del Trecento, Venedig 1964; *zur Pala d'Oro:* La Pala d'Oro, Florenz 1965 und J. De Luigi-Pomorisac, Les Emaux byzantins de la Pala d'Oro, 2 Bde., 1966. *Zur Einordnung der beiden Säulen auf der Piazzetta* W. Haftmann, Das italienische Säulenmonument, Leipzig/Berlin 1939. Den *Markuslöwen* in seinen verschiedenen Erscheinungsformen behandelt W. H. Rudt de Collenberg, Il leone di San Marco: aspetti storici e formali dell'emblema statale della

Serenissima, in: Ateneo Veneto (1989) S. 57-84 und als neueste Bestandsaufnahme B. M. Scarfi (Hrsg.), The Lion of Venice, München 1991. *Zum Löwenbild des Carpaccio:* Vittore Carpaccio, Gemälde und Zeichnungen. Gesamtausgabe von Jan Lauts, Köln 1962. Dies ist das umfassendste Werk über diesen Künstler und gibt weitere Literatur an. *Zum Topos des Seesturms* durch Dämonenunwesen J. Delumeau, Angst im Abendland. Die Geschichte kollektiver Ängste im Europa des 14. bis 18. Jahrhunderts, Reinbek bei Hamburg 1989. *Zu Bordone* G. Mariani Canova, Paris Bordone, Venedig 1965. *Zur Venetia:* W. Wolters, La scultura veneziana gotica (1300-1460) 2 Bde., Venedig 1976; H. Bashir-Hecht, Die Fassade des Dogenpalastes in Venedig, Dissertationen zur Kunstgeschichte 3, Köln/Wien 1977.

Zum venezianischen Seereich (Kapitel 2): Alle Aspekte des Seereichs finden sich in den Aufsätzen der Sammelbände von A. Pertusi (Hrsg.), Venezia e il levante fino al secolo XV 1-2, Florenz 1973. *Venedigs Beteiligung an den Kreuzzügen* behandelt L. Buenger-Robbert, Venice and the Crusades, in: A History of the Crusades 5, hrsg. von K. M. Setton, Madison 1985. *Speziell zum vierten Kreuzzug* vgl. E. H. Mc Neal/R. L. Wolff, The Fourth Crusade, in: A History of the Crusades 2, hrsg. von K. M. Setton, Philadelphia 1962, S. 153-185; D. E. Queller, The Fourth Crusade. The Conquest of Constantinople 1201-1204, Philadelphia 1977; Ch. Ferrard, The Amount of the Constantinopolitine Booty in 1204, in: Studi Veneziani 13 (1971) S. 95-104. *Für die venezianischen Besitzungen* grundlegend F. Thiriet, La Romanie vénitienne au Moyen Age, Paris 1959. A. Carile, Partitio terrarum imperii Romaniae, in: Studi Veneziani 7 (1965) S. 124-305. Wichtige Beiträge in R. J. Loenertz, Byzantina et Franco-Graeca 1-2, Rom 1970-1978. *Für Kreta* S. Borsari, Il dominio veneziano a Creta nel XIII secolo, Neapel 1963 und ders., Studi sulle colonie veneziane in Romania nel XIII secolo, Neapel 1966. *Für Negroponte:* J. Koder, Negroponte. Untersuchungen zur Topographie und Siedlungsgeschichte der Insel Euboia während der Venezianerherrschaft, Denkschriften der österr. Akademie der Wissenschaften, phil-hist. Klasse 112, Wien 1973. *Für die venezianischen Inselherrscher* seien genannt: J. K. Folkeringham, Marco Sanudo. Conqueror of the Archipelago, Oxford 1915 und R. J. Loenertz, Les Ghisi. Dynastes vénitiens dans l'Archipel 1207-1390, Florenz 1975. *Die Beziehungen zum Byzantinischen Reich* zusammenfassend bei D. M. Nicol, Byzantium and Venice. A Study in Diplomatic and Cultural Relations, Cambridge 1988. *Zur venezianischen Adriaherrschaft* W. Lenel, Die Entstehung der Vorherrschaft Venedigs an der Adria, Straßburg 1897 und R. Cessi, La Repubblica di Venezia e il problema adriatico, Neapel 1953. *Für Dalmatien:* B. Krekic, Dubrovnik (Raguse) et le levant au Moyen Age, Paris 1961 und ders., Dubrovnik in the 14th and 15th Centuries, Norman 1972. *Für die Auseinandersetzungen zwischen Venedig und Genua:* G. Caro, Genua und die Mächte am Mittelmeer 1-2, Halle 1895-1899. R. C. Mueller, Effetti della guerra di Chioggia (1378-1381) sulla vita economica e sociale di Venezia, in: Ateneo Veneto Nuova Serie 19 (1981) S. 27-41. *Zu den Beziehungen zu den Osmanen* vgl. L. Valensi, Venise et la sublime porte. La naissance du despote, Paris 1987. *Zu den Geschicken der Bilderzyklen* grundlegend W. Wolters, Der Bilderschmuck des Dogenpalastes. Untersuchungen zur Selbstdarstellung der Republik Venedig im 16. Jahrhundert, Wiesbaden 1983; *zum Dogenpalast* U. Franzoi, Storia e leggenda del Palazzo Ducale di Venezia, Venedig 1982; einen reich bebilderten Führer durch die einzelnen Räume mit Erklärungen zu den jeweiligen Behörden und den Bau betreffende Dokumente bringt ders., Itinerari segreti nel Palazzo Ducale di Venezia, Treviso 1983. *Für Palma il Giovane* vgl. N. Ivanoff/P. Zampetti, Palma il Giovane, Bergamo 1980. *Über importierte byzantinische Kunst* O. Demus, Bisanzio e la scultura del Duecento a Venezia, in: Venezia fra tardo Medioevo e Rinascimento, Venedig 1966, S. 141-158; Venezia e Bisanzio. Catalogo della mostra, Venedig 1974; *Über die Verwendung von »Fundstücken«:* Corpus der Kapitelle der Kirche von San Marco zu Venedig, hrsg. v. F. Deichmann, Forschungen zur Kunstgeschichte und christlichen Archäologie 12, Wiesbaden 1981. Einen Eindruck vom Reichtum der *Schatzkammer* gibt H. Hellenkemper, Der Schatz von San Marco in Venedig. Ausstellungskatalog des Römisch-Germanischen Museums, Köln 1984; zur Geschichte und Entstehung R. Gallo, Il Tesoro di S.Marco e la sua storia, Civiltà Veneziana, Saggi 16, Venedig 1967, am umfassendsten H. R. Hahnloser, Il tesoro di San Marco, 2 Bde. Florenz 1965 u. 1971. *Zum Arsenal* G. Bellavitis, L'Arsenale di Venezia. Storia di una grande struttura urbana, Venedig 1983 und E. Concina, L'Arsenale della Repubblica di Venezia, Mailand 1984; einen reich bebilderten Band über Arsenal und Entwicklung der Schiffahrt bietet G. B. Rubin de Cervin, La Flotta di Venezia. Navi e barche della Serenissima, Mailand 1985. *Zum Fassadenepitaph:* J. Bialostocki, Die Kirchenfassade als Ruhmesdenkmal des Stifters. Eine Besonderheit der Baukunst Venedigs, in: Römisches Jahrbuch für Kunstgeschichte 20 (1983) S. 3-16. *Zum Votivbild des Pesaro:* J. Meyer zur Capellen, Beobachtungen zu Jacopo Pesaros Exvoto in Antwerpen, Pantheon 38 (1980) S. 144-152.

Zu den Beziehungen Venedigs zum Festland (Kapitel 3): G. Rösch, Venedig und das Reich. Handels- und verkehrspolitische Beziehungen in der deutschen Kaiserzeit, Tübingen 1982 und ders., Die Festlandspolitik Venedigs im 13. und 14. Jahrhundert, in: Geschichte in Wissenschaft und Unterricht (1989) S. 321-332.Eine Fallstudie bietet T. Dean, Venetian Economic Hegemony. The Case of Ferrara 1220-1500, in: Studi Veneziani Nuova Serie 12 (1986) S. 45-98. *Für den Salzhandel* C. Bauer, Venezianische Salzhandelspolitik bis zum Ende des 14. Jahrhunderts, in: Vierteljahrschrift für Sozial- und Wirtschaftsgeschichte 23 (1930) S. 273-323 und J. C. Hocquet, Le sel et la fortune de Venise 1-2, Villeneuve d'Asq 1979-1982. Die Zusammenstellung des *spätmittelalterlichen Staatshaushalts* bietet Lane, Seemacht Venedig, München 1980, S. 391-392. Alle Aspekte des *Übergangs von der Seemacht zur oberitalienischen Landmacht* behandelt der Sammelband B. Pullan (Hrsg.), Crisis and Change in the Venetian Economy in the Sixteenth and Seventeenth Centuries, London 1968; R. T. Rapp, Industry and Economic Decline in Seventeenth Century Venice, Cambridge/Mass. 1976. *Zur Kriegsführung auf dem Festland* M. E. Mallet und J. R. Hale, The Military Organization of a Renaissance State. Venice c. 1400 to 1617, Cambridge 1984. *Zum Barbarossa-Zyklus* sehr ausführlich Wolters, Bilderschmuck des Dogenpalastes; *über die Beziehungen der Familie Pesaro zur Franziskanerkirche:* R. Goffen, Piety and Patronage in Renaissance Venice. Bellini, Titian, and the Franciscans, New Haven/London 1986. *Über das Standbild des Colleoni:* Ch. A. Isermeyer, Verrocchio und Leopardi. Das Reiterdenkmal des Colleoni, Stuttgart 1963; *zu Dürers Besuch:* L. Grote, »Hier bin ich ein Herr«. Dürer in Venedig, Bibliothek des Germanischen National-Museums Nürnberg zur deutschen Kunst- und Kulturgeschichte Bd. 2-3, München 1956.

Zur Verfassung (Kapitel 4): G. Maranini, La costituzione di Venezia 1-2, Venedig 1927-1931 ist immer noch grundlegend, da bisher als Gesamtdarstellung nicht ersetzt. *Für die Grundzüge* G. Cassandro, Concetto, caratteri e struttura dello stato veneziano, in: Bergomum 38 (1964) S. 33-55 sowie in: Rivista di storia del diritto italiano 36 (1963) S. 23-49 sowie die Aufsätze in den zu Beginn genannten Sammelwerken. *Für den Dogen:* A. da Mosto, I dogi di Venezia con particolare riguardo alle loro tombe, Venedig 1939 und V. Lazzarini, I titoli dei Dogi di Venezia, in: ders., Scritti di Paleografia e Diplomatica, 2. Aufl. Padua 1969, S. 183-219. *Für die Promissionen* E. Mussatti, Storia della Promissione ducale, Padua 1888. Als Musterstudie *für den Senat* immer noch grundlegend: E. Besta, Il senato veneziano. Origini, costituzione, attribuzioni e riti, Venedig 1899. *Für den Rat der Zehn:* R. Frohn, Die Rechtsstellung des Rats der Zehn in Venedig, (Diss. phil.) Würzburg 1972. *Zur Verschwörung des Dogen Marin Falier* grundlegend V. Lazzarini, Marino Falier, Florenz 1963. *Materialien zur Verfassung* auch bei W. Andreas, Staatskunst und Diplomatie der Venezianer, Leipzig 1943. Die Verbindugen von Verfassung und Mythos behandelt F. Gilbert, The Venetian Constitution in Florentine Political Thought, in: N. Rubinstein (Hrsg.), Florentine Studies, London 1968. Gegen eine idealisierte Betrachtung der Verfassung richtet sich D. E. Queller, The Venetian Patriciate: Reality versus Myth, Urbana 1986. *Zur Serrata:* Rösch, Der venezianische Adel (wie unten in Kapitel 6); M. Merores, Der große Rat von Venedig und die sogenannte Serrata vom Jahre 1297, in: Vierteljahrschrift für Sozial- und Wirtschaftsgeschichte 21 (1928) S. 33-113; F. C. Lane, The Enlargement of the Great Council of Venice, in: Florilegium Historiale. Essays Presented to Wallace K. Ferguson, hrsg. von J. G. Rowe und W. H. Stockdale, Toronto 1971, S. 236-274. *Zur Organisation der Justiz* M. Roberti, Magistrature giudiziarie veneziane 1-3, Venedig 1908-1911; G. Cassandro, La curia di Petizion e il diritto processuale a Venezia, Venedig 1937. Für die verzweigte *venezianische Verwaltung*, deren Geschichte auf weiten Strecken noch zu schreiben bleibt A. da Mosto, L'Archivio di Stato di Venezia 1-2, Rom 1937-1940. Als Fallstudie sei genannt: G. Zordan, I visdomini a Venezia nel secolo XIII, Padua 1971. *Über die Piazza San Marco* und ihre bauliche Entwicklung Piazza San Marco. L'architettura, la storia, le funzioni, Padua 1970; *zu Bellini:* J. Meyer zur Capellen, Gentile Bellini, Stuttgart 1985; P. Brown Fortini, Venetian Narrative Painting in the Age of Carpaccio, 2. Aufl. New Haven-London 1989; *zur Rolle der Scuole als Auftraggeber:* W. Wurthmann, The Scuole Grandi and Venetian Art 1260 – c. 1500, Diss. Univ. of Chicago 1976. Grundlegend *zum Dogenportrait*: J. Meyer zur Capellen, Zum venezianischen Dogenbildnis in der zweiten Hälfte des Quattrocento, in: Konsthistorisk Tidskrift (1981) S.70-86. Einen Sammelband mit zahlreichen Fotos gibt G. Benzoni (Hrsg.), I Dogi. Milano 1982. *Zu Tintoretto* vgl. R. Palucchini/P. Rossi, Tintoretto. Le opere sacre e profane 1-2, Milano 1982. *Zu den Deutungen des Triptychons von Jacobello del Fiore:* S. Sinding-Larsen, Christ in the Council Hall. Studies in the religious Iconography of the Venetian Republic, Acta ad archaeologiam et artium historiam pertinentia 5, Rom 1974.

Zum Handel (Kapitel 5): Zusammenfassend zur *Wirtschaftsgeschichte* G. Luzzatto, Storia economica di Venezia dall'XI al XVI secolo, Venedig 1961 und der Sammelband dess., Studi di storia economica veneziana, Padua 1954. *Für die Funktion und Entwicklung des Rialto* R. Cessi/A. Alberti, Rialto. L'isola, il ponte, il mercato, Bologna 1934. *Zum Fondaco dei Tedeschi:* H. Simonsfeld, Der Fondaco dei Tedeschi und die deutsch-venezianischen Handelsbeziehungen 1-2, Stuttgart 1887. *Zu den Handelstechniken, zur Seefahrt und zu den Änderungen im Schiffbau* sind die Arbeiten von Lane (vgl. Kapitel 3) grundlegend. *Für die Handelsbeziehungen im Mittelmeer* noch immer grundlegend W. Heyd, Histoire de commerce du levant au Moyen Age 1-2, Leipzig 1886; vgl. auch den Sammelband von R. Cessi, Politica e economia di Venezia nel Trecento, Rom 1952. *Zu den Kaufleuten:* B. Kedar, Merchants in Crisis. Genoese and Venetian Men of Affairs and the Fourteenth-Century Depression, New Haven 1976. Als Spezialstudie zu der reichsten Kaufmannsfamilie des 12. und beginnenden 13. Jahrhunderts sei genannt: I. Fees, Reichtum und Macht im mittelalterlichen Venedig. Die Ziani, Tübingen 1988. Vgl. für das 15. Jahrhundert: F. C. Lane, Andrea Barbarigo. Merchant of Venice, 1418-1449, Baltimore 1944; *Zu den Schiffstypen:* F. C. Lane, Venetian Ships and Shipbuilders of the Renaissance, Baltimore 1934; A. Schaube, Die Anfänge der Galeerenfahrten nach der Nordsee, in: Historische Zeitschrift 101 (1908) S. 28-89; I. Sattas, Les messageries maritimes vénitiennes, Paris 1938. *Zu den Bildern in der Scuola der Dalmatiner:* G. Perocco, Carpaccio. Le pitture alla Scuola di S.Giorgio degli Schiavoni. Italienisch/englisch, Treviso 1975. *Zur jüdischen Ansiedlung:* R. Calimani, Die Kaufleute von Venedig. Die Geschichte der Juden in der Löwenrepublik, Düsseldorf 1988. *Zur Ca'da Mosto:* G. Scattolin, Le case fondaco sul Canal Grande, Venedig 1961; Z. Swiechowski u. A. Rizzi, Romanische Reliefs von venezianischen Fassaden. »Patere e Formelle«, Forschungen zur Kunstgeschichte und christlichen Archäologie 11, Wiesbaden 1982; zum Palastbau allgemein: P. Lauritzen und A. Zielcke, Venezianische Paläste, München 1979. *Zu den Handwerkerreliefs:* M. Muraro, La vita nelle pietre. Sculture marciane e civiltà veneziana del Duecento,

244

Venedig 1985; W. Wolters (Hrsg.), Die Skulpturen von San Marco in Venedig. Die figürlichen Skulpturen der Außenfassaden bis zum 14. Jahrhundert, Centro Tedesco di Studi Veneziani. Studien 3, München-Berlin 1979; W. Schlink, Die Sockelskulpturen der beiden Säulen am Markusplatz von Venedig, Festschrift für E. Hubala, München 1985; *über Arbeits-Darstellungen im Mittelalter:* P. Brand, Schaffende Arbeit und bildende Kunst, 2 Bde. Leipzig 1927/28. *Zum Ursulazyklus:* F. Bardon, La peinture narrative de Carpaccio dans le cycle de Ste-Ursule. Memorie della Classe di scienze morali, lettere ed arti dell' Istituto Veneto 31/4, Venedig 1985 und R. Pallucchini, Carpaccio. Le storie di Sant'Orsola, Mailand 1958.

Zur Stadt und zur Gesellschaft (Kapitel 6): allgemein G. Cracco, Società e stato nel medioevo veneziano, Florenz 1967 und A. Ventura, Nobiltà e popolo nella società veneta del '400 e del '500, Bari 1964; D. Romano, Patricians and Popolani. The Social Foundations of the Venetian Renaissance State, Baltimore 1987, ein ausgezeichnetes Werk, das grundlegend für das Spätmittelalter ist. Eine übersichtliche Darstellung der *Stadtentwicklung* bietet E. Miozzi, Venezia nei secoli 1. La città, Venedig 1957. Die neueren Thesen von W. Dorigo, Venezia origini. Fondamenti, ipotesi, metodi, Mailand 1983 bleiben stark spekulativ. *Über die Prokuratoren von San Marco* vgl. R. C. Mueller, The Procurators of San Marco in the Thirteenth and Fourteenth Centuries: A Study of the Office as a Financial Trust Institution, in: Studi Veneziani 13 (1971) S. 105-220. *Für das Territorium des venezianischen Dogats* von Grado bis Cavarzere: L. Lanfranchi/G. G. Zille, Il territorio del ducato veneziano, in: Storia di Venezia 2, Venedig 1958, S. 3-65. *Zur demographischen Entwicklung* immer noch grundlegend K. J. Beloch, Bevölkerungsgeschichte Italiens 1-3, Berlin 1937-61; D. Beltrami, Storia della popolazione di Venezia dalla fine del sec. XVI alla caduta della Repubblica, Padua 1954. *Zur Pest und ihren Wirkungen* vgl. den Sammelband Venezia e la Peste, 1348-1797, Venedig 1979. *Zur venezianischen Nobilität* M. Merores, Der venezianische Adel. Ein Beitrag zur Verfassungsgeschichte, in: Vierteljahrschrift für Sozial- und Wirtschaftsgeschichte 19 (1926) S. 193-237; G. Rösch, Der venezianische Adel bis zur Schließung des Großen Rats. Zur Genese einer Führungsschicht, Sigmaringen 1989; S. Chojnacki, In Search of the Venetian Patriciate: Families and Factions in the Fourteenth Century, in: Hale (Hrsg.), Renaissance Venice, London 1973, S. 47-90; J. C. Davis, The Decline of the Venetian Nobility as a Ruling Class, Baltimore 1962. *Zum Estimo von 1379* immer noch wichtig M. Merores, Der venezianische Steuerkataster von 1379, in: Vierteljahrschrift für Sozial- und Wirtschaftsgeschichte 16 (1922) S. 415-419, die Arbeiten von Luzzatto (wie Kapitel 5, dort auch die hier aufgenommene Liste) und die gerade genannte Arbeit von Chojnacki. *Zur Kirche und ihren Pfründen:* G. Fedalto, La chiesa latina nei dominii veneziani del levante, Studi Veneziani 17-18 (1975-76) S. 43-93. *Über die Handwerker* die grundlegende Edition von G. Monticolo, I capitolari delle arti veneziane sottoposte alla Giustizia Vecchia 1-3, Rom 1896-1914; G. Marangoni, Associazioni di mestieri nella Repubblica Veneta, Venedig 1974 und besonders R. Mackenney, Tradesmen and Traders. The World of the Guilds in Venice and Europe, c. 1250-c. 1650, Totowa 1987. *Zu den Scuole* als soziale Institution grundlegend B. Pullan, Rich and Poor in Renaissance Venice: The Social Institutions of a Catholic State to 1620, Oxford 1971; W. B. Wirthmann, The Council of Ten and the Scuole Grandi in Early Renaissance Vencie, in: Studi Veneziani Nuova Serie 18 (1989) S. 15-66. *Zu der neuerdings stark diskutierten Kriminalität und den Gewalttätigkeiten* S. Chojnacki, Crime, Punishment and the Trecento Venetian State, in: L. Martinez (Hrsg.), Violence and Civil Disorder in Italian Cities, 1200-1500, Berkeley 1972, S. 184-228; G. Ruggiero, Violence in Early Renaissance Venice, New Brunswick 1980 und ders., The Bounderies of Eros: Sex, Crime and Sexuality in Renaissance Venice, New York 1985. *Zur venezianischen Kultur:* O. Logan, Culture and Society in Venice 1470-1790: The Renaissance and Its Heritage, London 1972. Sehr optimistisch über die *Bedeutung des Humanismus in Venedig:* M. L. King, Venetian Humanism in an Age of Patrician

Dominance, Princeton 1986, deren Bibliographie und Aufarbeitung der humanistischen Strömungen fundamental ist. *Zum monumentalen Stadtplan:* T. Pignatti, Jacopo De'Barbari. Perspektivplan von Venedig. Unterschneidheim 1976; H. Appuhn und Ch. Heusinger, Riesenholzschnitte und Papiertapeten der Renaissance, Unterschneidheim 1976; J. Schulz, Jacopo Barbari's View of Venice: Map making, City views, and Moralized Geography before the Year 1500. in: The Art Bulletin 60 (1978) S. 425-474 sowie Schulz (wie Kapitel 1). *Zur Stadtentwicklung:* E. Trincanato und U. Franzoi, Venise au fil de temps. Atlas historique d'urbanisme et d'architecture, Bologna 1971; *zu den Wohnvierteln:* E. Trincanato, Guida alla Venezia Minore. Una Venezia sconosciuta attraverso i sestieri di Castello e Dorsoduro, Venedig 1978 und G. Gianighian und P. Pavanini, Dietro i Palazzi. Tre secoli di architettura minore a Venezia 1492-1803. Itinerari di storia e arte, Venedig 1984; P. Wichmann, Die Campi Venedigs. Entwicklungsgeschichtliche Untersuchungen zu den venezianischen Kirch- und Quartiersplätzen, Beiträge zur Kunstwissenschaft 12, München 1987; *zu den Brunnen:* A. Rizzi, Vere da pozzo di Venezia. I puteali pubblici di Venezia e della sua laguna, Venedig 1981; *über die Kirchen:* U. Franzoi und D. Di Stefano, Le Chiese di Venezia, Venedig 1976; umfassend *zu den untergegangenen Bauten* A. Zorzi, Venezia scomparsa, Venedig 1972. *Zu Mansueti:* S. Miller, Giovanni Mansueti: A Little Master of the Venetian Quattrocento, in: Revue Roumaine d'histoire de l'art, serie beaux-arts 15 (1978) S. 77-115. *Zum Mosaik an der Porta Sant'Alipio:* O. Demus, Das älteste venezianische Gesellschaftsbild, in: Jahrbuch der österreichischen byzantinischen Gesellschaft 1 (1951) S.89 ff.; *zur Verwendung älterer Reliefs* H.-M. Herzog, Untersuchungen zur Plastik der venezianischen »Protorenaissance«, München 1986; *zur Architektur der Bettelordenskirchen:* H. Dellwing, Studien zur Baukunst der Bettelorden im Veneto, Kunstwissenschaftliche Studien 43, München-Berlin 1970; *zur Dominikanerkirche:* F. Zava Boccazzi, La Basilica dei Santi Giovanni e Paolo in Venezia, Venedig 1965; *über die Kunst der Grabmäler:* H. G. Brand, Die Grabmonumente Pietro Lombardos. Studien zum venezianischen Wandgrabmal des späten Quattrocento, Erlangen 1977; *zu den Scuole* am vollständigsten S. Gramigna, A. Perissa und G. Scarabello, Scuole di arti mestieri e devozione a Venezia, Quaderni di Materiali Veneti 14 – Itinerari di storia e arte 1, Venedig 1981; F. Brunello, Arti e mestieri a Venezia nel Medioevo e nel Rinascimento, Studi e testi veneziani 8, Vicenza 1981; mehr Wert auf die Scuole grandi legt T. Pignatti, Le scuole di Venezia, Mailand 1981. *Zu den gotischen Palästen:* E. Arslan, Das gotische Venedig: Die venezianischen Profanbauten des 13. – 15. Jahrhunderts, München 1971 und H. Diruf, Paläste Venedigs vor 1500. Baugeschichtliche Untersuchungen zur venezianischen Palastarchitektur im 15. Jahrhundert, Beiträge zur Kunstwissenschaft 33, München 1990; *eine neue Auslegung einiger Bilder Carpaccios* bietet M. Serres, Carpaccio. Ästhetische Zugänge, Reinbek bei Hamburg 1981; *über Fragen der Kleidung:* St. M. Newton, The Dress of the Venetians 1495-1525, Pasold Studies in Textile History 7, Avon 1988; *zu den »Calze«:* L. Venturi, Le compagnie della calza (sec. XV-XVI), in: Nuovo archivio veneto, III serie 16 (1908) S. 161-221 und 17 (1909) S. 140-233.

Zum Abgesang (Kapitel 7): eine eindrucksvolle Schilderung der Ereignisse des Endes der Republik bietet I. Nievo in seinem Roman »Pisana oder die Bekenntnisse eines Achtzigjährigen«, Frankfurt/Main 1956.

Verzeichnis der Abbildungen

Abb. 1: Erhard Reuwich, Darstellung von Venedig (Biblioteca Nazionale Marciana)

Abb. 2: Der heilige Markus rettet das Schiff aus dem Seesturm (San Marco, Cappella di San Clemente)

Abb. 3: Paolo Veneziano, Wunderbare Auffindung der Reliquien des heiligen Markus (Museo Marciano)

Abb. 4: Meister Johannes, Idealisierte Ansicht von Venedig (Oxford, Bodleian Library)

Abb. 5: Markuslöwe (Sant'Aponal)

Abb. 6: Vittore Carpaccio, Markuslöwe (Dogenpalast)

Abb. 7: Paris Bordone, Überreichung des Ringes an den Dogen (Accademia)

Abb. 8: Filippo Calendario, Venetia (Dogenpalast)

Abb. 9: Palma il Giovane, Die Eroberung Konstantinopels (Dogenpalast)

Abb. 10: Die Tetrarchen (San Marco)

Abb. 11: Räuchergefäß (San Marco, Schatzkammer)

Abb. 12: Das Portal des Arsenals

Abb. 13: Der Doge landet auf Chios (San Marco, Cappella di San Isidoro)

Abb. 14: Antonio Dentone (?), Vittore Cappello vor der heiligen Helena (Sant'Elena)

Abb. 15: Ausschnitt aus Abb. 47

Abb. 16: Tizian, Alexander VI. empfiehlt Jacopo Pesaro dem heiligen Petrus (Antwerpen, Koninklijk Museum vor schoone Kunsten)

Abb. 17: Federico Zuccari, Friedrich Barbarossa vor Papst Alexander III. (Dogenpalast)

Abb. 18: Die Grabmäler von Paolo Savelli und Benedetto Pesaro (Santa Maria Gloriosa dei Frari)

Abb. 19: Ausschnitt aus Abb. 21

Abb. 20: Andrea Verrocchio, Reiterstandbild des Bartolomeo Colleoni (Campo Santi Giovanni e Paolo)

Abb. 21: Gentile Bellini, Prozession der Kreuzreliquie auf dem Markusplatz (Accademia)

Abb. 22: Porta della Carta (Dogenpalast)

Abb. 23: Mosaik der Apparitio Sancti Marci (San Marco)

Abb. 24: Antonio und Paolo Bregno, Grabmal des Dogen Francesco Foscari (Santa Maria Gloriosa dei Frari)

Abb. 25: Apsismosaik (San Marco, Cappella del Battistero)

Abb. 26: Werkstatt des Tintoretto, Fries mit Dogenportraits (Dogenpalast)

Abb. 27: Die öffentliche Anleihe (Catastico di San Maffio)

Abb. 28: Jacobello del Fiore, Gerechtigkeitstriptychon (Accademia)

Abb. 29: Vittore Carpaccio, Wunder der Kreuzreliquie (Accademia)

Abb. 30: Vittore Carpaccio, Die Berufung des heiligen Matthäus (Scuola di San Giorgio degli Schiavoni)

Abb. 31: Ca' Da Mosto

Abb. 32: Die Fahrt des heiligen Markus nach Alexandria (San Marco, Cappella Zen)

Abb. 33: Schule des Carpaccio, Die Erscheinung der Gekreuzigten vom Berge Ararat in der Kirche Sant'Antonio di Castello (Accademia)

Abb. 34: Relief der Schiffbauer (San Marco)

Abb. 35: Campo dei Mori

Abb. 36: Vittore Carpaccio, Die Ankunft der englischen Gesandten (Accademia)

Abb. 37: Jacopo de' Barbari, Perspektivplan von Venedig (Museo Correr)

Abb. 38: Giovanni Mansueti, Das Wunder der Kreuzreliquie vor San Lio (Accademia)

Abb. 39: Porta di Sant'Alipio (San Marco)

Abb. 40: Fassade von Santa Maria Gloriosa dei Frari

Abb. 41: Blick in das Seitenschiff von Santi Giovanni e Paolo

Abb. 42: Relief des Bäckers (San Marco)

Abb. 43: Paolo Veneziano, Grabmal des Dogen Francesco Dandolo und seiner Gemahlin (Santa Maria Gloriosa dei Frari)

Abb. 44: Scuola der Schuhmacher (Campo San Tomà)

Abb. 45: Ca' d'Oro

Abb. 46: Vittore Carpaccio, Der Traum der heiligen Ursula (Accademia)

Abb. 47: Gentile Bellini, Das Wunder der Kreuzreliquie am Ponte di San Lorenzo (Accademia)

Abb. 48: Giambattista Tiepolo, Neptun überreicht Venedig die Schätze des Meeres (Dogenpalast).

Bildquellenverzeichnis

Alinari: 13, 34, 42

Anderson: 26

Archiv für Kunst und Geschichte, Berlin: 1 (Foto: Erich Lessing)

Bodleian Library Oxford: 4

Koninklijk Museum vor Schoon Kunsten, Antwerpen: 16

Osvaldo Böhm, Venedig: 3, 5, 8, 12, 14, 17, 18, 22, 24, 25, 27, 28, 31, 35, 38, 39, 44, 48

Scala, Florenz: 2, 7, 9, 10, 11, 15, 19, 20, 21, 23, 29, 30, 32, 33, 36, 37, 40, 41, 43, 45, 46, 47

Namenregister

Aachen (Frieden 812) 38 87
Aeneas 7
Agnadello (Schlacht) 105 142
Agostini (Familie) 152
Ägypten 40 53 130 147 170 171
Aigues-Mortes 60 173
Akkon 40 41 61 62 63
Albanien 70
Alboin (Langobardenkönig) 12
Albrecht der Beherzte (Herzog von Sachsen) 117
Alexander III. (Papst) 25-30 34 56 80 85 88 90 116
Alexander V. (Papst) 198
Alexander VI. (Papst) 76-78
Alexandria (Stadt und Patriarchat) 11 13-15 17 39 41 61 145
Alexios (byzantinischer Prinz) 42-44
Ancona 28 56 57 60 82
Angeloi (Dynastie) 42
Anianus (Heiliger) 214 215
Antiochia 11
Apostelkirche (Konstantinopel) 16
Apulien 57 82 83 147
Aquileia (Stadt und Patriarchat) 11-14 91 198
Aragon (Dynastie) 70
Argos 70
Aristoteles 143
Armenien 172
Arsenal Castello 58-60 164-166
Arsenale nuovo 60
Arsenale vecchio 58-60
Asolo 74 75
Athen 70
Attila (Hunnenkönig) 7 12
Augsburg 153
Avignon 87

Bacino di San Marco 9 68 89
Bacon, Roger 55
Badoer (Familie) 136
Balbi (Familie) 25
Balduin I. (Kaiser von Byzanz, als Balduin IX. Graf von Flandern) 41 45 52
Balduin II. (Kaiser von Byzanz) 123
Banco Giro 230
Banco di Rialto 230
Barbari, Jacopo de' 58 103 150 160 165 185 190 215 220 221 224
- Plan Venedigs 180 181
Barbarigo, Agostino (Doge) 112 127
Barbaro, Francesco 204 227
Barbo, Pietro s. Paul II. (Papst)
Barcelona 60

Barnabotti 230 233
Barozzi (Familie) 136
Baseggio, Jacopo 118
Basel 61 153
Bassanensis, Castellano 90
Beirut 172
Bellini (Malerfamilie) 21
Bellini, Gentile 32 76 88 201
- Prozession der Kreuzreliquie auf dem Markusplatz 98 109-112 193
- Das Wunder der Kreuzreliquie am Ponte di San Lorenzo 75 220 221 225
Bellini, Giovanni 32 77 88 90
Belliniano, Vittore 32
Belluno 92
Bembo (Familie) 205
Bembo, Pietro (Kardinal) 76 225
Bergamo 92
Bernhard von Breydenbach 8
Bertaldus (Großkanzler) 133
Bessarion, Basileios (Kardinal) 203
Biblioteca Marciana 10
Bleikammern 107 135
Bologna 83
Bon (Familie) 219
Bon, Bartolomeo 114
Bon, Giovanni 114
Bonifaz von Montferrat (Markgraf) 42 52
Bonus (Tribun aus Malamocco) 15
Bordone, Paris 32 33
- Die Überreichung des Ringes an den Dogen 33
Borgia (Familie) 77
Bovi, Bonincontro da 90
Bracciolini, Poggio 106
Bragadin (Familie) 25
Bregno, Antonio und Paolo
- Grabstätte Francesco Foscaris 128
Bregno, Lorenzo
- Grabstätte Benedetto Pesaros (?) 94 96
Brennerpaß 153
Brescia 92
Brindisi 57
Brognolo, Benedetto 226
Brügge 62 173
Burano 223 230
Burckhardt, Jacob 11
Byzanz (Kaiserreich) 38-40 43 64 70 116
- (Stadt) s. Konstantinopel

Ca' Da Mosto 158 160
Ca' d'Oro 218 219

Cagliostro, Alessandro Graf von (eig. Giuseppe Balsamo) 232
Calbo, Domenico 225
Calendario, Filippo 35 36 137
- Venetia in forma di Iustitia 36
Calò, Pietro 21
Cambrai, Liga von 96 104 138
Camerlenghi di Commun 151 152
Campo San Polo 223
Campo San Tomà 214 215
Campo dei Mori 171 173
Canal Grande 9 151 159 187 189 191 216 217
Canal, Martin da 18 55 113 118 122 194
Canale Orfeo (Schlacht) 80
Canaletto (eig. Giovanni Antonio Canal) 231
Canareggio (Stadtbezirk) 189
Cancellaria inferiore 134
Cancellaria segreta 134
Cancelliere grande 135
Candiano, Pietro IV. (Doge) 16
Capodistria 98 99
Cappella San Clemente 16 17
Cappella San Isidoro 21 65 66 109
Cappella San Niccolò 90
Cappella San Pietro 17
Cappella Zen 16 17 113 159
Cappello, Vittore
- Epitaph 71-73
Carlo (Familie) 208
Carmagnola, Graf von (eig. Francesco Bussone) 100 101 139 144
Carpaccio, Vittore 9 21 23 28 160 166 191 201
– Die Ankunft der englischen Gesand-ten 174-176
– Der Einzug des Sebastiano Contarini 98 99
– Der Patriarch von Grado heilt einen Besessenen 148 149 152 153
– Der Traum der heiligen Ursula 220 222
– Die Berufung des heiligen Matthäus 156 157
– Die Erscheinung der Gekreuzigten 164 166
Carrara (Familie) 67 91 92 131 139 144
Carrara, Francesco I. 91
Casa Fondaco 158
Casanova, Giacomo 232
Casolo, Pietro 108 187 198
Cassiodor (römischer Senator) 37
Castellani 189
Castello (Stadtbezirk) 164 187 189
Catarina (Königin von Zypern) s. Cornaro, Catarina
Cavarzere 79
Cerbanus (Priester) 65
Cervia 83 84
Champagne 173

Chinazzo, Daniele di 68
Chioggia 38 68 69 83 91 126 142 191 208 223
Chios (Insel) 65 66
Colleoni, Bartolomeo 101-103
Comacchio 56
Commynes, Philippe de 9 50 57 100 166 179
Compagnia della Calza 12 149 176 209
Condulmer, Gabriele s. Eugen IV. (Papst)
Constantius (römischer Kaiser) 49
Contarini, Andrea (Doge) 68 226
Contarini, Marino 219
Contarini, Sebastiano 98
Cornaro (Familie) 74 221
Cornaro, Alvise 223
Cornaro, Antonio 226
Cornaro, Catarina 74-76 150 221 225
Cornaro, Federico 196
Cornaro, Marco 209
Cornaro, Pietro 69
Cornaro, Zorzi 216
Corner (Familie) s. Cornaro
Correr, Angelo s. Gregor XII. (Papst)
Cosmas (Heiliger) 47
Crema 92
Cremona 104
Curzola (Schlacht) 63

Dalmatien 13 56 67 83 91 92
Dandolo (Familie) 25 117 131 205 225
Dandolo, Andrea 10 15 21 55 65 135 137 226
– Grabstätte 135 136
Dandolo, Enrico (Doge) 40-43 52 53 109 116 140
Dandolo, Francesco (Doge)
– Grabstätte 207
Dante Alighieri 58-60
Dentone, Antonio
– Cappello-Epitaph 72
Dietrich von Schachten 206
Diokletian (römischer Kaiser) 49
Dogana 9
Dogana da Mar 9
Dogenpalast 9 24 28 35 36 44 49 88 90 110 113-115 150 167
Dolfin, Domenico 32
Dominikaner 93
Donà, Almoro 225
Dorsoduro (Stadtteil) 189
Dürer, Albrecht 104 181

Elena (Heilige) 72 73
Emanuel s. Manuel I. Komnenos
England 147 173 174
Epirus 70
Etsch 79 81

Euböa s. Negroponte
Eugen IV. (Papst) 198

Faber, Felix 112 180 203
Fabriano, Gentile da 88
Falier, Marin (Doge) 36 67 66 109
  137 138
- Bildnis 138
Falier, Vitale (Doge) 19 123
Famagosta 74
Feltre 92
Ferdinand I. (Ferrante, König von
  Neapel) 57
Ferrante s. Ferdinand I.
Ferrara 82 83 86 87 90 136 142
Ferro (Familie) 123
Filargi, Pietro s. Alexander V. (Papst)
Flandern 61 62 81 148 153 174
Florenz 91 99 147
Fondaco dei Tedeschi 150 153 214
Fondaco dei Turchi 229
Foscari, Francesco (Doge) 96 97 100
  112 114 132 142 217 219 226
– Grabstätte 126-128
Foscarini (Familie) 25
Frankreich 173 174
Franziskaner 93
Franziskus (Ordensgründer, Heiliger)
  199
Friaul 12 91 92
Friedrich I. Barbarossa (Kaiser) 25-27
  32 39 40 80 84 85 88 89
Friedrich II. (Kaiser) 32 61 82 85 86

Gabriel (Erzengel) 143 144
Gabrieli, Andrea 231
Gabrieli, Giovanni 231
Gallipoli 57 95
Galuppi, Baldassare 231
Gama, Vasco da 177
Garzoni (Familie) 152
Genezareth (See) 17
Genua 55 60-65 67-69 74 80 81 91
  130 146 154 155 170 173 174
Georg (Heiliger) 31
Georg von Trapezunt 106
Ghibellinen 63 64
Giorgione (eig. Giorgio da Castelfran-
  co) 231
Giudecca (Insel) 190
Giustinian, Taddeo 68
Goldenes Horn 44
Goldoni, Carlo 231
Gotthardpaß 61 153
Gozzi, Carlo 231
Gradenigo, Pietro (Doge) 87 136
Grado (Stadt und Patriarchat) 12 14
  38 79 148 149 198
Gregor IX. (Papst) 32 34
Gregor XII. (Papst) 198
Griechenland 170 176 228

Gritti (Familie) 25
Großer Rat s. Maggior Consiglio
Guardi, Francesco 231
Guarino von Verona (Humanist) 227
Guelfen 63 64 86
Gunther von Pairis (Mönch, Chronist)
  46

Heinrich der Seefahrer (portugies.
  Prinz) 159
Heinrich von Malta (Graf) 54
Hermagoras (Patriarch von Aquileia)
  13
Honorius III. (Papst) 93
Hormuz 171

Indien 145 146 170 171
Ingresso di Terra 59
Innozenz III. (Papst) 41-43
Isidor (Heiliger) 65
Istrien 13 56 83 91
Iustitia (Allegorie) 34-36 143 144

Jakob II. (König von Zypern) 74
Jacobello del Fiore
- Gerechtigkeits-Tryptichon 143 144
Jakobiner 233
Jakobus (Heiliger) 47
Jerusalem 11 40 42 43 61
Johannes (Evangelist, Heiliger) 23 47
Johannes Diaconus 10
Johannes II. (König von Zypern) 74
Johannes, Meister (Maler) 22 24
– Ansicht von Venedig 24
Julius II. (Papst) 56 104

Kaffa 64
Kapelle s. Cappella
Karl I. der Große (Kaiser) 38 87
Karl VIII. (König von Frankreich) 104
Katalonien 147
Kephallonia 96
Kirchenstaat 99
Kleiner Rat 116 120 133 134
Kolb, Anton 181
Kolumbus, Christoph 177
Konstantin I. der Große (römischer
  Kaiser) 56
Konstantinopel (Byzanz) 11 22 33 39
  44-47 49 52-55 62 63 70 81 87
  109 114 116 120 146 158 170 193
  198 201 203
Korfu 56 70
Koron (Festung) 54
Krakau 153
Kreta 53 54 69 83 113 147 170 176
  198 202 228
Kretschmayr, Heinrich 228
Krim 171

251

Kroatien 56
Kärnten 153
Köln 182

Lajazzo (Schlacht) 63 172
Lane, Frederic 117
Langobarden 38
Lateran 28
Laurentius (Heiliger) 47
Leopardi, Alessandro
– Standbild Bartolomeo Colleonis 102
    103
Lepanto (Schlacht 1571) 45 228
Leukadia 76 96
Levante 60 74 82 145 148 162 172
    183
Lido 18 31 38 42 129
Lippomano (Familie) 152
Lissabon 147
Lombardei 27 83 87 93
Lombardo, Pietro
- Grabstätte Jacopo Marcellos 94 95
London 173
Loredan (Familie) 176
Ludwig (Graf von Blois) 41
Ludwig I. der Große (König von Un-
    garn) 91
Ludwig IX. der Heilige (König von
    Frankreich) 55 62
Lusignan (Dynastie) 72

Macchiavelli, Niccolò 100
Madonna dell'Orto (Kirche) 172
Maggior Consiglio 26 99 107 117 120
    127 130 131 133 135 136 143 195
    199 209 225 230 234
Mailand 61 83 87 91 92 99 100 142
    153
Malaga 173
Malamocco 38
Mallorca 174
Manin, Lodovico 233
Manolesso (Familie) 25
Mansueti, Giovanni 32
- Das Wunder der Kreuzreliquie vor
    San Lio 185 186
Mantua (Synode 827) 14
Manuel I. Komnenos (Kaiser von By-
    zanz) 39 43 44
Manutius, Aldus 227
Marcamò (Festung) 82
Marcello, Benedetto 231
Marcello, Jacopo 94 95
Marchesina von Brienne (Dogaressa)
    194
Maria (Heilige, Mutter Jesu) 35 136
Markus (Evangelist, Heiliger) 11-23
    31 109 110 124 125 136 159 163
    193
Markuslöwe 22-25 28 29 96 99 232-
    234

Marseille 42 60
Martianus Capella 168
Martin von Pairis (Abt) 42 46 47
Mastropetro, Orio (Doge) 40
Maxentius (Patriarch von Aquileia) 14
Maximian (römischer Kaiser) 49
Maximilian I. (Kaiser) 181
Medici, Cosimo de' 101
Mehmed II. der Eroberer (türkischer
    Sultan) 70
Meloria (Schlacht 1284) 61 62
Mestre 79 203
Mézières, Philippe de 109
Michael (Erzengel) 144
Michael VIII. Palaiologos (Kaiser von
    Byzanz) 55 62 170
Michiel, Domenico (Doge) 65 66
Michiel, Leonardo 204
Michiel, Niccolò 118
Michiel, Pietro 119
Michiel, Sebastiano (Prior) 112 157
Michiel, Vitale II. (Doge) 129
Minotto, Benedetto 225
Mocenigo (Familie) 191
Mocenigo, Tommaso (Doge) 97 146
    176
Modon (Festung) 54
Monopoli 57
Monteverdi, Claudio 231
Morea 54 113 147
Moro, Bartolomeo 106
Morosini (Familie) 205
Morosini, Michele (Doge) 208
Morosini, Paolo 131
Moses 143
Mosto, Alvise da 158
Mosto, da (Familie) 158
Muda al Trafego 172
Muda di Barbaria 173
Muda di Romania 170 171
Muggia 42
Murano 190 201 217 223
Mykonos 70

Napoleon I. Bonaparte (Kaiser) 106
    234
Narenta 11
Nauplia 70
Naxos (Herzogtum) 53
Neapel (Königreich) 55 70 74 99 147
Negroponte 53 71 72 88
Nicolotti 189
Nikolaus (Heiliger) 31 154
Nikopolis (Vertrag von) 55
Nikosia 76
Numa Pompilius 143
Nürnberg 153

Orseolo (Dogenfamilie) 10
Orseolo, Pietro II. (Doge) 11 30
Osmanisches Reich 70 71

Ospizio Orseolo 113
Ostsee 153
Otranto, Straße von 55 57
Otto (Pfalzgraf v. Burgund, Sohn
    Friedrichs I. Barbarossa) 27 81
Ottoboni, Francesco Antonio (Prior)
    164 166

Pacifico, Beato (Franziskanermönch)
    94
Padua 8 67 86 87 91 95 146 226 227
Palaiologen (Dynastie) 64
Palazzo Cappello 221
Palazzo Communale (Siena) 29 81
Palazzo Priuli 219
Palazzo Sagredo 219
Palma (il Giovane), Jacopo 215
– Die Eroberung Konstantinopels 45
Palma (il Vecchio), Jacopo 32
Pannonien 11 12
Paris 182
Particiaco, Justinian (Doge) 15
Paul II. (Papst) 163 198
Pavia 83
Peloponnes 54 71
Pera 170
Pesaro (Familie) 76 77 95
Pesaro, Benedetto 76 94 95
Pesaro, Jacopo 76-78
Peschiera 92
Petrarca, Francesco 7 10 49 67 135
    137 138 226
Petrus (Apostel, Heiliger) 13 77 78
Philipp (Sohn Kaiser Balduins II.)
    123
Philipp II. August (König von Frank-
    reich) 40
Philipp von Schwaben (deutscher Kö-
    nig) 43
Piazza San Marco 12 22 23 35 62 112
    113 167
Piazzetta, Giovanni Battista 231
Pippin (König von Italien) 80
Pisa 60 61 62
Pisanello s. Pisano, Antonio
Pisani (Familie) 152
Pisani, Vettor 67-69 165
Pisano, Antonio 88
Pius II. (Papst) 26 71 144 183
Platon 10
Po 81 82 87
Polo, Marco 24 63 177 227
Ponte della Paglia 22
Ponte di San Lorenzo 221
Poppo (Patriarch von Aquileia) 12
Porta della Carta (Dogenpalast) 110
    114 115 127 143
Porta di Sant'Alipio (San Marco) 18
    113 192 193 203
Porto Longo (Schlacht) 64
Priuli, Francesco 74
Priuli, Girolamo 96 142 154 177

Procuratie Nuove 113
Punta Salvatore (Schlacht) 80

Quarantia 116 117 121 133 134 143
Querini (Familie) 136

Ragusa 60
Rat der Zehn 10 116 121 127 135-
    138 143 209 212 234
Ravagnani, Benintendi 135
Ravenna (Stadt und Exarchat) 38 82
    158
Raverti, Marco 219
regio decima (römische Provinz) 7
Reichenau (Kloster) 14 19
Reuwich, Erhard 8 200
– Darstellung von Venedig 8 9
Rhein 61 153
Rhodos 147
Rialto 13 14 24 38 47 80 8286 108
    140 146 148 150-156 177 187 188
    208 217 224
Rialtobrücke 35 150 151
Ricci, Marco 231
Richard I. Löwenherz (König von Eng-
    land) 40
Riva dei Schiavoni 9
Riva del Ferro 151
Rizzo, Antonio
- Cappello-Epitaph 72
Roccaforte (Schiff) 159
Rom 11 28 49 81
Romania 60 61 82 104 147 148 152
    170
Romano, Ezzelino da 86
Rosso, Biancafiore 204
Rosso, Nicoletto 204
Rusticus (Tribun aus Torcello) 15

Sabellico, Marc Antonio (eig. Marc An-
    tonio Coccio) 35 151 226
Sala del Maggior Consiglio 36 44 81
    88 90 138
Saladin (Sultan von Syrien und Ägyp-
    ten) 40
Salimbene von Parma 29 82
Salis, Jacopo de' 111
Salomo (biblischer König) 115 143
Salzburg 153
San Barnaba 230
San Bartolomeo (Kirche) 152
San Francesco della Vigna (Kloster)
    199
San Francesco in Deserto (Kloster) 199
San Giacomo dell'Orio (Pfarrei) 151
San Giacomo di Rialto (Kirche) 148
San Giorgio Maggiore (Insel und Klo-
    ster) 9 28 31 89 199
San Gregorio (Abtei) 9
San Lio (Kirche) 185 186

253

San Lorenzo (Kloster) 224
San Luca 226
San Marco (Kirche und Stadtbezirk)
    16 18 19 21 22 24 26-28 30 32 35
    50 51 58 65 88 89 108 109 113
    122 123 129 135 150 159 166-168
    187-189 192 193 199 217
– Grabstätte Andrea Dandolos 136
– Cappella San Isidoro s. Cappella San
    Isidoro
– Kirchenschatz 48-52
San Nicolò (Stadtteil) 223
San Nicolò di Lido (Kirche und Klo-
    ster)) 30 31 74
San Pietro di Castello (Kirche) 187
San Polo (Stadtteil) 189
San Salvatore (Kirche) 22 27 76
San Silvestro (Kirche, Grado) 149
Sansovino, il (eig. Iacopo Tatti) 13
    2189 113 227
Santa Croce (Stadtteil) 189
Sant'Agostin 119 120
Santa Maria della Carità (Kirche) 27
    214
Santa Maria di Aracoeli (Kirche, Rom)
    93
Santa Maria Gloriosa dei Frari (Kirche
    und Kloster) 93 101 126-128 197
    199 207 210 215
Santa Maria Nuova in Gerusalemme
    (Kirche) 32
Santa Marta (Kirche) 9
Santa Maura (Insel) 76 95
Sant'Andrea (Festung) 28 174
Sant'Antonio Abbate (Kirche) 165
Sant'Antonio di Castello (Kloster) 166
Sant Apollinaire (Kirche) s. Sant'Apo-
    nal
Sant'Aponal (Kirche) 23 25
Sant'Elena (Insel) 30
Santi Giovanni e Paolo (Kirche und
    Kloster) 9 69 93 102 103 138 174
    199 200 214
Sanudo, Marco 53
Sanudo, Marin 26 29 34 47 49 104
    109 131 150 152 179 184 201
206 208 216 217 219 223 226
San Zaccaria (Kloster) 199
Sassoferrato, Bartolo di 132
Savelli (Familie) 93
Savelli, Cencio s. Honorius III. (Papst)
Savelli, Paolo
– Grabstätte 93-95
Savi Grandi 121 134 138 234
Scala, della (Familie) 90 91 144
Schwarzes Meer 62 64 170 171 177
Scipio 143
Scuola dei Calegheri 214
Scuola di San Giorgio degli Schiavoni
    157
Scuola di Sant'Orsola 103 174 176
Scuola di Santa Maria della Giustizia
    214

Scuola Grande di San Giovanni Evan-
    gelista 109-112 148 149 185 211
Scuola Grande di San Marco 31-33
    102 103 211
Scuola Grande di Santa Maria della
    Carità 211
Scuola Grande di Santa Maria della
    Misericordia 211
Senat 116 133 138 234
Seufzerbrücke 107
Sforza, Francesco 101
Siena 29
Sigismund (Kaiser) 92
Signoria 121 126 127 129 132-134
    138 140 143 150 209 211
Silvo, Domenico (Doge) 18
Sizilien 61 82 147
Slowakei 153
Soldaia 171
Solon 143
Southampton 174
Spanien 147
Stamati (Grieche, Schatzräuber) 50
Staufer (Dynastie) 43
Stauracius (Mönch in Alexandria) 15
Steiermark 153
Straßburg 183
Swyn 173
Syrien 147 170 176

Täbris 171
Tafur, Pero 183
Tana (Seilerwerkstatt) 165
Tana (Stadt) 64 165 171
Tauernpässe 153
Themse 173
Theobald (Graf der Champagne) 41
    42
Theodor (Priester in Alexandria) 15
Theodor von Amasea (Heiliger) 22
Theodor von Heraklea (Heiliger) 22
Thomas von Aquin 106
Tiepolo (Familie) 117 131 225
Tiepolo, Baiamonte 136 137
Tiepolo, Giambattista 231-233
– Neptun bietet Venetia die Reichtü-
    mer des Meeres an 232 233
Tiepolo, Jacopo (Doge) 117 197
Tiepolo, Lorenzo (Doge) 118 119 194
    203
Tino, Domenico 18
Tinos 70
Tintoretto (eig. Jacopo Robusti) 88
    231
Tizian (eig. Tiziano Vecellio) 21 76 88
    90 231
– Alexander VI. empfiehlt Jacopo Pesa-
    ro dem heiligen Petrus 78
Torcello 38 58 119 191 223
Toskana 27 60 93
Traian 143
Trani 57

Trapezunt 171
Treviso 86 91 95
Triest 42 81 104
Tripolis 172
Troja 7
Tunis 172
Turin (Frieden 1381) 69 70 91 195
Tyrrhenisches Meer 62 63
Tyrus 39 40 65

Ugolino von Ostia (Kardinal) s. Gregor IX. (Papst)
Ulrich (Patriarch von Aquileia) 12
Ungarn 42 56 91 153
Ursula (Heilige) 174-176 220 222

Valencia 173
Valerius (römischer Kaiser) 49
Valla, Giorgio 226
Valla, Lorenzo 56
Vanozzo, Francesco 92
Vendramin, Andrea 220
Venetia (Allegorie Venedigs) 34-37 143 232 233
Veneziano, Giovanni 19 21
Veneziano, Luca 19 21
Veneziano, Paolo 19 21
– Die wunderbare Auffindung der Reliquie des heiligen Markus 20
– Grabmal des Francesco Dandolo und seine Gemahlin 207 210

Verona 83 86 87 91 95 146
Veronese, Paolo (eig. Paolo Caliari) 88 231
Verrocchio, Andrea
– Reiterstandbild Bartolomeo Colleonis 102 103
Vicenza 86 87 91 146
Villach 153
Visconti (Familie) 65 87 91
Visconti, Giangaleazzo 91
Vivaldi, Antonio 231
Vivarini, Alvise 88

Welfen (Dynastie) 43
Wien 153
Willaert, Adrian 231

Zaccaria, Benedetto 65
Zara 42-44 56
Zen, Carlo 67-69
Zen, Renier (Doge) 67 122 123 189
Zen, Sormador 219
Zeno, Giambattista (Kardinal) 163
Ziani (Familie) 199
Ziani, Pietro (Doge) 32
Ziani, Sebastiano (Doge) 26-28 40 88
Zorzi (Familie) 25
Zuccari, Federico
– Friedrich Barbarossa vor Papst Alexander III. 88 89
Zypern 54 63 72 76 147 172 202

Die Reihe BildGeschichte im Verlag Ploetz

Bilder erzählen Geschichte – das ist der Grundgedanke der Reihe „BildGeschichte". Ein Beispiel, das sich anbietet, ist das Florenz der Renaissance: ein überschaubarer Raum, eine ereignisreiche Zeit, die ungewöhnlich viele, bedeutende Künstler hervorgebracht haben. Die Fresken von Ghirlandaio und Masaccio, die Statuen Donatellos und Michelangelos, die Gemälde Botticellis, die Paläste, Kirchen und Klöster der Stadt – sie alle und viele mehr werden als Zeugen dieser Zeit befragt. Der spannend erzählte und durchgehend vierfarbig illustriert Band nimmt den Leser auf eine Reise in die Blütezeit der Stadtrepublik mit und eröffnet ihm einen neuen, im wahrsten Sinne des Wortes „anschaulichen" Zugang zur Geschichte einer faszinierenden Epoche.

„Der Florenz-Freund begegnet der Geschichte und Kunst der Renaissance-Zeit in einer gelungenen Kombination, in der er über beide Aspekte zuverlässig informiert wird und zudem in den Genuß einer gut formulierten Darstellung kommt." *(Damals)*

Weitere Bände sind in Vorbereitung.

Volker Reinhardt
Florenz zur Zeit der Renaissance. Die Kunst der Macht und die Botschaft der Bilder. Gebunden. 285 Seiten mit 58 Farbabbildungen. ISBN 3-87640-360-X

Wir informieren Sie gerne über weitere Bücher aus unserem Verlag. Fordern Sie unseren Gesamtprospekt an:
Verlag Ploetz GmbH & Co.KG – Habsburgerstraße 116
7800 Freiburg i.Br.